中国职业技术教育学会
智慧文旅职业教育专业委员会推荐用书

专家指导委员会 主　任／韩玉灵
　　　　　　　　副主任／章　艺
总主编／杜兰晓

| 民宿管理与运营系列教材 |

民宿概论

MINSU GAILUN

主　编　纪文静　姚建园　凌新建
副主编　仝洁洁　朱　莎　李丽英
　　　　姜录录　徐灵枝

北京·旅游教育出版社

立体化教学资源

图书在版编目（CIP）数据

民宿概论 / 纪文静，姚建园，凌新建主编. -- 北京：旅游教育出版社，2022.8（2025.3重印）
民宿管理与运营系列教材
ISBN 978-7-5637-4430-5

Ⅰ．①民… Ⅱ．①纪… ②姚… ③凌… Ⅲ．①旅馆－经营管理－高等职业教育－教材 Ⅳ．①F719.2

中国版本图书馆CIP数据核字(2022)第120204号

民宿管理与运营系列教材
民宿概论
纪文静　姚建园　凌新建　主　编
仝洁洁　朱　莎　李丽英　姜录录　徐灵枝　副主编

总策划	丁海秀
执行策划	陈凤玲
责任编辑	陈凤玲
出版单位	旅游教育出版社
地　　址	北京市朝阳区定福庄南里1号
邮　　编	100024
发行电话	（010）65778403　65728372　65767462（传真）
本社网址	www.tepcb.com
E-mail	tepfx@163.com
排版单位	北京旅教文化传播有限公司
印刷单位	天津雅泽印刷有限公司
经销单位	新华书店
开　　本	710毫米×1000毫米　1/16
印　　张	14.5
字　　数	215千字
版　　次	2022年8月第1版
印　　次	2025年3月第2次印刷
定　　价	59.80元

（图书如有装订差错请与发行部联系）

民宿管理与运营系列教材
专家指导委员会、编委会

专家指导委员会

主　　任：韩玉灵
副　主　任：章　艺
委　　员：闫向军　康　年　魏　凯　卓德保　丁海秀

编委会

总　主　编：杜兰晓
执行总主编：卢静怡
委　　员（按姓氏笔画顺序排列）：

马志刚　王永盛　毛景伟　文　娅　方　晖　尹　萍　孔　杰
邓淑霞　甘飞云　叶丽芳　仝洁洁　朱　莎　伍卫军　刘　萍
刘琳琳　闫雪梅　阳淑瑗　纪文静　李　洋　李　峰　李东旭
李　华　李丽英　杨　帆　杨诗兵　杨轶哲　杨淇深　吴高红
余家富　汪　颖　沙绍举　张兆蒙　张晓旭　张懿卓　陈长春
赵永红　查　俊　柳花鹏　柳佩璐　姜录录　洪　涛　姚建园
夏　莹　徐灵枝　凌新建　郭贵荣　褚孝立　熊丹华　魏　凯

《民宿概论》编委会

主　　编：纪文静　姚建园　凌新建
副　主　编：仝洁洁　朱　莎　李丽英　姜录录　徐灵枝
委　　员：洪　涛　杨淇深　刘琳琳

总序 PREFACE

随着国民经济增长、美丽乡村建设、休闲时代发展、消费市场迭代，民宿作为一种体验城乡美好生活的新生事物、新型业态，得以快速发展起来。民宿联动一产（生态农业、创意农业）、二产（建筑、装饰、制造业）、三产（旅游、度假、服务、金融业等）与城乡发展有机融合，在推动乡村振兴、共同富裕、解决"三农"问题等方面发挥着重要作用，是践行"两山理论"、实现"美丽经济"的有效载体。

民宿行业方兴未艾，不可避免地遭遇人才瓶颈问题。2021年3月，教育部全面修订职业教育专业目录。本人很荣幸地受教育部委托，作为组长牵头旅游大类中高本一体化专业目录修（制）订工作。在此过程中，由浙江旅游职业学院牵头申报了"民宿管理与运营"这个新专业并得到批准。自此，"民宿管理与运营"成为高职院校独立的专业，并于2021年9月正式开始招生。2022年7月，人社部发布了《中华人民共和国职业分类大典（2022年版）》，"民宿管家"等18个新职业位列其中。新专业、新职业需要新的教材体系支撑，"民宿管理与运营"专业亟需一套与之相匹配的专业教材。

在旅游教育出版社的邀请和大力支持下，我们开始筹划全国首套民宿管理与运营系列教材的编写与出版工作。2021年6月，浙江旅游职业学院承办了民宿管理与运营系列教材论证会，牵头组织了一个多行业、多学科的专家团队，全国有浙江旅游职业学院、青岛酒店管理职业技术学院、山东旅游职业学院、南京旅游职业学院、浙江警察学院、云南旅游职业学院、郑州旅游职业学院、北京财贸职业学院、浙江商业职业技术学院等14所院校参与了本套教材研讨与编写工作。此外，我们还邀请了浙江省文化和旅游厅、中国旅游协会民宿客栈与精品酒店分会、浙江省旅游民宿产业联合会、途家、Feekr旅行以及40多家全国和浙江省等级民宿参与此项工作，为教材编写提供指导和优秀案例。

历时一年多时间，我们相继完成了《民宿概论》《民宿安全管理实务》《民宿产品创新与开发》《民宿管家服务》《民宿新媒体营销》5册组成的全国首批系列教材的编写工作。在编撰过程中，我们注重工学结合，力求形成比较完整的民宿知识体系。教材内容大多采用情境教学设计和项目教学方法，把实用的理论知识和实践技能在仿真情境中融会贯通，使学生既能掌握扎实的理论知识，又能学以致用。同时，根据行业或岗位要求，把国家标准、行业标准、职业标准及工作流程引入教材中，着力培养学生岗位适应能力，充分体现职业教育特色。

在此，要衷心感谢上述各参编单位的大力支持，以及编写团队的倾情付出。同时，也诚挚感谢以韩玉灵教授为主任、章艺教授为副主任的专家指导委员会的悉心指导和帮助，以旅游教育出版社丁海秀副社长为首的工作团队的辛勤付出和努力。

本套教材既可作为中高职旅游类专业教学用书，也可作为职业本科旅游类专业教学参考用书。同时可作为工具书供从事民宿管理与运营的企事业单位专业人员和社会人士借鉴与参考。

本套教材虽凝聚多方心血而成，但基于民宿行业研究尚处在起始阶段，作为全国第一套民宿管理与运营专业系列教材，肯定还存在诸多不足和遗漏之处，恳请读者不吝批评和指正，我们将在今后再版过程中予以完善与修正。

总主编：杨三晓

2022年8月

前言 FOREWORD

乡村文旅是乡村振兴的重要一环，民宿恰是乡村文旅中的核心要素，是乡村振兴的重要载体，在乡土人才回流、农民增收、增加就业、产业振兴、乡风文明建设等方面具有显著作用。

从农家乐到特色民宿，从特色民宿到精品民宿，从精品民宿到民宿集群，从民宿集群到民宿集聚区，我国民宿产业已完成五个阶段的蜕变，步入5.0"民宿集聚区"发展阶段。在民宿产业发展过程中，人才是制约其持续发展的主要瓶颈。

民宿产业的可持续发展关键在于人才。教材是人才培养、教学过程的重要载体。编写一本以习近平新时代中国特色社会主义思想为指导，具有新时代职教理念和时代特色，契合现代民宿职业和民宿产业发展需求的《民宿概论》教材，是我们编写团队的目标。

本着培养具有家国情怀、乡土情怀、工匠精神、旅游职业素养和能力知行合一的民宿人才目标，《民宿概论》在编写过程中注重理论与实际的结合，力图体现理论的探索性、知识的综合性、实用的指导性、信息的时代性和体系的完整性。为丰富本书内容，满足学生学习需要，在编写过程中我们注重博采众长，广泛吸收国内相关教材之精华。考虑到教学和学情特点，本教材还注意问题的明确性和内容呈现方式的多样性。

本教材共分为九章，每一章都相对独立地形成一个研究专题。编写的具体分工如下：第一章民宿的概念与类型和第二章国内外民宿的发展由南京旅游职业学院姚建园负责撰写,第三章民宿筹建和第八章民宿文化由南京旅游职业学院纪文静负责撰写,第四章民宿产品由江西婺源茶业职业学院李丽英负责撰写,第五章民宿运营由日照职业技术学院江录录负责撰写,第六章民宿营销推广由北京财贸职业学院朱莎负责撰写,第七章民宿集聚区由浙江旅游职业学院仝洁洁负责撰写,第九章民宿组织与管理政策由广东民宿发展研究院执行院长徐灵枝、南京旅游职业学院纪文静和深圳新旅民宿客栈发展研究中心有限公司民宿研究员刘琳琳负责撰写,宿联(上海)旅游发展有限公司董事局主席凌新建先生提供了大量的编写资料和案例,并对本教材的编写提出了很多宝贵意见和建议。旅游教育出版社领导、专家、编辑为完善书稿做了大量工作。本教材在编写过程中参考了大量文献资料,借鉴了不少相关的网络资源和企业资料,引用了过聚荣、洪涛、苏炜、吴文智等众多学者的研究成果和一些民宿企业的案例资料,我们在此一并表示衷心的感谢!

由于编者水平所限,教材中恐存有不足之处,敬请专家、学者和同行朋友批评指正!

编者

2022 年 8 月

目录 CONTENTS

第一章　民宿的概念与类型 ························ 1
第一节　民宿的概念 ························ 3
第二节　民宿的类型和特点 ························ 6

第二章　国内外民宿的发展 ························ 17
第一节　国外民宿的起源与发展 ························ 19
第二节　我国民宿的起源和发展 ························ 25
第三节　我国民宿的发展特点 ························ 28

第三章　民宿筹建 ························ 33
第一节　民宿选址 ························ 35
第二节　民宿设计 ························ 40
第三节　民宿开办 ························ 54

第四章　民宿产品 ························ 57
第一节　民宿产品的概念与分类 ························ 59
第二节　民宿产品组合 ························ 64

  第三节 民宿产品开发 ·· 70

第五章 民宿运营

  第一节 民宿成本管理 ·· 79
  第二节 民宿人力资源管理 ·· 92
  第三节 民宿清洁保养管理 ··· 105

第六章 民宿营销推广

  第一节 民宿 OTA 平台营销 ·· 117
  第二节 民宿新媒体营销 ·· 125

第七章 民宿集聚区

  第一节 民宿集聚区发展现状 ··· 141
  第二节 民宿集聚区业态和产品 ·· 154
  第三节 民宿集聚区开发与建设 ·· 160

第八章 民宿文化

  第一节 民宿文化概述 ··· 169
  第二节 民宿主人文化 ··· 174
  第三节 民宿设施文化 ··· 187

第九章 民宿组织与管理政策

  第一节 民宿组织 ·· 199
  第二节 民宿管理政策 ··· 204

参考文献 ·· 219

第一章
民宿的概念与类型

本章导读

本章从民宿的概念界定出发,对比民宿与酒店、农家乐的联系与区别,总结民宿的特点,由此引发对民宿发展意义的思考。

学习目标

1. 了解民宿的概念。
2. 掌握民宿与酒店、农家乐之间的联系与区别。
3. 了解民宿发展的重要意义。

思维导图

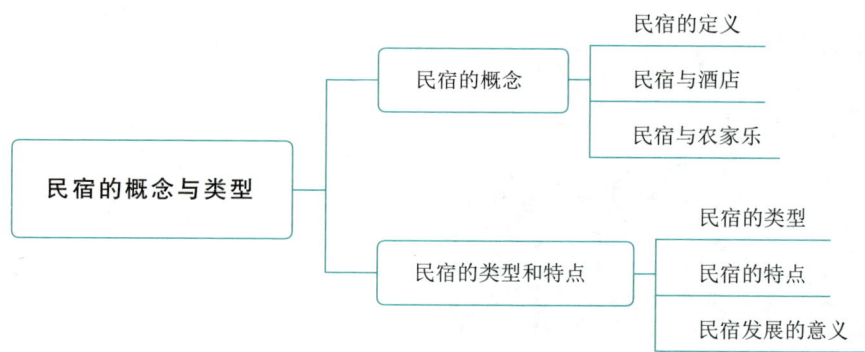

第一节 民宿的概念

一、民宿的定义

旅游的发展催生了民宿的发展，也让民宿成为市场的热名词，并且受到越来越多的关注。近几年，民宿发展呈风起云涌之势，各地发展民宿热情高涨。民宿在我国已经盛行了十多年，但对民宿的定义还没有统一的定论，实践中民宿概念也是各自界定。本文这里列举几个，并就民宿与酒店、农家乐进行了区别与联系。

（一）标准定义

文化和旅游部自2019年7月3日起发布并实施旅游行业标准《旅游民宿基本要求与评价》（LB/T 065—2019）。该标准指出旅游民宿（homestay inn）是指利用当地民居等相关闲置资源，经营用客房不超过4层、建筑面积不超过800㎡，主人参与接待为游客提供体验当地自然、文化与生产生活方式的小型住宿设施。根据所处地域的不同可分为城镇民宿和乡村民宿。其中，民宿主人（owner; investor）是指民宿业主或经营管理者。

2021年2月，文化和旅游部发布旅游行业标准《旅游民宿基本要求与评价》（LB/T 065—2019）第1号修改单，将旅游民宿等级由三星级、四星级、五星级更改为丙级、乙级、甲级。

2022年7月，国家市场监督管理总局、国家标准化管理委员会发布国家标准《旅游民宿基本要求与等级划分》（GB/T 41648—2022）。该标准对民宿等级划分要求更加明确，其中丙级为普通型民宿，乙级为品质型民宿，并增加了10.2.1条款，对民宿设施和设备、经营和管理、社区贡献等方面提出更高要求；甲级为标杆型民宿，增加了10.3.1条款，在乙级民宿的基础上进一步提高对设施和设备、经营和管理、特色和其他的要求。这一国家标准于2023年2月1日起实施。

（二）其他定义

民宿多是经营者利用自有住宅空间，结合当地人文、自然景观、生态、环境资源和农林牧渔等生产活动，提供游客乡野生活的住宿场所，使游客得以体验当地的生活，与当地社区居民和环境形成互动关系。

民宿的服务内容包含普通的住宿餐饮，但强调如同在家中的自主性服务，具有浓厚的人情味和家庭温馨的感觉。在装饰风格上千变万化，游客可根据喜好自行选择喜欢的民宿入住。

也有专家认为民宿的概念很窄，但范围可以很广，风景区、乡村、城市都可以发展民宿，但必须是"非标"，必须是单体"小而美"或"小而馨"或"小而趣"，必须是以"民"为主、以"宿"为基。

民宿不一定孤立存在，不一定是大分散小集聚，但是必须适应游客容量；可以由市场调节，也可以人为干预。民宿可以接受资本，呼应资本的需求，但是民宿不应受资本牵制，更不能被资本左右。民宿以设计为主，这是解决空间需要和节约成本的手段，但不应一味追求设计感，而要追求应用性和美观性的结合。

视频1-1：环境优美的山间民宿

虽然关于民宿的定义有很多不同的理解，但都包含着一些共同的内容，比如都强调民宿主人的地位和作用，强调对当地文化、生活及情感的体验，体验有别于以往的日常生活，重视对当地自然资源和社会资源的开发利用，重视自然景观和人文景观的重要性，关注居住过程中"以身体之，以心验之"的舒适心理感受。

二、民宿与酒店

（一）民宿与酒店的区别

民宿不同于传统的酒店，它也许没有高级奢华的设施，但能让游客体验当地风情，感受民宿主人的热情与服务并体验有别于以往的生活。而酒店提供给游客的是标准化的服务。两者主要有以下几个方面的区别。

（1）经营方式。民宿可以是家庭副业经营，也可以是主业经营，而酒店均为专业经营。

（2）使用空间。民宿可以使用住宅空余的空间，多为自用或租用的民宅改造而来，而酒店只使用专业营业空间。

（3）客房数量。民宿客房数量相对较少，而酒店客房没有数量的限定。

（4）与周边环境关系。民宿与周边环境关系紧密，常借用附近自然资源及人文资源，与周边社区共荣共生；酒店拥有充足的商业产品，通常不主动提供与周边社区的交流活动，较少利用周边资源。

（5）与当地社区关系。民宿与当地居民、团体互动性强，而酒店通常较少与当地居民、团体互动。

（6）硬件设施。民宿的硬件设施可以很简单，在满足基本需求的情况下，有些设施可与主人共用，而酒店作为专业化的经营场所必须要给游客提供相应标准要求的设施。

（7）服务人员。民宿由主人或当地雇用的服务人员提供服务，强调风土人情与家庭氛围，注重主人与游客之间的交流互动，而酒店则由专业人员提供服务，追求标准、高效，但缺乏风土人情味。

（8）服务项目。受空间限制，民宿提供的内部服务项目较少，而高级酒店可以提供很多内部服务，例如，商店、餐饮、康体服务等。

（二）民宿与酒店的联系

民宿与酒店同属于住宿业，但是两者之间既相互竞争，又相互依存。

（1）竞争关系。民宿与酒店之间最直接的竞争就是市场竞争。目前，很多年轻的、家庭型的、追求个性化的城市客源群体被乡村民宿所吸引，对酒店造成了一定的影响，部分客源被价格亲民的民居型民宿所吸引。在这种情况下，酒店开始涉足非标准住宿领域。与此同时，民宿短租平台也在不断渗透商旅市场。

（2）依存关系。民宿与酒店之间还存在依存关系。在大众旅游发展的今天，出游人数不断增长，而一些小众旅游目的地尚未进入大众视野，酒店类标准住宿设施短缺，或者在一些热门旅游目的地，在旅游旺季标准酒店接待设施不足时，非标准民宿就是一个很好的补充。民宿由于规模有限且服务水平与质量并不均衡，一些商务活动还是需要酒店来支持。

三、民宿与农家乐

（一）民宿与农家乐的区别

传统农家乐兴起于 20 世纪 80 年代，以"吃农家饭，体验农业休闲娱乐活动"为核心产品，且一般位于城市近郊，不提供住宿。城郊农民利用自家院落及田园风光、花卉苗圃、果园菜地、鱼塘等，以特色菜肴、简单的设施和低廉的价格吸引城市游客。民宿与农家乐相比有以下几方面的区别。

（1）产品属性。农家乐是适应城市假日经济的产物，多位于城市近郊，是一种满足短程、短时消费需求的休闲旅游产品。而民宿则是适应后工业时代人们对田园生活方式向往与需求的产物，在区位上强调资源组合性强、交通便利，是一种以度假为基本消费特征的旅游产品。

（2）功能作用。农家乐以提供乡村休闲和特色餐饮为主，一般不提供住宿，故不构成民宿业态。民宿以住宿为主要功能，提供个性化、有特色、温馨或趣味的服务，属于住宿业态。

（3）产品形态。农家乐由于经营者及从业者多为当地村民和相邻村民，受习惯、格局等限制，在建设过程中往往简单而低质地模仿餐饮饭店模式，致使产品趋向同质化，创意不足，特色不强，还停留在低档次的层面。而民宿经营者、投资者除当地村民外，还有很多高学历群体，他们的文化背景较高,关注细节的创意,追求人文情怀,因而具有较高的个性化魅力和美学品位,能够逐渐形成一种具有品牌影响力的住宿业态。

(4)投资、经营主体。农家乐为当地农民投资并经营,家庭经营的色彩浓厚,雇用的服务员也多为亲戚或村民。民宿的投资者及经营者由拥有集体土地使用权的农户向租赁者、投资者甚至集团转变。

(5)经营性质。农家乐一般带有副业的性质,不存在"失地"问题。而民宿有外来经营者,存在土地使用权转移特征。

(二)民宿与农家乐的联系

(1)转型升级。我国早期的部分民宿是在农家乐基础上进行了转型升级。如莫干山地区的当地经营者受到洋家乐的影响,进行民宿品质的升级改造。

(2)物业资源。我国广大城市近郊、旅游景区附近目前还有一定数量的农家乐存在,存量巨大的农家乐为民宿发展提供了广阔的物业资源空间。

第二节 民宿的类型和特点

一、民宿的类型

(一)按所处位置划分

1. 乡村民宿

"望得见山、看得见水、记得住乡愁。"这样的意境燃起很多游客对乡村生活的向往。绿水青山,山野田园,走进一间民居小院,赏花观景,体验农趣,享受慢节奏的生活……如今,乡村民宿不断涌现,它们不仅是乡村旅游的重要业态,也是带动乡村经济增长、助力推进乡村振兴的重要抓手。

图1-1 可看得见山水的乡村民宿

(图片来源:浙江丽水驻85民宿提供)

乡村民宿多分布在广大农村，具有比较浓厚的乡土气息。建在城市郊区的，以乡村风格呈现的民宿也称为乡村民宿。它以乡村文化为内涵，依托景区或者地域特色资源而发展，乡土气息浓厚。

2. 城市民宿

城市民宿多坐落在城市市区，它可以是城市中的古民居，也可以是城市居民利用自家空余房以家庭副业的形式对外接待客人的民房，多以公寓的形式呈现，以现代风格的建筑为特色。

一般以古民居经营改造的民宿投入成本较高，吸收了精品酒店的经营长处，可带给游客深刻的入住体验，当然房价是相对较高。目前城市中较为普遍的民宿还是位于闹市住宅小区或者公寓楼，经营者多是用自有闲置房源，也有经营者通过租赁形式简单装修改造成民宿，多依托短租平台进行房源发布，在安全监管方面存在一定的问题。因此，我国城市民宿的规范发展之路还有待进一步扩宽。

【案例1-1】

城市民宿"京城63号院"

在北京二环胡同里有这样一家城市民宿，它的名字叫"京城63号院"。小院红灯笼青瓦墙，时而热热闹闹，时而安静优雅，在院内百年核桃树下，慵懒地北京瘫儿，品一壶好茶，这儿就是全北京最舒服的地儿。京城63号院是同仁堂乐家的老宅子，2017年出镜综艺节目《三个院子》。老宅子保留了老北京特色文化，古色古香，富有韵味。改造后的四合院共有5个房间，包括传统的中式套房、时尚西式套房、休闲榻榻米。小院地理位置优越，走5分钟就可以到簋街逛吃；或者去15分钟路程外的雍和宫许个愿；想出个远门，就走3分钟上北新桥地铁。想热闹地喝个酒，就溜达着去后海或者南锣鼓巷。反正，距离都很近。院子里，有故事，有生活，请你停下来看看。

点评：城市民宿一般都会经过装修改造，既延续了之前老宅子的古韵又有创新，加上交通便利，也是旅游入住的好选择。

（二）按发展类别划分

1. 传统民宿

传统民宿多以民间百姓的民居为依托改造而成。这类民宿在外观上基本保留原貌，内部进行适当的改造装修。这些民宿建筑一般具有一定的历史年代,比较多地保存了当时当地的建筑风格和文化遗存,具有一定的历史文化价值和研究价值。

2. 现代民宿

现代民宿一般以新建为主,依照当地的建筑风格辟地新建,也可移植域外名宅、名村,形成反差效应,以增强吸引力。

(三) 按提供服务划分

1. 按服务功能类型划分

(1) 单一服务型。这类民宿只提供住宿服务,这类民宿一般紧靠大型景区、旅游综合功能区和城市,因为所依托的区域旅游功能比较齐全,住宿以外的服务能够方便地得以解决。

(2) 综合服务型。这类民宿除提供住宿服务外,还能满足其他服务需要,如餐饮、观光等。有的民宿自身就是旅游吸引物,除解决吃住外,本身还具有观光、休闲、养生等功能。

2. 按特色服务划分

综合服务型民宿除提供住宿服务之外,因自身也是旅游吸引物,通常结合周边资源,可打造温泉养生、乡村运动等特色主题,提供诸如农业体验、生态观光、民俗体验、工艺体验等多项特色服务。

(1) 农业体验型民宿。这类是以农林渔牧业为基础,融食、住、娱、休闲度假为一体的综合型民宿,配套观光果园、观光菜园、观光茶园等。在传统的农村中,除提供农村景观、体验农家生活之外,还提供农业生产方面的体验活动,如制作茶叶、采收农作物、挤牛奶等。

(2) 民俗体验型民宿。这类是以地理人文历史景观为特色,为游客提供休闲度假的民宿,如地方祭典、民俗传说、制作风筝等。

(3) 度假休闲型民宿。该类民宿通常拥有海滨、草原、海岛、森林、雪山、温泉等独特旅游资源或是精心规划的人工造景,可满足游客的休闲需求。

(4) 艺术体验型民宿。这类民宿体现出强烈的民宿主人的风格,有较多设计元素,通常会让游客产生猎奇的心理,或提供一些个性化产品或体验活动,或者由民宿主人带领游客体验各项艺术品制作活动,包括捏陶、雕刻、绘画、制作木屐、果冻蜡烛、天灯等,游客可亲手制作艺术作品,体验艺术文化飨宴。

(5) 自助体验型民宿。这类民宿强调自助、实惠,不浪费,以社群生活和文化交流著称,游客多为背包客、夫妻,或结伴而行的游客。

图 1-2　温泉民宿

（图片来源：美泉私汤民宿提供）

（6）复古经营型民宿。这类民宿通常在古建筑基础上，对局部加以创新设计，一般不改变外观。民宿以古建筑的式样为设计蓝图，营造复古风，满足游客的怀旧之需。

图 1-3　经打造的复古民宿

（图片来源：编者拍摄）

【案例1-2】

百年古宅诗意家——婺源西冲院

西冲院于2014年10月开业,位于婺源思口镇西冲村。这里保存着完好的清代徽派建筑,古朴典雅,适宜居住。

西冲院老宅已有200年的历史,是典型的徽派深宅大院。古宅由专业古建筑专家团队负责修复,修旧如旧,尽力保留古建筑所承载的历史文化。建筑本身的马头墙、小青瓦、门口的大樟树、斑驳的墙壁都得到了完整的保留。在房屋内的光源、功能分区上的大胆创新,又让古宅符合现代人的居住习惯。

(资料来源:根据搜狐号墅家《婺源墅家·墨娑西冲院介绍》的内容整理而来)

图1-4 婺源春之夜色

点评:西冲院修旧如旧,通过现代技术使百年老宅焕发生机,既保护了历史遗产,又推动了当地旅游业发展,这就是民宿的魅力所在。

(四)按经营规模划分

1. 居家散落型

这类民宿的主要功能是居家,即房屋主人还住在该处,在满足居家条件的前提下,把多余的房间整理出来做接待客人用。这类民宿的特点:一是家庭味浓,跟房主家人住在一起,过的是家庭化的生活;二是接地气,住的是真正的百姓家,能更好地了解当地的民风民俗,可融入百姓的生活,使旅游更具体验性；三是服务家庭化，住在百姓家里，其每个家庭成员都有可能是服务员；四是布局分散，这样的民宿一般星星点点散落在村庄里、街道上。

2. 单独打造型

一般是一两户人家择一合适的地点建造几栋民宅再打造成民宿。这类民宿多见于交通要道旁，以提供特色餐饮为主，兼作住宿，往往功能比较齐全，除食宿外，还注意环境和景观的打造。

3. 小簇集群型

主要指将一个村庄、一条街道或者其中的一部分进行整体规划，连片打造成民宿。这类民宿主要依托的是古村古镇、民族聚集地区。其特点是有规模、有特色，且管理比较完善。

4. 连片新建型

即完全在一块新的土地上规划建设成片的民宿。这类民宿有的移植国内外某一名村或名镇异地打造，有的是恢复已经消失了的历史名村名镇，有的是根据某一文化主线或某一特色资源而打造成特色小镇。

（五）按设计和装修风格划分

1. 极简风

极简风又可以细分化为日式和风和北欧风格等，其设计风格是简约、接近自然，有一种家的温暖。很多民宿主比较喜欢北欧风的民宿设计方案，在线框清楚的家具上搭配绿色植物，绿色植物是重中之重。而有些民宿主喜欢小而温暖的榻榻米小房子日式风设计方案，有时还会添加一些中国传统元素，总体配搭也并不违和。

2. 工业风

这种风格给人一种酷炫的感觉，尽管少了些家的温暖，但或许正因为个性化色彩浓，才会吸引很多人前来赏析。工业风民宿的主要特性是色系以黑与白灰色为主，搭配铁艺配件、墙体和红砖墙。

3. 田园风

田园风格中以现代美式、欧式、韩式较为普遍，其中现代美式风洒脱粗狂、欧式悠闲自在悠闲较为小资情调，韩式就较为柔美素雅。总体这几种设计风格通俗化，非常容易被大众接纳，有时乃至是几类设计风格配搭。一般，在家具和器皿的采用上还会继续渗入中国风元素或日式和风的设计方案。

4. 禅味风

禅味风多见新中式风和日式风，禅味设计风格的院落，一般多指新中式泼墨山水式院落和日式风格洗练素描画式院落。其中新中式风格合理布局，以墙、装修隔断、屏风隔断打造出质感，以窗造景。其特性是重视文化艺术

积累，多选用木制原材料，注重一种超凡脱俗的诗意。

5. 民族风

民族风在民宿设计方案上需融合区位优势特点，有一些是各民族风格融合，也有一些是单一民族风格，在某种程度上也有传承意义。其特性是具有文化内涵、民俗风情，具备承传的实际意义。

6. 复古风

复古风民宿中比较多的民国风和明代唯美古风，多是旧宅更新改造而成。其中明代唯美古风的特性是多应用传统式明清时期家居家具，添加新中式设计风格家具器皿，两者相结合。

（六）按产权划分

1. 私有民宿

私有民宿是指产权在每家每户，属个体私人所有，其主体是大量的民居型民宿，它们的产权归个人所有，属于自主管理、自主经营、自负盈亏。

2. 集体所有民宿

集体所有民宿也分两种，一种是产权为宗族、家族集体所有，如南方地区的客家围屋。这种围屋规模大、房间多、功能全，历史较为悠久，由于牵扯的家庭多，一直没有进行产权分割。用这种民居改造成的民宿，其所有权为家族集体所有，一般由家族组成理事会进行管理和经营；另一种是我国不少农村还保留了集体所有制的民居，用这种民居做成的民宿其产权仍归集体所有。

3. 国有民宿

国有民宿是近些年来新出现的民宿，主要是各级政府的国有企业收购的民居或新建的成片民居。

4. 社会民宿

社会民宿主要是指由社会资本，如私人、私营企业、企业集团等投资建设和经营的民宿。

（七）按运营模式划分

1. 独立经营模式

这是比较常见的一种经营模式。这种民宿通常由民宿主自己独立经营，民宿小而精，大部分事务民宿主自己处理，最多再加一个管家来帮忙打理民宿内部的事宜，不需要委托他人。

2. 连锁经营模式

这种经营模式主要指大型民宿品牌，其管理经营和酒店类似，有专业化的管理团队和成熟的经营平台、营销系统、会员管理系统、品牌营销系统等，实行民宿连锁化经营。

3. 村委会主导的民宿统一经营模式

这类民宿经营模式一般运用于乡村旅游中的集体改造民宿。村民的住宅经过统一的改造之后由村委会统一管理。

4. 专业化的托管模式

这种经营模式和连锁模式略有不同。专业化的民宿托管经营模式类似于聘请一个专业的物业管理公司，和民宿只在运营层面进行合作，不涉及产业层面的交叉。

二、民宿的特点

（一）地方性

地方性是民宿的核心特征，也是区别于其他住宿产品的重要标志。它主要包括民宿建筑形态、居民生活方式在内的整体原生态景观的形态。

（二）文化性

文化性是民宿的内在属性，是彰显民宿特色的主要内容。民宿讲究特色和个性，文化是塑造民宿特色的重要内容和"加工原料"。民宿从外部建筑风貌设计到内部细节装修装饰，从饮食烹饪到活动组织，都注重其文化属性，强调对当地文化进行传承、发掘；也可以根据自身情况和客观需要进行新文化风格的设计和开发。民宿的文化性是酒店、宾馆等很多其他住宿业态所不重视或者不具备的。

（三）交互性

民宿的经营管理讲究自由、温馨的家的氛围，营造这种氛围的前提是主客交流互动。民宿因体量小，能够照顾到客人的交流需求，很多民宿主人和游客都会成为好朋友。这种家庭式、老友式的服务氛围，让游客觉得更加亲切、舒适。这种交流不是仅停留在礼貌问候和解决入住等表面层次上，而是大家可以相互分享自己的爱好，切磋各自的厨艺，讲述自己的故事等。因此，很多民宿主人会提供厨房等家用设施设备，由游客根据自己的爱好自主选择，自助解决一些问题。这不仅可以加深游客的体验程度，还能真正让游客放松心情。

（四）体验性

民宿让游客"体验当地自然、文化与生产生活方式"。不仅是对民宿主人"温度"、民宿住宿、民宿活动、民宿餐饮的体验，也是对当地的自然风光、风土人情、生产生活的体验，更是对生活、文化、情感的体验。这种民宿旅游体验成为乡村旅游的重要组成部分。

总之，第一，民宿为"民"。利用民间的闲置设施、民间资源为游客的新兴需求服务。第二，民宿在"乡"。利用乡村环境，追求乡村意境，提供一种新兴的生活方式。第三，民宿非"宿"。住宿是民宿的主体功能，但不是唯一功能，住民宿，还可以进行多元化感受、深层次体验。第四，民宿出"城"。民宿是城市的延伸，浙江的民宿80%是当地人经营，说到底，就是乡村度假。"民居、民宿、民享"加上"民俗"，体现的是城市生活的延伸，这是对民宿根本性的定位。

三、民宿发展的意义

当前民宿发展的热潮，反映了城市游客需求的新变化，满足了游客休闲度假的新需求。同时，也反映了乡村旅游发展的新诉求，满足了当前供给侧结构性改革的诸多新要求。

（一）旅游意义

随着居民收入增加，消费需求、消费水平发生变化，特别是沿海发达地区，休闲度假逐渐成为常态化消费，也成为居民的生活方式之一。单一的观光旅游、景点旅游已经不能满足游客的休闲度假需求，旅游需求必然随之细分、升级。在地体验、个性化需求、非标准化产品、中高档消费成为游客的重要选择。同时，城市人的生活节奏加快，促使其回归乡村，追求乡村的慢生活。民宿正好满足了游客对旅游休闲度假的这一需求。

（二）经济意义

民宿满足了当前中小资本进入旅游生活消费领域的投资新诉求，满足了部分人上山下乡、返乡创业的新需求。民宿作为一种基于小个体的个性化旅居产品，构成了当代中小资本进入旅游生活消费领域的重要载体与切入口，满足了当代城市人，特别是一批返乡创业者的新需求，为旅游领域中的"大众创业、万众创新"提供了广阔的天地。同时，民宿也是推动农村经济结构转变的重要力量，增加了农民收入，带动了整体产业链的发展。

（三）文化意义

民宿发展有利于发掘和保护当地人文历史、自然生态，用现代的文化创意手段传承当地文化民俗，延续乡村生活，重塑乡村魅力和提升乡村文化竞争力。

（四）社会意义

民宿已成为乡村产业兴旺、农民增收致富的新动力。快速城市化发展的另一面是乡村空心化、乡村社区的衰退，农村劳动力流入城市，大量农房、农地被闲置，乡村没有了发展的主力，更

视频1-2：经乡村老宅改造的民宿

谈不上乡村环境的保护、乡村文化的传承与乡村生活的延续。民宿作为一种新兴旅游方式，成为当前美丽乡村建设、乡村产业创新的重要推手，提升乡村的存续价值。民宿在促进农民素质提高，农民生活方式改变，农村社会价值观提升方面也发挥了积极的作用。

总之，民宿虽小，却是撬动当前旅游供给侧结构性改革、乡村发展的重要支点。正因为小、轻美才更容易吸引大量的社会中小资本、众多的投资经营人群，盘活社会大量的闲置资源，创造出小而精、小而美、小而特的多元体验产品。在激发、引领当前旅游休闲度假新需求的同时，营建出一批宜居、宜游、宜业的乡村社区，活化了乡村，延续了当地的文化与生活，增强了乡村的文化自信、生活自信，转变了人们对乡村生活的价值观念，从而带动更多乡村社区的发展，让城市与乡村良性互动、可持续发展。

【案例1-3】

回归自然、振兴乡村

——隐居乡里

隐居乡里，成立于2015年，是远方网旗下一个专注于高品质乡村度假服务的平台，旨在为城市中高端消费者提供精品短途度假服务。目前，旗下有山楂小院、先生的院子、姥姥家、桃叶谷、黄栌花开、云上石屋、麻麻花的山坡、青籽树、牧马人、左岸花园、楼房沟精品民宿、杏花山上、五把椅子等一系列自主品牌的民宿产品，主要分布在北京以及陕西留坝、成都青白江。

隐居乡里提倡有节制的奢侈和有品质的节俭，通过对乡村原有老宅的改造，充分融合我国乡土文化元素，尽可能满足现代都市人对居住舒适度的需求。所有院子都采用管家式包院服务，管家由深度了解当地风土人情的村民培训后担任，尤其是在地化服务让人倍感亲切，宛如回到家一样。

山楂小院是隐居乡里的第一个项目，位于北京市延庆区的下虎叫村，这里三面环山，村民不足百户，是一个昔日的贫困村。这里和大部分的京郊农村一样，都有着城里人羡慕的远山近水、画意幽静。山楂是下虎叫村的"传统项目"。可是种植了几十年的山楂树，从产量到产品，都没能带动村民致富，直到村里开起了山楂小院民宿。当初，设计者为它起名"山楂小院"，是因为院内有一棵几十年前种下的山楂树，到了深秋时节，山楂果成熟落地，树下落满了红透的山楂。设计团队凭借"顺势而为、自然而然"的理念，在保留老宅子原有格局的基础上，融入现代都市居住的舒适度。自营业以来，

民宿概论

迅速成为京郊精品民宿的"爆款"。

图1-5 隐居乡里的山楂小院

（图片来源：隐居乡里·山楂小院）

（资料来源：根据隐居乡里官网和作者张静雅《山楂小院：从贫困村走出的高端民宿》的文章整理而来）

点评： 山楂小院盘活了下虎叫村的闲置房屋，发展高端民宿同时培训当地村民就业，还带动低收入农户种植小米等特色农产品，通过发展休闲农业与乡村旅游，让下虎叫村走上了致富之路，充分发挥了民宿助力乡村振兴的作用。

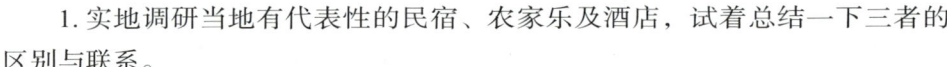

思考与练习

一、简答题

1. 什么是民宿？试着比较一些有代表性的民宿的定义。
2. 民宿有哪些分类？
3. 民宿有哪些特点？

二、实训题

1. 实地调研当地有代表性的民宿、农家乐及酒店，试着总结一下三者的区别与联系。
2. 通过实地调研，请谈谈我国发展民宿的意义所在。

第二章
国内外民宿的发展

本章导读

近年来,民宿发展日趋火爆,成为很多人外出旅居的选择,甚至有的民宿已成为旅游景观。本章从民宿的起源与发展出发,介绍目前国内外民宿的发展现状,并就我国民宿发展的特点进行了总结。

学习目标

1. 了解国外民宿的起源与发展。
2. 了解我国民宿的起源与发展。
3. 了解我国民宿的发展特点。

思维导图

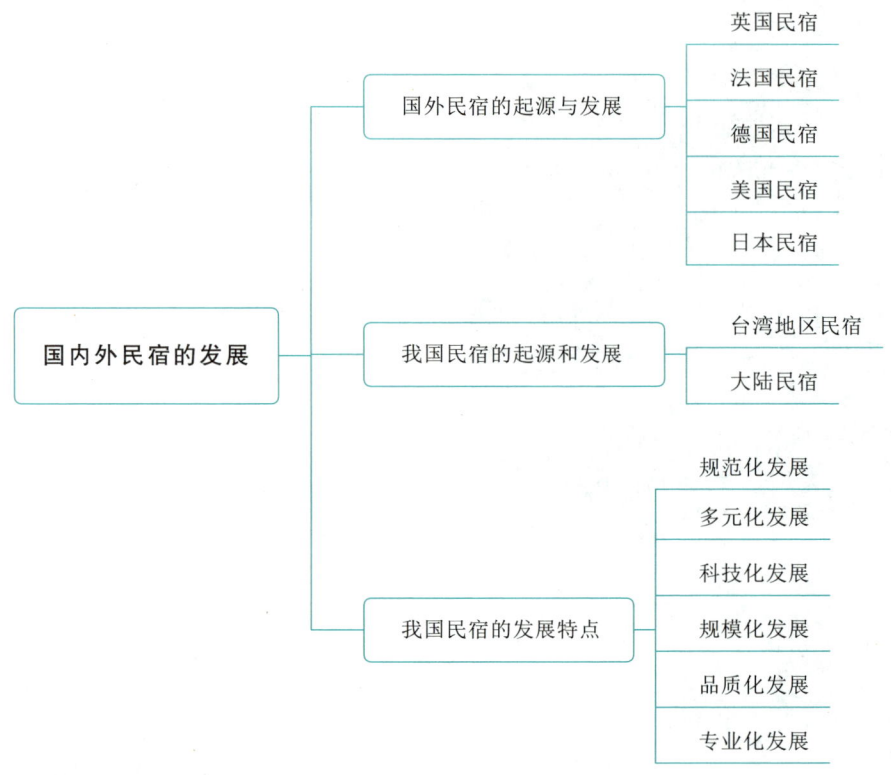

第一节　国外民宿的起源与发展

民宿是起源于欧洲乡村的一种旅游业态，最初以提供简单的住宿与早餐为基本模式。欧洲国家在经历第二次世界大战之后，为了使经济得到发展，注重农业发展，给予农民一定的经济政策扶持，大力支持民宿发展。在这样的条件下，民宿得到极好的发展，在假期去农村旅游、住民宿也成了一种风俗。历经百余年的发展，民宿从乡村走向城市、从农场走向景区，成为区域性旅游品牌及核心吸引物的重要构成。而后，民宿也从欧洲向世界各地扩展。

一、英国民宿

（一）民宿起源

在英国，民宿的通俗称呼是 B&B（Bed and Breakfast），也就是"床与早餐"的简写。英国人骄傲地认为自己是民宿这种住宿方式的创造者。早在不列颠被罗马帝国统治时期（公元43年至410年），英国人就开始经营民宿，当时主要是为旅行的罗马帝国官兵提供"廉价但又欢快"的住宿场所。

这种理念从英国发源后，逐渐扩展到欧洲大陆的法国、德国等国。在后来很长一段时期内，英国各地的修道院成为民宿的主要经营者，为旅行者提供了很大的便利。

20世纪30年代，经济大萧条令大量英国家庭陷入困境，为了增加收入，很多人腾出自己住房的多余房间用于接待，民宿开始在英国形成规模。而B&B这一概念在英国的真正普及是在1945年第二次世界大战结束之后。当时仍在英国的美军大兵在等待回国之际，纷纷走出军营，游览异国风情。而此时英国基础设施因在残酷的战争中遭到严重破坏，根本没有合适的住宿设施来接待这些美军大兵。于是，一些英国家庭主妇便将自家住宅内的部分房间收拾出来，简单布置，并为这些美国大兵提供餐饮服务。有些英国人还引领身着军装的士兵在当地游玩，而这些美国人则为此服务支付酬劳，类似于如今的导游工作。美国大兵返乡后还吸引了不少美国人漂洋过海也来游玩。此外，他们对剪羊毛与驯牧羊犬等家庭劳作颇感兴趣，尤其是在城市周边的乡村小镇，游客蜂拥而至，以至于家中的羊毛都不够游客剪的。由此，从客观上推动了英国民宿行业的大发展。

20世纪60年代初期，英国的西南部与中部人口较稀疏的农家，为了增加收入开始出现民宿。一般来说，这样的民宿提供不多的几间卧室，卧室里往往带有配套的独立浴室，极少会发生不同卧室的客人共享浴室的情形；同时，民宿的价格包含一顿早餐。它的性质属于家庭式的招待，这可以算得上英国真正意义上的民宿。

20世纪70年代后期，英国民宿经营的范围扩大至露营地、度假平房（flat），并运用集体营销的方式，联合当地的农家组成自治会，以共同推动民宿的发展。

撒切尔夫人担任英国首相期间（1979年至1990年），其商业改革政策为个体经营提供了更多便利，也使个体经营受到追捧，英国民宿在此时又经历了一个快速发展期。

（二）经营特色

B&B，意思是提供床铺和早餐的家庭旅馆服务方式。尽管和旅馆、饭店相比，B&B提供的服务和设施有限，但是它低廉的价格对广大的普通人来说还是很有吸引力的。英国的B&B不同于嘈杂的青年旅馆与拥挤的旅舍，热心的主人通常会带游客去采摘农产品、投喂牛羊，探索乡村的奥秘。

（三）政府协会管理

1983年，英国民间成立了农场假日协会（Farm Holiday Bureau），获得农业主管团体与政府观光局的支持，并制定了相关的规章条文。农场假日协会根据规章条文将民宿应具备的水平加以分级，其会员必须是向农渔粮食部登记在案的农场经营者或经营农场住宿设施、向协会登记且具有一定服务质量水平者。

为确保民宿质量，推动民宿的产业化和规范化，英国政府加强了对民宿的监管，出台了一系列严格的管理措施，例如要求民宿加强防火设施建设、客房房间使用防火门等。英国主管部门还制定各种法规加以规范，包括室内改装许可、食品卫生查核、税额标准等，比如规定民宿出售酒精类饮料需要专门许可，提供的饮食必须确保来源安全等。此外，民宿经营业者所设定之容客量超过6人以上者，在卫生条件上会有较为严格的限制，课税也较重，因此大多数的经营者都将容客量定于6人以下。

为了推动旅游观光行业的发展，英国民宿实行等级制度。根据这一规定，英国政府将农家民宿设施比照旅馆分级认证方式，由旅游局制定出一套审查标准。该标准分为四级，依序为登录（Listed）、1冠（1-Crown）、2冠（2-Crown）及3冠（3-Crown），其目的是保障消费者的权益，提升民宿服务业的水平。这种分级制度一开始实行时是从硬件层面来作评分认定，近几年来则着重在软件层面来界定等级。

长期以来，英国民宿协会在维护民宿经营者权益、促进民宿产业发展方面发挥了巨大作用。该协会还为成员提供信息和服务支持，通过提高行业的服务标准和理念，培养民众的民宿情结。现在民宿已成为支撑英国旅游业的重要组成部分。

图 2-1　英国民宿

（图片来源：张讴拍摄）

二、法国民宿

（一）民宿起源

在法国，民宿由政府主导、协会支持，从简单的小农庄发展起来的。第二次世界大战之后法国百废待兴，农村人口急速外移到城市，空留出许多农舍。1936 年起，法国规定每年必须有 15 天的法定休假日，漫长的战乱之后，城市工作者更想抓紧时间享受，只是经济能力有限，农舍接待度假旅客的想法，正好符合城市人向往宁静田野度假生活的需求，又不必支付昂贵的旅馆费用，同时为萧条的农村注入经济活力。1951 年，法国第一个农村民宿开张。1952 年，法国农业部发放补助给投入民宿经营的农民，同时，农业信贷银行和旅馆信贷银行也提供相关优惠贷款。

（二）经营特色

法国民宿从简单的小农庄到设在文艺复兴城堡的典雅客房，应有尽有。通过一栋栋居家风格迥异的民宿，游客能很好地融入周围的产业环境，领略

当地历史风貌与现代产业文化相结合的魅力。为保护历史古迹和农家原生态的生活文化，法国民宿较好地保持了古农庄原始、独特的建筑风貌。

在法国，民宿分为按天计价的和按周计价的两种，经营方式以家族经营为主。

（三）政府协会管理

1955 年，法国民宿联合会成立（Gîtes de France），印发的第一本民宿指南共收录 146 个民宿地址。现在法国民宿联合会已经发展成为世界上最大的民宿组织。

法国政府规定，每家民宿房间数最多是五间，申请设立必须符合消防、建筑及食品卫生等安全规范，并且每 5 年进行一次评鉴，以此保证民宿业良性发展，并且要求为旅客办理保险，确保旅客的人身和财物安全。

此外，法国民宿联合会对民宿的经营、建设予以指导和支持。法国政府每年会向民宿联盟协会的会员提供多种形式的资金补助，民宿经营者可以通过申请加入，以获得政府的资金补助。例如，法国政府会给予民宿经营者一笔乡村建筑整修补贴。不过，获取这笔补贴要满足一定的条件，比如需要在定居地经营民宿业 10 年以上方能享受。

法国民宿联合会依据相关标准，对民宿的服务质量、住宿环境、舒适度、基础设施及卫生设施配备情况等项目进行综合分析，并划分等级，并以法国乡村常见的麦穗枝数加以反映，从一枝到最高的五枝，麦穗数目越多，表示该民宿的综合条件越好。

三、德国民宿

（一）民宿起源

德国乡村民宿的发展，与英法两国相比，起步较晚。德国经济发展获得巨大成功后，服务业，尤其是旅游业获得快速发展，乡村民宿逐渐出现并快速发展。德国人热爱旅游，这可能跟德国的气候有关。德国一年到头多是阴雨湿冷的天气，所以阳光显得稀有珍贵。此外，德国的上班族有 24 到 30 天不等的带薪假期，加上节假日，休闲时间上也为旅游创造了十分便利的条件。近年来，德国民宿越来越受欢迎。

（二）经营特色

德国的乡村民宿为吸引城市居民来度假，除利用家中多余房间之外，还通过组织丰富多彩、具有民间特色的活动来吸引游客。但政府规定禁止出租整套房屋。

（三）政府协会管理

1971年，德国农业协会（DLG）成立，并专门针对遍布全国各地的、以家庭为主的乡村民宿进行研究，并对德国各大城市居民进行抽样问卷调查。根据调查结果，德国农业协会向皇家供货条件委员会提出乡村旅游品质管理机制及度假农场与乡村度假评鉴制度。由此，尊重乡土特色、保护自然环境、融入当地生活、注重人文景观等如今民宿常见的要素，第一次被系统性地提出。德国政府对民宿进行有效的监管，比如推行乡村旅游的品质认证制度，只有经检验合格才会办理认证标志。德国柏林2016年颁布新规，要求短租房屋必须向政府申请特别许可，否则将被视为违法。德国政府方面对此规定的解释为，擅自将房屋用途改为度假公寓并予以短期出租，是对住房的"错误"使用。柏林的这些规定并未禁止短租民宿的发展，而是将其纳入规范管理的范围。

四、美国民宿

（一）民宿起源

美国在早期定居者时期就有了民宿。当移民西进时，他们在当地居民家、旅馆和小酒馆里寻找安全的避难所。在经济大萧条时期，许多人向旅行者开放家园，为家庭带来额外的收入。"宿舍"这个词在那个时候开始使用了。大萧条之后，这种住宿类型入住率大幅降低，许多仍然开放自己家园的业主，转而为低收入者提供住宿。20世纪50年代初期，人们使用"游客之家"这个词，这也基本上是B&B的一种形式。同时受欧洲民宿的影响，大约从20世纪60年代美国民宿开始得到发展。

虽然同为西方国家，但是受到汽车旅馆的竞争，美国民宿的便利性、价格优势并不明显，而且美国人青睐于标准化的服务，民宿的个性化服务一开始没有得到美国人的认可，因此民宿发展比较缓慢。但20世纪70年代后，旅游开始注重自然生态，自然、原汁原味的旅游观念深入人心，当地人文历史成为游客的主要兴趣点，他们愿意为此付出时间与金钱，于是具备这些特点的民宿成为新宠。美国民宿早期大多出现在西部的加州地区。据相关统计，1982年加州地区约有1200处民宿，到1993年有9500多处，发展非常迅猛。

（二）经营特色

注重原生态，自然、原汁原味，凸显当地人文历史的民宿在美国十分受欢迎。其形式多见居家式民宿或青年旅舍，房主并不刻意布置居家环境，价格相对饭店也较为便宜。

（三）政府协会管理

美国在民宿管理方面，不同的州相关规定也不尽相同，且这些法规处于不断的修订和完善中。以西雅图为例，据公益组织"普吉湾鼠尾草"（Puget Sound Sage）介绍，西雅图近几年有 2000 多间单元房流向了短租市场。为了保护本地住房，2017 年底，西雅图市议会通过了新法规，对 Airbnb 等短租民宿平台进行监管。新法规要求，所有短租民宿运营者须获取营业执照，限制业主运营短租民宿的数量，避免公寓楼被转换为事实上的酒店；市内大多数现运营者可在首要居所以外再经营另外两套房，新运营者仅被允许在首要居所以外再经营另一套房，在市中心核心区域，运营者则不受拥房数量限制。西雅图市议会还通过了对市内短租民宿运营者征税的议案，对短租民宿业主征收每夜 14 美元（租出整幢房屋）或 8 美元（租出部分房间）的税，新法规于 2019 年 1 月 1 日生效。

五、日本民宿

（一）民宿起源

日本民宿的历史非常悠久，最早出现在 15 世纪前，是为了给来往城市间的人提供方便，类似于中国古代的客栈。而现在所说的日本民宿（Minshuku），是与旅行社签约的小型家庭旅馆，由租借民居歇脚或暂住而兴起的，伊豆半岛和白马山麓很早就出现了民宿。

20 世纪 60 年代，由于日本社会经济高度发展，参与夏季旅游与冬季滑雪活动的人潮汹涌，旅馆住宿空间明显不足，此时"洋式民宿"（洋式民宿是指经营者均为民间具有一技之长的白领阶层转业投资，并采取全年性专业经营）开始兴起，部分农场也以副业经营方式提供旅客住宿需求，农场旅舍的住宿形态于是产生。由此，1970 年开启了日本民宿的流行热潮。

（二）经营特色

日本民宿的基本特征是居住在日本居民家中，体验当地风土人情。最初的日本民宿与滑雪、登山、温泉度假等旅游活动相结合。从个体家庭式经营到职业化经营，日本民宿质量、服务水平及数量一直在不断地提升。

（三）政府协会管理

现在日本民宿相关的法规制度比较完善，尤其《简易住宿规范》对民宿设置有详细的规定，各地也有比较成熟的民间民宿协会组织。在民宿管理上，日本采用类似欧洲的许可制模式，由政府授权委托相关非政府机构进行审核、认证，但经营者不限于农业背景，这使得许多城市居民来乡村开设民宿，促进了城乡交流。在日本，民宿的官方名称是"体验民宿"，它更注重农业体验。

2018年6月，日本《住宅宿泊事业法》（简称"民宿新法"）出台，对民宿的消防、安全、环境卫生等提出严格要求，未取得合法资质的民宿必须从民宿平台下线。民宿新法的颁布，标志着日本民宿行业进入成熟期，也给这个长期处于灰色地带的产业带来一次大面积洗牌。

第二节　我国民宿的起源和发展

我国作为一个古老的农业国家，拥有非常悠久的农业发展历史，但是类似于民宿的乡村旅游起步较晚。其中台湾地区民宿发展较早，且十分具有特色，吸引了国内外游客前往。

一、台湾地区民宿

（一）民宿起源

台湾是我国最早发展民宿的地区之一，其最早大规模发展民宿的地区是垦丁，时间约在1981年，当时只是一种简单的住宿形态，没有导览或餐饮服务。这类民宿发展起因于景区假日的饭店旅馆住宿供应不足或缺乏服务，或登山旅游者借住山区房舍，有空屋人家因而起意挂起民宿的招牌，或直接到饭店门口、车站等地招揽游客，而兴起此行业。其后慢慢形成自己的风格。如今，民宿产业已经遍及整个台湾地区，且呈现规模化发展态势。

（二）经营特色

台湾地区民宿在经营理念上超越了旅馆和酒店，往往能让游客在游玩之余增加对当地文化、民俗风情的了解，收获一份意外的感动。民宿主人都细心经营，很多有名的民宿，其装修风格都反映出主人的生活追求与艺术品位，有些将自己的理想和志趣投入在自家民宿中，为客人展现并分享家与人生的乐趣，将自身的偏好与当地文化巧妙地结合在一起。

（三）有关部门与协会管理

2001年台湾有关部门制定民宿管理办法，首次对民宿的合法地位进行了认可，对经营资格、民宿协会的监管等方面做出了严格规定。该办法规定民宿为利用自用住宅空闲房间，结合当地人文、自然景观、生态资源及农林渔牧生产活动，提供旅客乡野生活住宿之所，并且规定了民宿的经营规模。

成立于 2003 年的台湾乡村民宿发展协会（2007 年更名"社团法人台湾民宿协会"）也发挥了组织和引导作用。协会与有关部门沟通合作，推动民宿发展规定的修改和当地民宿合法化，积极推广台湾地区民宿产业和产品。

台湾地区的民宿经过近 40 年的发展，管理上已较为完善。2010 年，台湾有关部门对民宿管理办法进行了修订，对民宿所在的区域做了特定说明，规定民宿必须位于风景特定区、观光地区、公园区、少数民族居住区、偏远地区等，甚至有的区域规定为"非都市土地"。因此，台湾地区民宿多处于风景优美的乡村偏远地带。台湾地区民宿的风格上从异域风、唐式风、乡村风、现代风等一应俱全，能够充分满足自由行游客个性化的住宿需求，注重带给游客旅游体验。当地有关部门推动经营者打造高品质的民宿，采用法律法规制约经营主体的行为等，也推动了台湾地区民宿朝着高端化方向发展。

二、大陆民宿

（一）民宿起源

大陆民宿起步较晚，萌芽于 20 世纪 90 年代，当时多称为"客栈"，首先出现在经济发达的沿海地区。处在发展初级阶段的民宿多是自发形成，以乡村农家乐为主，只提供简单的餐饮、娱乐和住宿服务。2012 年前后，我国度假旅游发展迅速，大众出行主体由商务出行转向个人旅游，游客对个性化主题民宿需求增加。大体来说，我国大陆民宿的发展经历了以下四个阶段。

第一阶段：以家为宿

这一阶段，人们主要利用家庭闲置的房屋资源，为游客提供不同于传统旅馆和酒店的居住场所。

第二阶段：以宿为家

这个阶段，民宿行业主要侧重"家"概念的塑造，注重民宿日常使用功能建设，同时通过装修、装饰将房屋改造成有感情、有故事、有背景的民宿，以满足游客精神层面的审美体验。

第三阶段：多维精品

随着时间的演变，民宿消费者以新一代年轻人和中产人士为主，他们往往经济条件较好，对住宿环境与条件要求比较高，追求新鲜的事物。在这一民宿发展阶段，因高端设计师的进入，使民宿在主题和精品路线方面发展迅速。与此同时，民宿主也开始提供后续的旅游服务，自主性地为游客提供本地化服务。

第二章 国内外民宿的发展

第四阶段：吃、住、行、游、购、娱一体化

随着物质的丰富，很多时候人们喜欢的不再是产品本身，而是产品所处的场景，以及场景中自己所浸润的情感。这种场景连接着用户对某种生活方式或生活态度的认知和向往，蕴含着用户特定的情感。在这个场景中，能够激发用户心理的某种情感，促使用户愿意为商品的溢价自愿付费。也就是说，人们越来越愿意为场景和情感埋单。

视频 2-1：民宿场景体验

（二）经营特色

大陆民宿不同于台湾地区民宿。我国大陆的民宿市场还处于发展阶段，民宿不仅有农家乐，还包括个人出租的闲置民居，如市区单元房等。目前，民宿集群最发达的三个地区分别为滇西北、浙闽粤、长三角。其中，民宿分布较多的城市中有以北京、厦门、成都、杭州为代表的大型旅游城市，以丽江、大理、嘉兴为代表的古城古镇旅游城市，以秦皇岛、黄山附近的知名旅游景区城市和以上饶、湖州等为代表的乡村旅游地区。

图 2-2 大理古城里有不少民宿

（三）政府协会管理

2015 年 11 月，国务院网站发布《关于加快发展生活性服务业促进消费升级的指导意见》，首次提出"积极发展客栈民宿、短租公寓、长租公寓等细分业态"。2016 年 3 月出台《关于促进绿色消费的指导意见》，提出持续发展共享经济，鼓励个人将闲置资源有效利用，有序发展民宿出租。在这样的背景下，国内民宿迅速发展。

为了更好地规范民宿市场有序发展，2017 年 8 月，国家旅游局发布旅游行业标准《旅游民宿基本要求与评价》（LB/T 065—2017），首次对民宿进行了定义。2019 年 7 月，文化和旅游部又推出《旅游民宿基本要求与评价》（LB/T 065—2019），规定了民宿的必备条件，并将民宿划分为三星级、四星级、五星级三个等级，这标志着我国民宿发展步入规范、有序的轨道。

2021年2月，文化和旅游部发布旅游行业标准《旅游民宿基本要求与评价》（LB/T 065—2019）第1号修改单，对其中的部分条款进行了修改，新增民宿"提供餐饮服务时应制定并严格执行制止餐饮浪费行为的相应措施"条款，并将旅游民宿等级由三星级、四星级、五星级更改为丙级、乙级、甲级。

2022年7月，国家标准《旅游民宿基本要求与等级划分》（GB/T 41648—2022）发布，于2023年2月1日起正式实施。该标准分为11个章节，包括适用范围、规范性引用文件、术语和定义、等级和标志、总体要求、公共环境和配套、建筑和设施、卫生和服务、经营和管理、等级划分条件、等级划分办法，规定了民宿经营管理的总体要求，包括经营条件、规模、安全、卫生、防疫、环保等方面的要求；规范了建筑和设施要求，包括建筑装修、客房设施、厨房与餐厅、公共休闲设施、布草间、消洗间、卫生间等各功能区的设施要求；明确了卫生和服务要求，包括客房、餐厅、厨房、室内外公共区域及客用品卫生，主人服务、日常接待服务、定制化服务和其他服务等要求；提出了经营和管理要求，包括通过媒体平台开展宣传和营销、建立管理制度和服务规范、有效处理各类投诉等；给出了公共环境和配套要求；说明了旅游民宿等级划分条件和划分办法，旅游民宿等级评定机构对丙级、乙级和甲级实行动态管理机制。

第三节　我国民宿的发展特点

随着休闲、度假旅游的进一步发展，以及人们旅游观念的更新，民宿必然会不断改变方式和内容，不断寻求最优的方式来满足旅游者的需要。具体来说，我国民宿的发展具有以下几个特点。

一、规范化发展

（一）政府规范引导

近年来，新出台的各项旅游政策均提到鼓励特色民宿行业发展。在未来，政府仍会鼓励民宿行业的发展，民宿政策会持续利好。目前，共享经济是发展大趋势，政府将继续鼓励个人闲置财产的有效利用，支持民宿发展。而地方政府一方面会针对部分饱和民宿市场的恶性竞争问题，出台行业相关准则，提高民宿入行标准；另一方面地方政府要排除目前民宿的安全隐患，提出民宿水电、楼层结构和消防等建设标准。2017年8月，国家旅游局发布了旅游行业标准《旅游民宿基本要求与评价》(LB/T 065—2017)；2019年7月，文化和旅游部对该标准进行了更新；2021年3月，文化和旅游部发布《旅游民宿基本要求与评价》(LB/T 065—2019)第1号修改单；2022年7月，国家标准《旅游民宿基本要求与等级划分》(GB/T 41648—2022)发布，并于2023年2月1日起正式实施。以上种种举措，都是政府与时俱进地规范引导旅游民宿发展、助力乡村振兴的重要举措。

（二）民宿服务规范化

因为民宿大多是业主自主经营，所以不同的业主服务水平就会参差不齐。由于现在的民宿从业人员大多没有经过专业的住宿业服务培训，使得民宿在卫生清扫、对客服务等方面远远达不到游客的要求，降低了民宿的舒适度。这样的问题已经逐步引起政府和民宿从业者的重视，很多地方成立了民宿学院、民宿从业者联盟，来解决民宿从业人员培训的问题。在政府和市场的引导下，民宿主越来越注重服务的规范化，严格控制卫生、安全等关键指标，让游客住得安心、住得放心、住得舒心。

二、多元化发展

（一）民宿设计多元化

当代民宿的设计模式正朝着多元化的方向发展，主要是由于人们对民宿建筑的需求越来越多样化、个性化，因此，设计者在开展民宿建筑设计工作的时候，应当把打造精品民宿作为主要目标，深入探寻当地的文化特色，利用多样的地域文化元素，将多样化的民宿设计模式融入其中，从而让民宿设计的类型更加丰富，以便更好地满足游客的需求。

（二）民宿空间多元化

除了设计模式的多元化以外，民宿在功能空间上也呈现多元化的发展趋势，不再仅仅局限于餐饮、居住功能，而是在尊重游客基本住宿、饮食需求的条件下，从空间布局的角度，打造各种各样的功能空间，如阅读、品茶、手工体验等，从而让游客的个性化需求得到最大化程度的满足。

图 2-3 民宿的户外休闲空间

（图片来源：编者拍摄）

（三）民宿功能产品多元化

随着旅游方式的不断扩展、旅游内容的不断丰富，以及人们旅游观念的更新，游客对个性化主题民宿的需求迅速扩大，民宿必然要不断地改变其方式和内容，使之不仅是一种旅游住宿接待设施，更应是一种重要而独具特色的旅游吸引物。将住宿产品与多种旅游产品深度融合，从低端单一产品向高级且有特色的休闲产品发展转变。

视频 2-2：个性化主题民宿

三、科技化发展

（一）体验智能化

随着移动互联网、AI 人工智能、大数据、物联网等多种新技术发展日渐成熟，民宿将通过智能门锁、人脸识别、征信识别、个性定制服务等科技手段，进一步扩大游客的自由空间和使用便利，提高民宿的安全性，同时降低业主的运营维护成本。

（二）营销管理信息化

目前，民宿经营普遍存在财务管理不规范、订单管理不智能、房源管理靠人工等信息化程度低下的问题，多家在线旅游企业已推出面向民宿经营者的管理系统，以提高民宿信息化程度。未来，更多民宿预订平台将完善这一系统，通过免费推广民宿管理系统，降低民宿预订产品运营成本，提高游客体验。

四、规模化发展

（一）民宿品牌化发展

随着市场竞争的加剧，小规模的民宿经营日益困难，主要体现在：一是做民宿公共设施的配套开发有难度；二是单体民宿长期发展的稳定性有时难以保持；三是面临资金困难问题；四是单个民宿各自经营，营销成本大；五是游客的体验不断变化，有时达不到配套设施齐全的休闲度假标准等。

针对以上单个民宿运营困难，未来民宿会注重打造民宿 IP，树立民宿品牌，并在此基础上形成连锁化经营模式。

（二）民宿集群化发展

除了连锁经营模式以外，还有一些民宿以区域集群化经营方式经营，实现资源的共享，打造"民宿集群"或"民宿联盟"，形成从民宿管理平台、预订平台等平台到民宿相关培训、设计、咨询公司等完备的民宿行业产业链，在集群内实现优化分销、媒体运营、品牌传播、会员共享、收益管理等。

同时，以民宿集群作为切入点，以"政府 + 文旅平台 + 服务商 + 社会资本"为投资模式的文旅项目陆续落地。由政府整合多方资金，推进园区的基础建设；文旅公司负责管理，投资部分引领性项目；服务商协同咨询、规划、运营、推广的整个流程；社会资本通过文旅进行民宿项目投资经营，形成文旅融合产业闭环发展。

五、品质化发展

（一）民宿内外部设施品质化

随着国家乡村振兴战略的持续推进，以及当地主管部门的高度重视，广大乡村的配套基础设施在近些年不断得到完善，环境综合治理水平也逐步提高，进而提升了城市游客的乡村体验。同时，近年来，中产返乡创业以及社会资本进入民宿行业，民宿在改造和建设方面投入不断增加，使民宿设计感得以突出，硬件设施档次也得到极大提升。

（二）"民宿 +"活动品质化

《民宿蓝皮书：中国民宿发展报告（2022）》指出，"民宿 +"是 2021 年及往后很长一段时间内民宿经营发展的关键趋势，民宿已经发展成为在地乡

村会客厅、土特产展销厅、风俗文化展览馆……民宿正在展示出全新的活力，推动中国大地乡村振兴的脚步持续向前。目前，不少地区的民宿结合当地特色资源，打造"一宿一品"，将当地非物质文化遗产、农林牧业资源等融入民宿活动，为游客提供了品质化的民宿活动。

六、专业化发展

（一）运营管理模式专业化

随着民宿在我国的持续发展，未来民宿不管是在开发模式、设计模式，还是在运营管理模式上，都会慢慢形成自己的专业化模式，会借助互联网的力量，形成线下线上的互动，对社会资源进行整合，提供各种个性化的服务。

（二）服务人员专业化

2022年7月，"民宿管家"成为人力资源和社会保障部发布的新职业之一。民宿管家指提供客户住宿、餐饮以及当地自然环境、文化与生活方式体验等定制化服务的人员。民宿管家职业标准的正式发布，也意味着民宿服务人员将经过从业培训及考核持证上岗，从而更好地为客人提供专业化又带人情味的民宿服务。

思考与练习

一、简答题

1. 试比较英国、法国、德国、日本等国家和我国在民宿起源与发展上的异同点。
2. 谈谈我国大陆民宿的发展历程。
3. 谈谈我国民宿发展的特点。

专业词汇

二、实训题

1. 通过查阅相关资料及调研，收集一些国内外典型民宿案例，试着对比一下国内外民宿发展的现状。
2. 实地调研你家乡的民宿，分析当地民宿发展的特点及存在的问题。

第三章
民宿筹建

本章导读

投资者既要准确认识民宿的发展前景,更要以科学的商业思路投入民宿筹建建设当中。本章主要介绍民宿的选址、设计及开办。

学习目标

1. 了解民宿选址的重要性和影响因素。
2. 了解民宿设计的原则。
3. 掌握民宿规划设计的要素。
4. 掌握民宿开办条件与程序。

思维导图

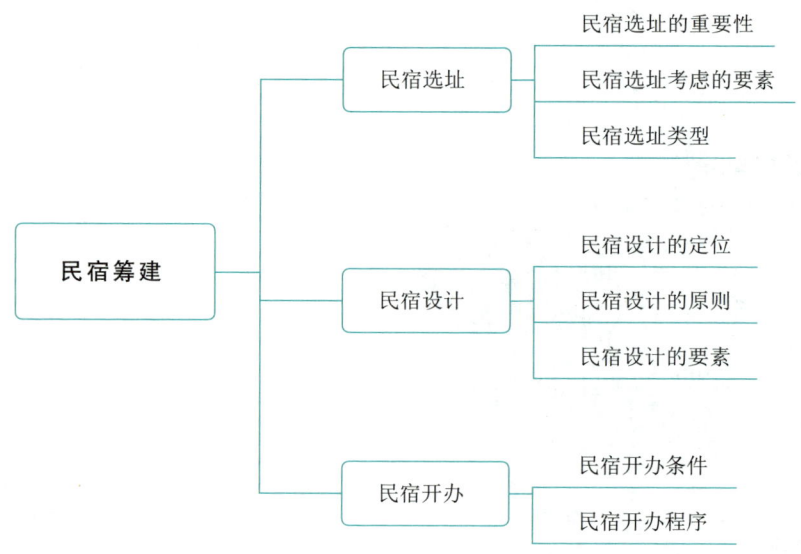

第一节　民宿选址

好的选址有助于经营。民宿位置的优劣，对今后的经营发展起着重要作用。民宿选址不但影响到民宿经营战略目标、规划和投资，而且也决定了民宿市场定位和服务理念。民宿选址科学不但可以充分体现民宿产品的差异性，还可以降低民宿的运营成本。为民宿科学选址，是开民宿首要的考虑问题。

一、民宿选址的重要性

（一）民宿地址决定民宿经营战略及目标

民宿经营战略及目标的确定，首先要考虑所在区域的社会环境、地理环境、人口、交通状况及市政规划等因素。依据这些因素明确目标市场，按目标住客的构成及需求特点，确定经营战略及目标，制定包括广告宣传、服务措施在内的各项促销策略。事实表明，经营方向、产品构成和服务水平相同的民宿，会因为选址不同，而使经济效益呈现明显的差异。不理会民宿周围的市场环境及竞争状况，仅凭经验来选择民宿地址，是难以经受住考验并获得成功的。

视频：民宿选址的重要性

（二）民宿地址决定民宿市场定位

地址在一定程度上决定了客流量的多少，游客购买力的大小、消费结构、吸引程度等。民宿选址适当，便占有了地利的优势，能吸引大量游客，生意自然就会兴隆。

（三）民宿地址决定民宿投资规划

不论是租赁，还是购买用地，民宿位置一旦被确定下来，就需要大量的资金投入。但是，当外部环境发生变化时，民宿的地址不能像人、财、物等其他经营要素一样可以做相应的调整，它具有长期性、固定性特点。因此，对民宿地址的选择要做深入的调查和周密的规划。

（四）民宿地址决定民宿服务理念

地址选择要以便利住客为首要原则。从节省游客的购买时间、交通费用的角度出发，可最大限度地满足游客的需要。否则就会失去游客的信赖和支持，民宿也就失去了存在的基础。

二、民宿选址考虑的要素

（一）便利性和稳定性

民宿选址应尽可能靠近宾客所在地或适当方便宾客抵达的地点，而且还应考虑人的流动特点和停留特点。便利性还需考虑民宿门面的可见度，评价民宿可见度高低的办法一般看民宿能够从几个方向观察到，民宿最好直接面对街道或者其他宾客能直接看到的位置。从稳定性来看，民宿选址应尽可能地选择经济和治安比较稳定的区域，重点还要考虑所选地点在预期经营期内不能受到城市扩建、改造、违章等各类不稳定因素的影响。

（二）市场和投资回报

民宿的地理位置、规模档次、设施设备、产品和服务都应以目标客源市场作为出发点，民宿选址应尽可能方便目标客源，并且与目标客源所属的地区相吻合。

由于民宿投资的回收周期长，在选址时要充分评估地价、租金、基础设施费用、劳动力成本、原材料供应等各种成本费用因素，并且预测民宿可能的销售收入，以及经营过程中可能遇到的各种问题。

（三）区域政策

首先，民宿选址要事先了解区域宅基地政策及地方规划。民宿选址的规划对未来能否持续经营至关重要，有的民宿刚经营一两年，就因规划建设而拆迁。其次，民宿选址要看看经营资质政策，住宿经营资质包括工商的营业执照、消防的开业许可、公安的特种行业许可和宾客接待许可、卫生许可、食药监的餐饮许可等。我国一线城市对于这些资质的办理要求标准基本相同，而一些郊区和偏远地区政策各有不同，很多民宿并不具备办理资质的相应条件。

（四）周边地理环境

民宿周边环境，包括自然环境和人文环境是吸引消费者前来的重要因素。其中，乡村民宿要求周边自然环境优美，城市民宿因身处都市，出行娱乐便利为宜。一般，乡村民宿的消费群体多来源于大城市，他们大多想缓解身心、放松自我，风景秀丽、开阔的自然环境更能吸引，比如莫干山、普者黑等地方的民宿就拥有这样的自然环境。除了周边的自然环境外，当地的人文环境对民宿的影响也很大。如果周边是少数民族聚居区，有独特的风土人情⋯⋯这些也会吸引消费者。

（五）周边业态配套

周边业态配套对民宿经营有着重要影响。如果配套好可以为民宿吸引更多的客源。例如附近有餐厅、商店、景点等吸引物的话，可以增加游客选择该民宿的几率。换句话说，可以提供便利和增加客户满意度的周边配套业态能为民宿客人提供更多的便利和选择。例如附近的餐厅可以提供各种餐饮选择，让客人能够方便地就餐。

（六）经营期的季节性

民宿选址所在地经营期的季节性对民宿经营也有重要影响。一是影响市场需求。旅游和住宿需求通常会随着季节的变化而出现峰谷。民宿经营者必须理解和预测这种季节性的需求变化，并通过相应地调整价格、促销策略和资源配置应对高峰期和低谷期的挑战。二是影响收入。波动季节性需求的变化会直接影响民宿的收入波动。这就需要经营者做好财务规划和预算，以确保在旺季获得足够的收入来支持整年的经营并妥善处理淡季期间的经济压力。三是影响资源管理。在旅游旺季，民宿需要提供足够的房间供应、员工服务和设施设备以满足客人的需求。而在淡季，民宿可能需要调整资源配置，以减少运营成本并保持合理的运营效率。

三、民宿选址类型

（一）交通依托型

交通依托型民宿选址因人流聚集而产生集聚效应，具有天然的客流增长条件。住宿设施是完善空港、高铁站、城市商圈必不可少的基础场景，民宿可作为交通枢纽的重要配套设施，和酒店一样承接商务、旅游、中转等住户的多样化需求。该类型民宿选址的核心吸引力在于其便利的地理位置。

（二）城市依托型

城市依托型民宿，主要出现在一线城市或城市群近郊，主要市场群体为城市消费者，他们想体验当地生活，不愿意选择千篇一律的城市酒店；另一部分是期望到城市近郊休闲放松的游憩群体，这部分消费者往往没有明确的目的，仅仅是想远离快节奏的城市生活，以获得身心的放松。目前，我国一二线城市集聚了大量城市依托型民宿，其以深度融入当地居民生活场景、具有竞争力的价格优势，逐步成为城市旅游休闲度假游客的首选。

（三）景区依托型

景区依托型民宿是依托景区景点的吸引力，借助天然的旅游住宿市场发展而成的，与周围娱乐、餐饮等旅游配套设施，共同形成旅游区的旅游服务体系，其选址与旅游区的配套设施关系密切。如我国的大理洱海、丽江古城周围集聚了大量的景区依托型民宿，这些地区以独特地理气候、绝佳的湖景、山景和人文资源吸引了大量观光旅游的游客。

图 3-1 洱海湖畔的双廊古镇渔村风光

(四) 村落依托型

村落依托型民宿是指在一些比较原生态的村庄、林地、山地和田地等地区建设民宿，主要面向有乡土情结、渴望呼吸乡间新鲜空气、体验乡村慢节奏生活的游客。这类民宿周围并没有开发成熟的景区，而是依托纯天然的自然资源吸引游客。目前，很多民宿经营者都聚焦于我国一二线城市的近郊，新建小院，或对原来的农宅进行改造，提供外部环境乡村化、内部装修现代化的舒适住宿产品。

图 3-2 拥有山、石、田、海自然风光的福州平潭北港村

(五)文化依托型

文化依托型民宿往往选择文化历史深厚、文化形象特色突出的古城、古镇、古村、古街等地。此外,选址区域居民的文化观念、生活习俗等也是文化依托型民宿考虑的主要因素。在文化依托型民宿中,游客需求的是体验当地的人文环境、体验最有特色的生活方式。

【案例3-1】

莫干山民宿

说起莫干山,就不能不提莫干山的民宿,很多人就是为了体验它的自然景致而来的。

依山而建的莫干山民宿集设计、艺术、环保于一体,加上竹林环绕,近临溪水,庭院深深,与自然交融的极致趣致,让游客偷得浮生半日闲,全身心地感受这幽雅安静的环境。

"朝饮木兰之坠露兮,夕餐秋菊之落英。"落宿于莫干山民宿,清晨或傍晚闲庭信步于庭院中,感受风的呼吸、竹的律动,倾听露珠从叶间滑落的声音,抚平在繁忙生活中日渐浮躁的心。

图3-3 莫干山的夜晚

(资料来源:作者整理)

点评: 莫干山民宿的选址优势:一是地理位置绝佳。莫干山地处沪、宁、杭三角的中心,与长三角各城市距离极短。二是生态环境优美。莫干山是国家AAAA级旅游景区、国家级风景名胜区、国家森林公园。青山绿水生态好,是莫干山最显著的标签。三是人文历史深厚。莫干山,因春秋末年,吴王阖间派干将、莫邪在此铸成举世无双的雌雄双剑而得名。作为中国四大避暑胜地之一，众多的历史名人，为莫干山赢得了巨大的名人效应，至今还保留着200多座风格各异的别墅。

思考： 选址与民宿未来发展有什么关系？

第二节　民宿设计

一、民宿设计的定位

（一）客源定位

客源定位就是在茫茫人海中，找到需要的游客，然后对其进行画像，知道他们是谁？有什么特征？消费习惯是什么？然后据此为他们设计产品、提供服务。

1. 细分市场，确定目标客户人群

在民宿市场里，游客有其不同的需求和爱好。我们需要根据一定的标准，对其进行归类划分，然后在其中找到目标客户人群。住民宿的游客里有的以民宿为目的地，在民宿内放松游玩；有的则只把民宿当作一个提供舒适住所的工具。这两种人对民宿的要求是截然不同的，为其提供的服务也应该是不同的，前者需要提供休闲玩乐的设施和活动，后者则提供住宿即可。因此，在开民宿之前，一定要找到目标客户群体，只有确定了为谁服务，才能判断提供什么产品才会完成实现民宿经营目标。

2. 目标客户人群画像

对市场进行细分，对客户进行研究，了解其特征、消费习惯，有利于对目标客户人群画像。对客户进行画像，可以从多个方面入手，调研游客的基本信息：年龄、性别、受教育程度、收入、职业等；偏好信息（个人的兴趣爱好、社交偏好）：喜欢什么，为什么喜欢；获取信息渠道：朋友、家人推荐，网络平台推送等。

3. 需求描述

在明确了客户，了解了其习惯、特征等之后，需要对其需求进行分析。假如目标客户是一群都市白领，他们在狭小压抑的空间里工作，快节奏且高压的生活方式，使他们想要好好睡一觉、放松心情。他们的需求就是舒适睡眠、身心放松、慢节奏生活。因此，可以给他们提供的就是优美的环境、安静舒适的房间、悠闲自在的活动等。

（二）产品定位

市场定位之后，需要为游客提供符合其身份、习惯的产品，也即对民宿产品的功能、档次、房型进行定位。

1. 产品功能

如果市场群体是处于浪漫期的年轻情侣，那房间的装修就要浪漫精致，在客厅摆放玫瑰花，提供圆床或者大水床等。民宿客户群体如果是喜欢上网打游戏的"电竞少年"，那房间应该是电竞游戏主题房，在装修房间的时候应放置舒适的电竞椅、大屏的电脑、游戏英雄摆件等，增加其体验感。如果周边游客需要就餐，则需要配套餐饮产品；如果是亲子家庭，则需要配套亲子产品。

2. 产品档次

民宿有低、中、高三个不同的档次，如果目标客户群体有一定消费能力且乐于享受的，那么可以开豪华高档民宿；如果目标客户群体虽有一定的经济基础，但是比较注重性价比，那可以为其提供中端、性价比较高的民宿。

3. 房型定位

民宿房间有大床房、双床房、亲子套房等多种房型，不同的客户群体喜欢入住的房型也不同。如果是家庭则喜欢入住亲子套房，夫妻情侣则喜欢大床房，普通朋友则更喜欢双床房。因此，应该根据目标客户群体选择以某类房型为主，其余做辅助。比如，要做亲子民宿，那房型则以亲子套房为主，大床和双床房为辅。

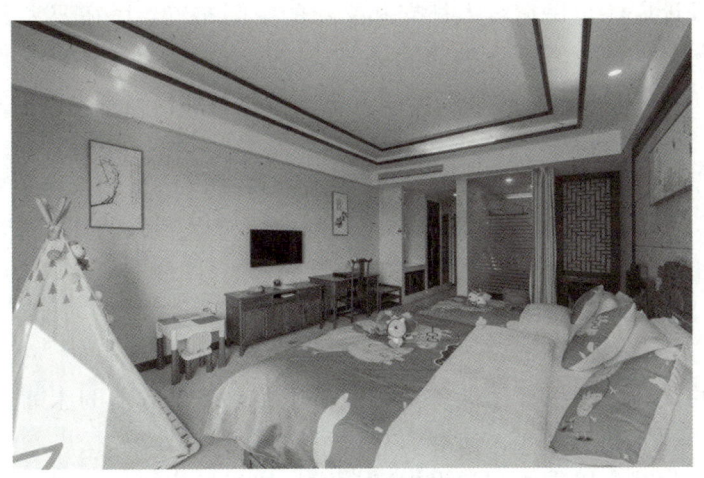

图 3-4 民宿儿童房

（三）价格定位

民宿产品的价格很大程度上会帮我们对游客做初步的筛选，可以有效地过滤不属于我们的目标客户。因为价格是一个比较敏感的因素，当价格在客户预算之内时，他们会选择我们的产品，反之，则不会选择。民宿的价格定位会影响我们的收益、投资回收期等，因此，应该制定一个精准的价格体系。根据目标客户的消费水平，民宿提供的产品、服务的水平、质量和成本，合理定价。如果确实不知道怎么定价，可以参考周围同级别民宿产品的定价体系。

（四）主题定位

主题定位，即民宿以某一文化主题为中心思想，在设计、建造、经营管理与服务环节中提供独特消费体验的策划行为。因此，民宿创建过程中，主题的选择、加工、提炼与展现是开办民宿的核心和灵魂。民宿主题定位应满足四大特性，主题选择具有市场吸引力、代表性、延展性和系统性。市场吸引力是指主题吸引的市场客源流量大且稳定，代表性是指主题内容应是所在区域地域文化的结晶与体现，延展性是指以主题为基础便于实施产品的全方位差异化战略，系统性是指以主题为核心能够构筑起协调的民宿环境、产品、服务等整体系统。

二、民宿设计的原则

（一）社交导向

民宿设计应注重民宿客人社交和交流的空间布置。民宿要为客人提供公共区域及与其他旅行者交流沟通的场所，如共享厨房、休息室或露台等，促进客人之间的交流和互动，良好的社交氛围可以增加住宿客人的满意度。

（二）安全导向

民宿设计应注重安全性和便利性。民宿要提供适当的安全设施和措施，如紧急出口指示、烟雾报警器、灭火器等，以确保客人的住宿安全。同时，还要优化空间布局，提供便利的设施和服务，如良好的Wi-Fi覆盖、充电插座、清洁设施等，以提升客人的居住体验感。

（三）实用导向

民宿的设计应注重舒适性和实用性。民宿要提供舒适的床铺、宽敞的空间、良好的通风和采光等，使客人在民宿内得到舒适和放松。同时，应考虑实际需求，为客人提供便利的设施和功能，如充足的储物空间、电源插座和良好的照明等。

（四）特色导向

游客在挑选民宿时，更多关注当地的景观与文化特色。民宿是展示地方特色与风情的窗口，是游客吸引力所在。民宿设计，必须充分挖掘和突出当地文化元素，让游客能够深入体验不同文化的差异，充分满足其求新、求异、求获的文化体验心理。

（五）市场导向

民宿设计之前，必须明确服务的客群，选择合适的客群，有针对性地进行设计建设和运营。虽然，当前民宿市场消费群体往往选择环境优美、产品精致、体验独特、氛围轻松的民宿产品，但不同性别、年龄、职业、经历的客人其需求具有差异性，因此，精确细分市场，深入了解市场需求，民宿设计才能实现为运营服务。

（六）功能导向

民宿的功能导向需要充分考虑两个方面的因素：对外，民宿不仅要吸引宾客，还要有利于宾客住宿、就餐、娱乐休闲、会友、亲子等多种活动的开展；对内，要充分考虑民宿主人及员工生活、工作开展的需要。功能设计需要对民宿产品、民宿盈利模式做统一考虑。

（七）绿色导向

在民宿消费选择中，优美、淳朴的富有乡野之趣的生态环境是顾客选择的重要因素。因此，民宿设计者要遵循人与自然和谐共生的设计原则，既要保证周围自然景观、生态环境不受到破坏，又要保证民宿本身的独特风格以及舒适程度。在民宿的规划设计中，无论是建筑、设施，还是业态，都应该以环保生态为出发点，尽量就地取材、低碳节能、崇尚自然，在自然之中充满美感和情趣。

（八）文化导向

民宿是一个地区文化展示的窗口，宾客之所以选择入住民宿，是想远离城市的喧嚣，找寻一份宁静舒适的生活状态，亲近自然和感受独特的当地文化。民宿的设计规划必须充分挖掘和突出当地文化元素，以保留并凸显当地文化元素为前提，表现当地特色风情，能够让游客体验与自己所在地域文化不同的新奇感。

（九）品质导向

民宿经营者想要有自己的立足之地，不仅要提高自身的服务水平和硬件设施水平，更重要的是要有先进的理念、充满吸引力的风格和高标准的服务品质。一方面，要建立标准化的服务保障体系，指导民宿员工的日常工作，保证民宿有序运营；另一方面，要打造个性特色的服务来提升品牌价值，如

布置富有情调的空间场景、开发高品质的民宿产品、提供特色配套服务等。

（十）创新导向

民宿经营者要根据市场需求，结合产业新理念，不断地提升服务标准。如目前乡村旅游中逐渐出现了"自然农法""众筹农业"的新概念，作为乡村旅游中重要的组成部分，民宿的规划设计一定不能脱离这些新的发展理念，应将其充分融入民宿的发展中，让民宿迸发出新的活力。

三、民宿设计的要素

民宿设计的不仅仅是一座建筑、一个房间，更要对地域特色、人文情感进行传递，要从外部环境、空间规划、服务设施等方面内外呼应。要注重与游客进行深层次的互动与交流，满足游客对民俗多层次的体验需求。设计民宿时应充分融合当地文化，对名字、建筑、功能空间及文化符号进行精心设计。

（一）民宿名字设计

对于民宿来说，名字也是营销的一部分。民宿的定位就是从一个名字开始的。好的名字能够传达该民宿的主题、定位、环境、气质、场景、卖点，反映该地的资源与环境，如岛居白沙（浙江省舟山市普陀区白沙岛大沙头）就临近海边，同时还能传达主人的胸怀与气质，如大乐之野（浙江桐庐钟山乡长丘田村）、花迹（江苏南京老门东）等。一般来说，民宿名字的选择应遵循以下原则。

1. 诗情画意的名字能够吸引人气

坐落于浙江省丽水市松阳县枫坪乡沿坑岭头村的民宿"柿子红了"，在柿子红了的季节，在泥墙黑瓦的掩映下，一切都如画般美好。西湖边依山面湖的湖景山居民宿"夕霞小筑"吸引客人歇息看花，闲来问茶，体验老式杭州居民的休闲。

2. 凸显主题的名字更容易被感知

杭州西溪"百味素食餐厅"就以提供素食和健康、简单的生活方式而著称；台湾"树也别墅"强调的是"以树为名，与树共生"；广东清远的"二十一度山居"意指全年平均温度21℃，简约而朴实。

3. 富有底蕴的名字更具分享特质

隐匿于上海朱家角繁华小巷的"璞隐"，游客从名字上就能感受到其"大隐隐于市"的特质；浙江的"大乐之野"出自《山海经》，指上古时代的一片广袤地区，那里森林茂密，山水俱美，后被天帝封闭，寓意为被遗忘的美好之地，和客栈整体定位十分相符。此外，求"乐"于"野"，追求一种返璞归真、回归本心、平实健康、悠游乐活的生活方式，是一种更深层次的意境。

4. 朗朗上口的名字有利于传播和记忆

德清"艾拉后院"是在一个普通的小院落基础上改造的，以"友情""亲情""爱情"作为主题进行了三期开发，以其简单的名字和纯真的感情吸引了大批游客，并荣获了2017年最佳民宿奖。

（二）民宿建筑设计

建筑设计需要情怀，更需要逻辑思维。与传统酒店相比，民宿在选址、规模、建筑风格、客房等方面均存在较大差别，无论是改建，还是新建，都是为了更好地提炼出历史、人文中的建筑语言。民宿建筑设计主要分为两类：老房改造民宿和新建民宿。

1. 老房改造民宿

老房子是活着的历史和文化，很多民宿经营者会选择对老房进行改造，形成历史与现代相融合的民宿建筑。老房改造民宿应该最大限度地保留建筑原有的文化记忆，就地取材，对建筑做必要的改造和修缮，一般来说，遵循以下四个步骤。

（1）老房子改造评估。在对老房子的改造设计时，特别需要注意的是其建筑结构的稳固性，在设计之初要对老房子进行评估，以明确是否要采取局部或整体加固措施。

（2）民宿风格定位。老房改造民宿的第一步就是根据老房子所在的自然环境、周围资源和文化背景，合理定位民宿的装修风格，如西北的窑洞式民宿、江南的水乡式民宿都是带有强烈地域风格的民宿形式。

（3）根据建筑风格，完成对民宿的建筑改造和内部装修。在确定了民宿的地域特点之后，可以根据不同的建筑风格对老房子的硬件和软件进行改造。硬件方面，基础的水电设施都需要逐一改造。有些老房子的建筑格局和材质不能承担民宿的功能，需要对其外墙进行大刀阔斧的改造。软件方面，可以采用民族特色的装饰材料及装饰形式对民宿进行改造，除了民宿和地方特色的装饰以外，可适当增加绿植以及添置一些极具艺术特色的精致装饰物。

（4）改造民宿外部环境。良好的室外环境是游客非常注重的因素。干净整洁的院子、幽雅闲适的庭院家具、懒散的几只小猫、庭院式花圃都是装扮民宿外部环境非常好的选择。莫干山地区的民宿就是用小小的无边泳池作为增加院落通透性的元素。

2. 新建民宿

新建民宿并不是摒弃当地的历史和文化，而是为了更好地提炼出历史、

文化中的建筑语言，更好地传承和发展。建筑虽是新建的，但它的根深深地扎在历史文化之中。新建民宿应注重体现当地文化，多采用当地的建筑材料来丰富建筑造型。

（三）民宿功能空间设计

民宿作为非标准住宿产品的代表，虽然功能结构相对酒店而言，较为简单，但是空间组成一般应包括院子、大厅（公共空间）、客房、楼梯、餐厅、消毒间、布草间、设备空间等。

1. 院子

院子一般是民宿的灵魂。一个没有院子的民宿，通常会在竞争中处于劣势。生机盎然的院子会激发游客愉悦的心情，因此，民宿的院子不管大小，都要合理布局，要让游客有停留休憩的空间。丽江的民宿一般都设有天台，游客可以登上天台一边喝茶，一边遥望玉龙雪山的美景。院子的布局设计也要通过绿植营造四季不同的景观，在院子面积较小的情况下，可以通过微景观丰富院落，体现院落的休憩功能和观赏功能。

2. 室内公共空间

民宿与传统酒店不同的是，民宿更加注重民宿主与游客之间以及游客与游客之间的交流。因此，民宿的公共空间设计非常重要，它既要满足各种使用功能需求，还要体现民宿的主题。公共空间一般有接待、会客、餐饮、聊天、休闲等功能，因此，在只有一层的公共空间，尽量不要布置客房。很多民宿都注重公共空间，有的占比甚至达到 50% 以上。公共空间的大小最好根据实际情况确定，如果以工作室为主的，必须有大空间；如果以住宿为主的，应缩小其空间，够用就行。为了突出民宿特色，部分民宿还会在公共空间的功能性上做文章。有些民宿会直接把公共空间定位为书吧，游客可以选择在这里读书、休息，也可以在此静静地听雨，别有意境。有些民宿会将公共空间设计成一个咖啡厅，让游客沉浸在咖啡香里，享受生活。

3. 客房

（1）民宿客房主题设计。民宿的客房数量不宜过多，少到四五间，最多不要超过 15 间。民宿的客房一般都是非标准房间，注重温馨感，很多民宿还会给房间定义不同的主题，并配以不同的装饰。位于南京夫子庙周围民宿深度挖掘秦淮文化，将"秦淮八艳"或者南京城南地区的生活文化融入客房的设计中；丽江的民宿会体现茶马古道文化；北京的民宿则会将京城文化作为民宿客房设计主题。

（2）民宿房型和布局设计。从民宿客房的房型来看，一般大床房占比较大，达到 60% 以上；标准房一般较少。此外，应对家庭消费群体需要，民宿一般都会配备面积稍大的家庭房，可同时放置大床和一个孩子的小床。民宿房间的布局可以不用太规整，但一般应包括三个基本空间：卧室、浴室、客厅（或房间内公共活动空间），设计以舒适、布局合理为原则。所有的客房必须设有开窗，能配置阳台的房间一般都设在绝佳位置。尽量配置落地窗，增加客房的采光和通透。室外风景对客房的价格决定因素很大，因此，能处处见景最好。

（3）民宿浴室设计。民宿的浴室也是体现客房主题的一个重要因素，设计时可以不拘一格，但舒适度要高。客房的洗浴应以淋浴为主，浴缸作为辅助配饰，可以放在客房的任意合理的位置。

（4）民宿消防安全要求。因为客房是游客主要休息的地方，因此客房的隔音效果要好。从安全要求角度而言，客房的门一般为甲级防火门，房间内要布置烟雾探测器，门后要贴有民宿紧急逃生示意图。

4. 楼梯

楼梯往往是民宿设计中最容易被忽视的室内场所。若有好的设计，楼梯将会成为民宿点睛之作。根据现阶段消防要求，民宿的楼梯宽度至少要在1米以上。民宿的楼梯不仅仅起到各楼层之间通达的功能，还可以巧妙地结合民宿主题，或采用不同的材质，或设计特别的造型，或增加储物功能，让楼梯成为民宿表达主题的一个亮点。南京花迹民宿，设计师余平在完全保留了南京老城南四合院的岁月"踪迹"之美，整个民宿没有吊顶，没有踢脚线，没有门窗套，而楼梯扶手的直角被打磨成圆角，与其民宿删繁就简、返璞归真的风格相辅相成。

5. 餐厅

因为餐厅并不是民宿必备的设置，所以很多民宿只提供住宿，不提供餐饮产品。为了方便游客，部分民宿也会提供便餐或者有特色的餐饮，因此餐厅面积一般较小，功能较为简单，但装修应与民宿主题呼应，必要时还需具备让游客自己动手操作的功能。民宿餐厅里提供的餐饮产品在外观设计、装盘、菜品等要与民宿的主题文化保持一致性。

6. 消毒间和布草间设计

尽管民宿被称为非标准住宿，但是其产品和服务的品质应该是标准化的，因此民宿必须配备消毒间，用于客房内杯具以及餐厅的碗筷等物品消毒。同时，民宿应单独设置布草间，最好做成橱柜式，以便布草摆放。

7. 设备空间

民宿要充分留足设备空间。太阳能是降低能耗最直接的方式，一般都设置太阳能热水，同时增加有效的水加热设施（空气源等），两套设备可以同时运作，也可以自由切换。要充分考虑储水箱的位置（水箱一般较大），监控设备一般以小型的为主，可以设置在接待台。此外，民宿还应充分考虑停车场所的设置。部分游客以自驾为主，因此，民宿周边要有方便且安全的停车场所。部分民宿因为位于村落内，周围都为农户，游客到达民宿没有便捷的停车场所，只能停在民宿门口或者周围的路上，给周围的住户带来极大不便。

（四）民宿品牌形象设计

民宿品牌形象设计（VI设计）包括标志设计、色彩方案、字体和排版、图像和摄影风格以及品牌应用规范等要素。这些要素的统一和协调有助于建立和传达民宿品牌的视觉形象，增强品牌的辨识度和影响力。

1. 标志设计

标志是民宿品牌的核心标识，要能够传达民宿的特点和个性。标志设计需要考虑民宿的定位和目标客群，选择适合的图形、字体和颜色，以及合适的排版和构图方式，以创造出独特且易于识别的标志。

2. 色彩方案

色彩是民宿VI设计中的要素之一，可以用来传达品牌的情感和氛围。色彩方案应与民宿的定位和目标客群相匹配，选择适合的主色调和辅助色彩，并确保色彩的一致性和协调性。

3. 字体和排版

字体选择和排版方式对民宿的VI设计也至关重要。合适的字体可以传达民宿的风格和氛围，排版方式应注重版面的整洁和易读性。在VI设计中，需要确定品牌的字体风格和使用规范，并确保在各种媒体和平台上的一致性。

4. 图像和摄影风格

民宿VI设计中的图像和摄影风格可以用来展示民宿的特色和体验。通过选择合适的图片和摄影风格，可以传达出民宿的舒适度、环境和服务等方面的特点，吸引潜在客户的注意。

5. 民宿文化符号设计

民宿设计要有体现地域性特征的文化符号。具体到实践中，应该针对具体的区域，先刻画出地域文化的主脉络，通过进一步的概念化，归纳出成系统性的文化符号，再将这些符号演绎到具体的建筑与景观改造工作中。概括起来，就是要做到"生活符号艺术化，文化符号系统化，形象符号商品化，商品符号产业化"，使整个符号系统有活力，有品位，成体系，可延展。具体到一个门把手、一盏路灯、一个指示牌，都可能成为文化的符号、形象的体现、现实的旅游商品。

(五)民宿动线设计

1. 客流动线设计

客流动线是指游客在民宿区域内活动所必须经过的路线。民宿的一切活动都是围绕游客的活动而进行的。因此,客流动线的设计,首先,应反映出民宿的形象,让游客在移动过程中能够感受到民宿的特色与文化氛围;其次,要遵循实用性原则,动线的设计要通顺、畅达、不交叉、直接而不迂回,流动方向要清晰明确,易于识别。主要出入口应设计在游客举目可见、方便游客进出的地方。在出入口、转折处以及游客经常活动的场所应有醒目、较强亲和力、准确的标志,为游客创造便利的环境。由于民宿除了承担游客住宿功能外,有时候还承担主人或管家自住功能,因此主、客动线应相对分离。例如,有些民宿主人、管家住在一楼,而游客住在视野较为开阔的二楼,厨房设置在主人居住的一楼,游客可与主人一起用餐。或者主人与服务人员住在另一栋建筑,一楼的餐厅和交谊厅可作为游客与主人娱乐交流的场所。

2. 物流动线设计

物流动线是指物品从采购、贮存、消费到最后垃圾处理过程中所发生的空间转移。民宿经营者要为游客提供基本的早餐、住宿等服务,这些物资流动路线应遵循便利的原则,减少逗留时间,尽可能快地满足游客需要。同时,物流动线还应隐蔽,避免将物品直接暴露在游客面前,给游客带来不良的视觉影响。一般来说,物流动线都设在后勤区。

3. 车流动线设计

车流动线是民宿区域外部的车辆流动路线。民宿外部车辆流动路线主要包括进入民宿的游客车辆的路线及停车场。外部车辆流动路线设计要方便、省时和便于管理。

【案例3-2】

设计,让老房子的灵魂得以栖居

在保护古建筑、古村落文化期间,民宿迎风而起,伴着乡愁,和着高雅,带着情怀,满怀敬畏心,与古建筑融合……

1. 凤凰厝

原名杜家坪,位于山东日照的城市边缘,在城市化的进程中,荒废掉了。建造者曾说过:我们不敢轻易去触碰老房子,若是无法留住老房子的灵魂,我们便是罪人。

图3-5　凤凰措的老房子

图3-6　保存老房子拆掉的石头

从整体到细节都能看到老房子的痕迹，在拆老房子时候，一块一块编好号的石头，保留着老房子的灵魂，又被赋予了新的概念。

门前的石阶，还是曾经的石头；门前的树，还是曾经的大槐树、榆钱树，这个村子的灵魂被保留下来了，轻轻走过，手划过石墙，指尖接触冰凉的纹路，静静地抚过岁月。

图3-7　拆掉的石头重新焕发新的生命

2. 重庆翰林山庄

重庆翰林山庄，清代翰林王倬的宅邸，经三次扩建，80年代由古建收藏家刘健接手，作为古建博物馆。本案的主持建筑师奚红洋并没有像大家所认为的那样，将建筑修复到原来的模样，而是把前几次扩建中不合理的地方拆除或加建，使山庄更符合传统风水格局，更有步移景异、寓情于景的园林情节，同时，融入了一定的时尚元素，让游客去体验一个有生命的建筑，感受它的成长。

图 3-8　改造前翰林山庄沧桑的大门

图 3-9　被软的装堂屋门面以及花窗

图 3-10　回廊上摆满了老式座椅

图 3-11　客房里时尚的物件与开阔的视野

3. 徽州德懋堂

李鸿章少时寄读的私塾，是主人卢强读博期间曾跟随导师单德启教授一起遍访皖南村落古镇发现的，卢强听到向导如此轻巧的一句拆迁，觉得有些心痛。他知道，德懋堂既不在受保护的古村落内，也不是挂牌的文物保护单位。

3-12 外面的景色比照片更美

卢强请来当地的老工匠，对老砖、老瓦、老家具分别编好号，以保证原拆原建。

图 3-13 从老建筑上搬迁过来的门檐

图 3-14 匾上"德懋"二字的真迹复原

图 3-15 白炽灯下的雕花门罩

4. 济南老城隐泉别院

从墙体拆下来的老石头，重新用于建筑。房梁所有木结构都经由人工打磨，用传统的卯榫结构进行组装。为了保留院内两处天然泉眼，工期曾一拖再拖，方案一修再修，才得以让每一个来到这里的游客都能零距离观赏泉水。

现在，社会的快速发展，使都市人对乡土文化产生强烈的回归情愫。这种回归不单纯是地理空间意义上的乡愁，而是对快速、嘈杂的城市生活的一种规避。乡村的根本属性是自然性，而回归乡村实际上是对富有乡土文化内涵的乡村意象的向往。

乡村在地文化是一种自然的生产方式和生活模式，根源于乡村价值观念和文化传统，通过建筑、服饰、家具等有形物质与民风习俗、民间艺术等无形精神要素，在朴实之间传递传统文化。

乡村旅游的核心是乡村性，民宿作为乡村旅游的重要载体，其乡村性同样突出，主要体现为：民居为载体，乡村为背景，乡村休闲旅游度假为功能，其根源是悠久的农业文明及其传统的传承。

古村落始终在一种动态的过程中延续着自己的生命。民宿是从传统乡村住宅演化而来的，民居是其主要的原始模板。村子、院子、房子是民俗场所的三个空间场所。

民宿发源于乡村，乡村在地文化是民宿的灵魂。民俗文化所带来的地域文化正是民宿的核心竞争力。国内大多数乡村民宿是在当地农民闲置房屋上改造而成的，在建筑形态上具有浓厚的乡村色彩，作为一种视觉符号，传递着不同地域的乡土文化。

民宿建筑设计，灵感主要来源于传统乡村建筑。除此以外，民宿主人与游客之间存在较多互动，不少民宿提供管家服务，将游客视为到民宿来做客的朋友，力图打造家庭式服务与关怀，这种人情味浓厚的主客互动正是根植于乡土文化的朴素人际交往形式。

由于地缘关系，乡土文化在农村人心中有一种朴素亲情，而这种人际关系在城市比较淡化。很多游客之所以选择民宿，是出于对这种富有人情味的独特体验。

对乡土文化的回归就是将当地乡土文化的物质和精神要素通过民宿的载体予以传承，在运营民宿的同时，保护当地传统文化。

乡愁是青山绿水，心有栖居。民俗文化的挖掘传承，让我们重温乡情乡音；民宿旅游的蓬勃兴起，让我们体验诗意栖居。

以文化为魂，以创意为翼，为游客打造了另一个扣动心弦的家。

（资料来源：广州民宿展公众微信号，作者晏晨）

点评：民宿让古建筑得以活化利用，设计让古建筑重新绽放，设计师通过对文化、建筑、环境和生活的整体设计，让历史旧物和现代生活完美结合。

第三节　民宿开办

一、民宿开办条件

（一）场地合法

旅游民宿应具备必要且符合要求的场地、房屋建筑、治安、消防、卫生、食品安全等方面条件，并建立各项安全管理制度；建筑规模原则上主体建筑应符合所在地规划控高和风貌管控要求，不得超过 4 层，且建筑面积不得超过 800 平方米。

拓展知识：
民宿开办
模式

（二）证照齐全

经营者应依法取得当地政府要求的相关证照，满足公安机关治安、消防相关要求。通常而言，证照可分为"一照、三合格证、三许可"：营业执照、消防安全检查合格证、民宿房屋安全质量鉴定合格证、人员健康合格证、特种行业经营许可证、餐饮经营许可证、卫生环境许可证。

（三）民宿消防管理

民宿消防管理包括消防设施的设置、维护及鉴定，如烟雾报警器、灭火器、消防栓等设施的配置和维护情况。鉴定要求可以包括设施的完好性、位置的合理性、操作的简便性等方面的检查和评估。民宿经营场所无地质灾害和其他影响公共安全的隐患。民宿建筑主体应为钢筋混凝土或砖混结构，疏散楼梯可采用敞开楼梯间或室外疏散楼梯，疏散通道和安全出口应保持畅通，每间客房应设有开向户外的窗户。

（四）治安管理

各民宿经营者须落实旅客住宿登记制度，安装旅客住宿登记系统，在接待处配置电脑等设备，铺设上传网络。民宿接待处、出入口和主要通道，必须安装视频监控系统，监控设备安装要符合国家相关标准。民宿内应设置用于住客寄存贵重物品的设施，民宿客房要安装防盗搭扣，一楼应安装防盗设施，设施要有便于由内向外开启的装置。

（五）民宿房屋安全质量要求

民宿房屋结构应符合建筑规范和相关安全标准，包括基础、墙体、屋顶、楼梯等部分的设计和施工质量，另外，房屋结构抗震性能、荷载承载能力、材料使用等方面也要符合相关检查和评估。

（六）民宿卫生管理

从业人员持有有效健康证明（上墙公布）和卫生知识培训合格证明，个人卫生良好，掌握岗位基本卫生知识，配备专（兼）职卫生管理员。相关配套用房和设施按《公共场所卫生标准》执行。

（七）民宿环境保护管理

民宿的生活和餐饮污水必须无害化处理后达标排放，可以直接或经预处理后纳入村级生活污水集中处理设施处理。推行生活、餐饮垃圾分类处理。自然保护区、饮用水源保护区、重要的自然与文化遗产、风景名胜区等禁止准入区，严禁新建、扩建规模民宿项目。

（八）民宿食品安全管理

民宿单独设立原料粗加工间（区）、切配烹饪区、餐用具清洗间（区）和餐厅，根据民宿餐饮服务的规模大小，配备与经营规模相适应的冰箱、冰柜冷藏设施、电子消毒柜和餐具清洁柜以及切配操作台。各项卫生保洁设施要确保正常运转和使用。所有的餐饮从业人员都要进行年度健康体检和食品安全知识培训，取得健康证明后上岗。严格执行餐饮食品安全操作规范。

二、民宿开办程序

（一）提交申请

需要经营农村民宿的农户或经营主体，须向所在村级组织提出书面申请，并填报《农村民宿申请表》，经村级组织签署意见后提交乡镇（街道）。

（二）审核审定

按照各自的职责，公安和消防委托当地派出所、市场监管局委托市场监管所、环保局委托环保所、卫计局委托当地卫生院等单位对申报的农村民宿项目做好初步指导工作。由当地乡镇（街道）负责人签署初审意见后上报各区、县（市）主管部门；由主管部门牵头不定期召开部门协调会予以审核。审核同意后各部门按要求办理相关手续，也可以由相关部门单独审核直接办理相关手续。不符合条件的，一次性告知申请人。

（三）证照办理

营业执照先行办理，并办理税务登记等证件，根据验收通过的意见，由相关职能部门办理消防备案及开业前消防安全检查、特种行业经营、餐饮服务等许可证。

思考与练习

一、简答题

1. 民宿在选址前应做哪些准备工作？
2. 民宿选址时要考虑哪些因素？
3. 民宿设计应包括哪些因素？
4. 如何控制民宿的运营成本？

二、实训题

1. 实地调研当地有代表性的民宿选址情况，总结这些民宿选址时考虑的共同因素有哪些？
2. 实地调研当地有代表性的民宿主题定位情况，总结这些民宿主题定位有哪些特点？

第四章
民宿产品

本章导读

民宿产品是民宿赖以生存的基础,是满足游客需求的有形产品和无形服务的总和。民宿产品具有生产和消费同步性、有形产品和无形服务的结合性、不可存储性、季节性等传统酒店产品的特点,同时又具有交互性、地方性、依附性等自身特点。根据目标市场的需要,对民宿的食、住、娱等进行规划、设计,可以组合设计特色主题型、农业体验型、运动休闲型、民俗体验型、团建型、家庭型等民宿产品,并对民宿产品进行开发。

▍学习目标▍

1. 掌握民宿产品的概念、分类和特点。
2. 掌握民宿产品组合的概念、分类和策略。
3. 掌握民宿产品开发的概念、开发原则和开发程序。

▍思维导图▍

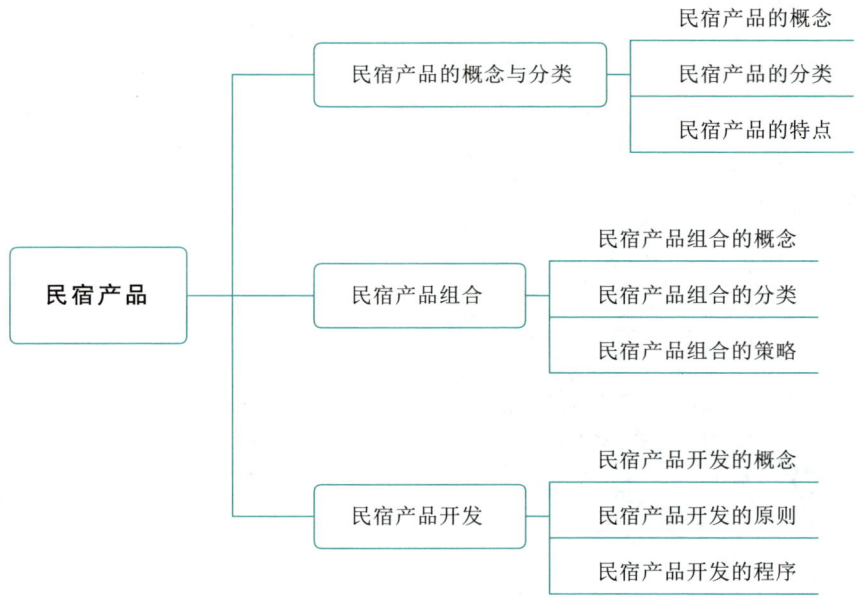

第一节　民宿产品的概念与分类

一、民宿产品的概念

（一）产品的概念

在日常生活中，我们理解的产品概念较为丰富，它不仅包括有形的物质产品，也包括无形的服务产品，是有形产品和无形产品的组合。例如，人们在生活中使用的油、盐等日常消费品是有形产品；心理咨询，则是一种无形的产品。美国著名的市场营销学家菲利浦·科特勒指出："产品是可以提供给市场的任何一种东西，它应该能够引起注意、被得到、使用和消费，以满足某些人的需要或需求。"

（二）民宿产品的概念

从需求角度看，民宿产品是指游客通过支付一定的时间、精力和金钱所获得的一些体验。从供给角度看，民宿产品是指民宿出售的能满足游客需求的有形产品和无形服务的总和。民宿产品是民宿企业生产经营的综合产出，包含民宿的地理位置；民宿的设施设备，如客房、餐厅、公共区域等；民宿的装修设计营造出的氛围；民宿的服务，如服务内容、方式、速度、效率、理念；民宿的整体形象，体现了游客对民宿产品的认知度；民宿产品的价格，不仅体现民宿产品的价值，还反映了民宿产品的质量。

二、民宿产品的分类

（一）按照产品的形式划分

根据民宿产品的组成状况，民宿产品可以分为整体民宿产品和单项民宿产品。

1. 整体民宿产品

这类民宿产品通常指客人前往民宿住宿，以食宿为基础，同时还提供各种个性化服务。例如，策划特色活动，以加强游客与游客、民宿主人与游客之间的沟通交流，为游客介绍当地的风土人情等，给游客家一样的感觉，让游客在民宿留得住、还想再来。

2. 单项民宿产品

这类民宿产品通常指为客人提供单一的民宿产品服务。例如，游客因为民宿的餐饮别具特色，前往民宿用餐，购买的就是单一的餐饮服务；游客觉得民宿环境幽雅，想租用民宿的会议室开会，购买的就是单一的会议服务。游客前往民宿购买的产品多以组合、整体产品为主，也存在少量的单一产品购买服务。

（二）按照民宿产品的内容划分

按照美国西北大学的菲利浦·科特勒等学者提出的五个层次的整体产品观，民宿产品按照内容可划分：核心产品、形式产品、期望产品、延伸产品和潜在产品。

1. 核心产品

它是指游客购买民宿产品时所获得的基本效用，是民宿整体产品中最基本、最主要的部分。民宿起源于英国的 Bed & Breakfast，最早就是提供"床和早餐"的一种服务，游客租住客房是为了得到休息，安于睡眠；购买早餐是为了满足饥渴需求。

2. 形式产品

民宿产品的基本效用必须通过某些具体形式得以实现，形式产品是核心产品借以实现的形式，即产品实体和服务的形象。例如，民宿的建筑特色、地理位置、客房、餐厅、公共区域、各种服务项目及其服务质量等。

3. 期望产品

它是指游客在购买某一民宿产品时随之产生的种种期望。例如，干净的客房和床上用品、安静的环境，得到关心，受人尊重，优质服务等。

4. 延伸产品

它是指游客购买民宿产品时获得的全部附加服务和收益。延伸产品是一个民宿同其他民宿区别开来，形成特色，保持竞争优势的重心所在。民宿的公共区域、娱乐设施、特色活动，质量优质等均属于此范畴。

5. 潜在产品

包括现有民宿产品的所有延伸部分，可能发展成为未来产品的潜在状态的产品，可以理解为游客提供的个性化服务。

民宿产品以上五个内容相互独立、各具特点，又紧密相连，共同构成整体产品的全部内容。核心产品、形式产品和期望产品的质量，是游客满意的前提条件；延伸产品和潜在产品是产品灵活性的具体表现，同时也是该产品在现有价值之外的附加价值，能提高游客的满意度。

（三）按照民宿产品的等级划分

按照 2022 年 7 月 11 日发布的国家标准《旅游民宿基本要求与等级划分》（GB/T 41648—2022），旅游民宿的等级分为三个级别，由低到高分别为丙级、乙级和甲级，等级旅游民宿标志由民居图案与相应文字构成，并对每个级别的设施和服务作出了相应规定。相对应地，民宿产品按照等级由低到高也分为普通型民宿产品、品质型民宿产品和标杆型民宿产品。

1. 普通型民宿产品

民宿级别为丙级民宿，提供干净、整洁的住宿和餐饮卫生，有基本的取暖和制冷等设施设备，民宿主人参与接待，提供相应的服务。民宿产品的价格一般在100元～400元/晚，根据淡旺季，价格略有调整。

2. 品质型民宿产品

民宿级别为乙级民宿，除基本的民宿设施设备建设和卫生达标要求外，民宿设计更加个性化，民宿主人服务热情，运用线上开展民宿运营。民宿产品的价格一般在400元～1000元/晚，根据淡旺季，价格略有调整。

3. 标杆型民宿产品

民宿级别为甲级民宿，民宿装修设计主题突出，周边环境优美，能结合当地的风土人情提供特色体验活动，民宿主人服务能够成为民宿文化的重要支撑。这类民宿产品价格一般在1000元/晚以上，根据淡旺季，价格略有调整。

三、民宿产品的特点

民宿是经济发展到一定阶段的产物，是旅游行业的一种新业态。其产品有着旅游行业产品的基本特点，同时还具备有别于传统酒店行业产品的其他特点。

（一）民宿产品的基本特点

1. 有形产品和无形服务的结合性

游客到民宿住宿、购买餐饮，这些都是有形产品，在提供这些有形产品时，几乎离不开民宿工作人员提供的服务，而服务是无形的。这决定了民宿产品具有形产品和无形服务结合性的特点。

2. 生产和消费同步性

普通商品的生产和消费是可以分离的，如一个水杯生产出来后，可能半年后才卖出去。但是民宿产品不一样，民宿提供的各种服务是与游客的消费同步进行的。游客在民宿住宿时，民宿才生产民宿产品；游客在消费的时候，也是民宿工作人员向游客提供服务的时候。民宿产品的生产必须以游客到民宿消费为前提，是游客直接介入民宿产品的生产过程，在直接消费中检验民宿产品的质量，并以住宿满意度来表明游客对民宿产品的满意度。

3. 不可存储性

民宿产品在特定时间由游客购买并使用时才能实现价值；如果在特定时间无人购买和使用，并不能把此时的价值储存起来，只能等下次购买使用时才能发挥其价值。比如，民宿的客房、会议室，一天不出租，一天就不能创造价值；一般商品，如水杯，如果今天卖不出去，可以储存起来，明天再卖。

4. 季节性

民宿产品的生产与消费具有季节性，特定时间、特定区域的市场需求有淡旺季之分，呈周期性变化。如国家法定节假日是民宿产品生产与消费的旺季；民宿所在区域的旅游旺季也是民宿产品生产与消费的旺季。

（二）民宿产品区别于传统酒店业产品的特点

1. 交互性

民宿产品的最大特色是民宿主人参与接待，给游客家一样的感觉。这种家一样的服务，来源于民宿中主客交往的互动过程。主客的闲暇聊天、农事体验、景点咨询、安全提醒、代订服务等都让游客得到个性化、定制化需求的满足，这种交互性让民宿充满了浓浓的人情味。在服务过程中，民宿主人会邀请游客一起共进晚餐，一起喝茶聊天，会像家人一样嘘寒问暖，民宿主人有时就是民宿的活招牌，体现着民宿主人的文化涵养。在传统酒店服务业，为游客提供的都是标准化服务，缺少了人与人之间的温情。

2. 地方性

民宿的地方性体现在两个方面：一是民宿的建筑材质、房屋布局、室内装修、庭院设计等都体现了当地风貌，保留了当地的人文特色。例如，安徽黄山的"御前侍卫"，是对传统的徽派建筑老宅进行了改造，展现了浓郁的徽州文化。二是民宿的餐饮、特色活动等体现了当地的风土人情。游客到民宿住宿，除了满足吃和住的需求外，更重要的是通过"一种当地的美味菜肴""一场当地的农耕活动"等来感受当地的生产、生活方式和文化。

3. 依附性

民宿的出现最早是作为旅游旺季住宿产品的补充，一般民宿的选址都在旅游景区附近，依附于景点来吸引游客住宿。随着经济的发展，民宿还可以分为城市依附型民宿和乡村依附型民宿。城市依附型民宿的客户群体，一般是到城市旅游，想通过住民宿来感受当地的生活，或者到城市郊区休闲放松；乡村依附型民宿虽然周围不一定有开发成熟的景观，但是依附天然的自然资源可吸引游客。综上，民宿产品具有一定的依附性，主要依附于周围的景区或者人文资源。

【案例4-1】

江西婺源将军府·福绥堂

将军府·福绥堂坐落于江西省婺源县儒商第一村思口镇延村,是清代金文谏于乾隆年间所建,是古徽州具有代表性的儒商大宅,先后吸引了晚清重臣左宗棠、抗日名将唐式遵在这里设行营、建司令部,因此,又名将军府。如今,福绥堂的主人是婺源茶艺省级非遗传承人方秀瑛、李念、汪玲三位女子。她们合力抢救、修复并保护福绥堂,特请国家"三雕"非遗传承人精心打造,使福绥堂重现徽商古宅当年的辉煌。

图4-1 江西婺源将军府·福绥堂一角

(图片来源:民宿提供)

图4-2 江西婺源将军府·福绥堂茶室

(图片来源:民宿提供)

在传承古徽州文化的同时，合理地将现代化设施配装于房内，让游客感受古老文化与现代文明有机结合，感受诗意的乡村生活。您可以来福绥堂吟诗品茗、参加墨香入扇的"小团圆"茶诗会；您也可以来福绥堂参加茶艺培训，感受中华茶文化的魅力；您还可以来福绥堂以茶为媒介，抚琴会友……

（资料来源：民宿提供，编者整理）

点评：江西婺源将军府·福绥堂的核心产品是住宿，但是区别于传统的酒店行业，江西婺源将军府·福绥堂还为游客提供个性化的服务产品，依托当地的徽州古宅文化和民宿主人擅长的茶文化，举办丰富多彩的茶文化体验活动，通过主人与游客交流，构建良好的主客关系，体现了民宿产品的交互性、地方性、依附性特点。试着根据这家民宿产品分析一下民宿产品区别于酒店产品的特点是什么？

第二节　民宿产品组合

一、民宿产品组合的概念

（一）产品组合的概念

一般情况下，企业生产经营的产品，类型并不是单一的，大多有两种或两种以上的产品，一个企业生产和经营的全部产品的类别结构，称之为"产品组合"。一个企业的产品组合，通常包括若干产品系列，每个产品系列又包括数目众多的产品项目。产品组合一般包括三个要素，即产品组合的广度、深度和密度。产品组合的广度是指企业生产经营的产品线数量，产品线越多，产品组合越宽。产品组合的深度是指企业生产经营的产品线上平均具有的产品项目数量，企业产品项目越多，则产品组合越深。产品组合的密度，又称产品组合的关联性，是指多条产品线的产品，在最终用途、生产条件、销售

产品广度 ↓	甲产品线	甲产品1	甲产品2	甲产品3	甲产品4
	乙产品线	乙产品1	乙产品2	乙产品3	
	丙产品线	丙产品1	丙产品2		

产品深度 →

图 4-3　产品组合示意图

（图片来源：编者制作）

渠道、销售方式等方面彼此关联的密切程度。企业产品密度强，可以节约许多共同性费用，有利于降低成本，形成企业优势；产品密度弱，则有利于分散风险。

（二）民宿产品组合的概念

民宿产品组合是指民宿提供给市场的全部产品线和产品项目的组合搭配，针对游客的不同需要，开发各种受游客欢迎的组合产品，以吸引客源。比如，针对爱喝茶的游客，除了提供住宿外，可以开发融入茶元素的特色餐饮、茶道、茶文化体验等。

民宿产品组合的广度越广、深度越深，表明民宿产品种类越多，成本也就越高，投入的服务也越多，质量也越难以保证。因此，民宿经营者要根据自己的人力、财力、物力及风格特色选定产品组合、规模，开发具有民宿特色的产品组合。

二、民宿产品组合的分类

（一）按照市场需求划分

针对游客各种不同的市场需求，结合民宿自身的特点，策划不同的民宿活动产品，形成民宿产品组合。

1. 特色主题型组合产品

依托本地的自然生态、民俗和产业经济资源，根据游客群体需求，自主开发具有特色的主题活动。这些活动既可以是传统的，也可以是现代的；既可以是通俗的，也可以是高雅的。例如，可以在民宿中开展演艺活动，如小型的音乐会、小话剧、歌舞晚会等，这些活动可以针对特定艺术消费群体设计，同时也可以提供给民宿其他游客观赏。

2. 农业体验型组合产品

农业体验是乡村民宿常见的一种组合产品。民宿可以与乡村创意农业经济发展结合，开展丰富的创意农业体验活动。例如，民宿可以与农庄经济结合，让游客在春季可以欣赏争相斗艳的鲜花，在夏季可以在溪水旁钓鱼，在秋季可以收割农作物、采摘水果，在冬季可以滑雪。

视频 4-1：民宿挖竹笋体验

3. 运动休闲型组合产品

民宿经营者可以在优美的自然环境中，开展休闲活动，让游客体验回归自然的生命活力，体会运动、娱乐的乐趣。例如，在优美的自然公园中举行山地自行车骑行活动，呼吸着大自然新鲜空气，可以欣赏沿途优美的风景，

到茶园品茶，到花海赏花，在湖边观落日等，骑行路线穿行于自然生态风景区，给游客不一样的骑行体验。

4. 民俗体验型组合产品

民宿经营者充分利用当地的民俗文化资源，设计丰富多彩、富有趣味的民俗文化体验活动，让游客体验独特的民俗文化，以提升民宿品牌认可度。例如，民宿可以举办一些特色节庆活动，如舞龙灯，让游客参与龙灯制作，并给游客讲述传统节庆故事，让游客乐在其中。还可以将这些活动与当地特色小吃、民俗工艺等结合起来，成为民宿的品牌活动。

（二）根据游客类型划分

1. 团建型组合产品

以机构的团体成员为主的会议、拓展和训练项目，是民宿潜在的大客户。面对这类大客户策划的产品，可以称作团建型组合产品。民宿通过提供富有特色的团队集体活动，增进团队的相互了解、沟通和信任，提高团队协作能力，开辟大客户市场，从而为民宿发展建立稳定、可靠的基础。对团建型组合产品的策划要求比较高，需要考虑民宿的场地、人员，确定团建活动主题和目标，制订活动方案和流程，同时还要做好餐饮、住宿、应急等后勤服务。

2. 家庭型组合产品

民宿的很多目标客户，是与亲朋好友一起来住宿，多数以家庭为单位的群体，包括亲子、天伦之乐、情侣、闺蜜游等形式。面对这类客户策划的产品，可以称作家庭型组合产品。家庭型组合产品要面对各个年龄层的游客，他们的爱好和需求不一样，在策划活动主题时，除了考虑主题、设计、规模外，还要注意活跃气氛、照顾好客人的宠物、拍照留念等细节服务。

三、民宿产品组合的策略

民宿产品组合的深度、广度和密度对其经营决策，具有重要意义。民宿应采取哪种组合策略，主要取决民宿的目标消费群体对民宿产品的需求情况、民宿的生产能力及其竞争对手所采取的组合策略等因素。一般来说，民宿可采用以下几种产品组合策略。

（一）扩展策略

扩展策略是指拓宽民宿产品组合的广度和深度，针对不同层次、不同特征的游客的需求，设计民宿组合产品，增加民宿组合产品的品种，使其占领更大的市场份额，提高市场占有率，提高民宿的知名度和美誉度，分散民宿经营的风险，增强竞争力。例如，民宿在经营范围内，以食宿为基础，提供娱乐等设施；还可以经营与当地民俗文化相关的各种活动，例如，亲子、团建民俗活动等，活动内容可以多种多样。

（二）简化策略

简化策略是指减少民宿产品组合的广度和深度，在市场竞争激烈的环境下，为了充分发挥民宿资源的最大效用，民宿可以选择放弃部分产品，集中力量经营特色产品，创建民宿品牌，吸引游客，提高资金利用率，通过规模生产经营特色产品，及时为市场提供适销对路的产品，扩大市场规模和占有率。例如，北京四合院，可以经营以胡同文化为主题的民宿组合产品。除了经营特色产品外，像依托风景区建立的民宿可配以必要而简单的服务，提供较为单一的产品。

（三）差异化策略

民宿组合产品的差异化策略体现在两个方面：一是可以根据游客不同层次的消费水平，差异性地设计高端、中端、低端产品，以满足不同消费层次的需求，提高民宿经营的覆盖面；二是在做好标准化服务的基础上，根据游客不同需求，提供差异化服务，创造自己的独特卖点。例如，北京四合院以"胡同文化"为主题的民宿组合产品，民宿可以通过有形产品（如客房装饰、菜肴糕点），也可以通过无形服务（如微笑服务、个性化服务），区分民宿组合产品的差异。一个民宿的卖点越多，越突出，该民宿销售产品的成功率就越高。

（四）创新策略

随着社会经济的发展和科学技术的进步，民宿产品的科技含量进一步提高，升级换代速度日益加快，行业的竞争也越来越激烈，因此，不断创新民宿组合产品，以提高民宿的核心竞争力，是常用的组合策略，包括全新型产品、改进型产品、换代型产品、仿制型产品。全新型产品是指为了满足游客的需求，开拓全新市场而创新的产品。这种产品在市场上从未出现过，例如，新开发的菜肴、全新的体验活动等。改进型产品是指在原有产品的基础上，仅对原有产品进行局部改变形成新产品，例如，根据游客的口味对菜单进行部分调整等。换代型产品是指在现有产品的基础上，作出重大变革后所形成的新产品，例如，客房重新装修设计等。仿制型产品是指市场上已经存在，民宿对该产品进行引进或仿制后经营的产品，例如，民宿举办市场上比较火的茶体验活动。

民宿概论

【案例 4-2】

有花、有田、有溪的花田溪民宿

花田溪·设计师艺术民宿位于 4A 景区江西婺源思溪村，是全国第一批旅游乙级民宿和江西省星级休闲乡村民宿。花田溪·设计师艺术民宿有客房 16 间，公共娱乐配套有台球、会议室、餐厅、儿童游乐场、茶吧、酒吧，民宿门前配有 4 亩水田和专属停车场。

花田溪创始人马志刚是"全国旅游民宿等级评定专家""省级星级饭店（民宿）评定检查员"，是江西省旅游民宿联盟首届理事会副会长，被人亲切地称为"小马哥"。小马哥用心做好民宿的标准化服务，他的"白手套""红鞋套""安全帽"等近 100 项检查和服务标准，成就了江西民宿的首个服务标准。

"小马哥"在做好花田溪民宿标准化服务的同时，合理地利用婺源得天独厚的自然资源和人文资源，不断探寻花田溪的独特卖点。他设计的民宿共活化了 147 件老物件，包含非物质文化的古法榨油工艺的体现、生产生活方式的冷水塘鱼、徽州三雕的文化展示、采茶制茶的工艺再现等，游客可以全方位地体验婺源本土文化活化创新的魅力。同时，还为游客提供免费接站服务，免费导游讲解服务，免费品尝非物质文化坑头水酒、自家有机稻米、自家菜籽油等服务。

图 4-4 江西花田溪·设计师艺术民宿外观

（图片来源：民宿提供）

图 4-5　江西花田溪·设计师艺术民宿客房

（图片来源：民宿提供）

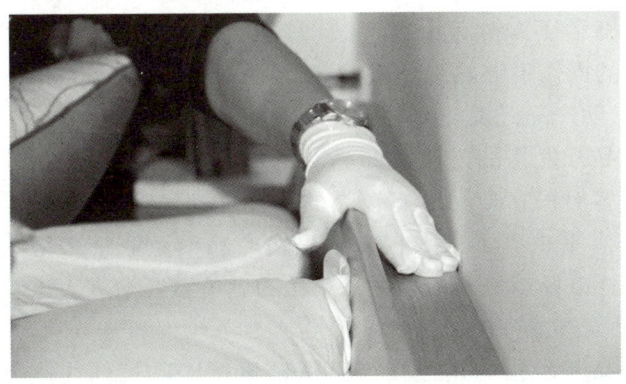

图 4-6　江西花田溪·设计师艺术民宿"白手套"床头检测

（图片来源：民宿提供）

（资料来源：民宿提供，编者整理）

点评：花田溪民宿在为游客提供"白手套""红鞋套""安全帽"标准化服务的同时，结合民宿所在地的旅游资源，提供差异化的产品服务，创造自己的独特卖点。古法榨油工艺体现、徽州"三雕"文化展示、景区导游讲解、品尝当地特色有机食品等都成为花田溪的独特卖点。在产品组合上采用了差异化产品组合策略，深受游客喜爱。请问民宿产品组合的策略还有哪些？

第三节 民宿产品开发

一、民宿产品开发的概念

民宿产品开发是指民宿根据目标市场的需要，对民宿的食、住、娱等进行规划、设计、开发和组合。民宿产品是民宿的利润之源，因此，民宿经营者需要不断地开发新产品，制定相应的产品策略，以满足市场的需求。

民宿产品有一定的生命周期，一般分为四个阶段，即导入期、成长期、成熟期和衰退期。

（一）导入期产品开发

导入期产品开发指的是民宿产品从投入市场到销量开始稳步上升的阶段。在这一阶段，民宿产品刚刚生产出来，游客对之缺乏了解；同类民宿产品一般较少，市场竞争不激烈；民宿产品不够成熟，产品设计有待调整；民宿工作人员对产品的操作不够熟练。

（二）成长期产品开发

成长期产品开发指的是民宿产品从销量迅速增长到增长平缓的阶段。在这一阶段，游客对民宿产品已有较高的认知度；民宿产品较为成熟，民宿工作人员的操作水平也有了很大提升；民宿产品给企业带来稳定的收益增长，开始收回成本；市场竞争开始加剧，产品的竞争者开始进入该领域。

（三）成熟期产品开发

成熟期产品开发指的是民宿产品从销量缓慢增长到快速下降前的阶段。在这一阶段，民宿产品的知名度非常高；民宿工作人员对产品的操作非常熟练，产品的运营费用有所减少；民宿产品给企业带来丰厚利润。此时，民宿产品的市场规模已增长到极限，并出现下滑迹象，民宿经营者应着手进行新产品的开发。

（四）衰退期产品开发

衰退期产品开发是指民宿产品从销量下滑到最终退出市场的阶段。在这一阶段，民宿产品被认为是一种过时的产品，市场占有率不断萎缩。此时，民宿经营者可选择让该产品退市，或对该产品进行改进，延长其生命周期。

表 4-1 民宿产品在四个阶段的主要特征

阶段 指标	导入期	成长期	成熟期	衰退期
销量	少	快速增长	增长至高峰后下降	加快下降后退市
利润	少甚至负	增加	增至最多后下降	少,甚至负
顾客	少	增加	增至最多后下降	少
竞争	少	增加	激烈	少

二、民宿产品开发的原则

无论是开发新产品,还是对已有产品进行改良,都属于民宿产品开发的内容。在设计和开发民宿产品时,必须遵循以下三项基本原则:

(一)市场导向原则

这是设计和开发新产品原则中最重要的原则。新产品的设计和开发必须在调查研究的基础上,考虑市场的需求。民宿产品开发与设计必须牢固树立市场观念,以市场需求作为产品创新的出发点。因此,在开发产品时,要对客源市场进行充分的调查研究,预估客源市场需求数量,探讨游客的住宿偏好,只有这样,才能针对不同目标客源市场的需求,设计出受市场欢迎的产品,最大限度地满足游客的需要。产品设计出来后,还要根据市场的变化,对产品不断改进,不断完善,才能吸引越来越多的游客,创造出更多的经济价值。

(二)突出特色原则

民宿产品的特色可以增加产品的吸引力,从而使产品获得更强的竞争力。在产品开发中,要突出产品特色,在产品主题定位、形象设计、设施建设、服务提供等方面,体现特色,以新奇、独特来吸引游客。可以通过以下三个方面增加产品的独特吸引力:一是努力反映当地的风土人情,尽可能保持自然和历史形成的原始风貌,让游客感受当地的生产生活;二是在民宿产品设计中注入文化元素,每个民宿都可以形成自己的独特文化,建设文化型民宿,以增加吸引力;三是要充分考虑民宿产品的品位、质量及规模,努力开发具有影响力的拳头产品,突出产品的特色,形成竞争力。

视频4-2:民宿特色主题活动

（三）经济效益原则

经营民宿的重要目的之一是获取利润，要讲求经济效益，即尽量以最小的投资获得最大的收益。在设计和开发民宿产品时，要先进行可行性研究，无论是大型项目（如扩建或新建民宿），还是小型项目（如改造维修民宿老宅），都要进行论证研究。要处理好近期与远期的关系，例如，新增的某一设施，如游泳池，在近期内未必带来经济效益，但是从长远考虑，也许能给民宿带来良好的经济效益。

三、民宿产品开发的程序

民宿产品的开发一般要经过下列程序：市场调研、产品方案的研制与开发、试产试销、投放市场、搜集反馈。

（一）市场调研

民宿产品开发的第一个阶段就是对市场进行调研。市场调研的内容包括客源市场需求、游客消费需求、竞争对手的产品和其他相关信息等。其中，对客源市场的调研应包括客源市场的特征、流向、发展趋势等内容，对游客消费行为的调研应包括游客的类别、购买对象、购买目的、购买方式、购买时机和购买渠道等内容。市场调研主要有两种方法，分为收集现有文献资料和实地调查。

民宿产品创意的来源是多方面的，不仅依靠民宿经营者，还包括民宿的其他员工（如管家）、游客、竞争者、产品研发专家、分销商和供应商等。民宿经营者和员工与游客直接接触，能及时了解游客的需求、意见和建议，他们的创意最能体现游客的需求；民宿通过分析游客反馈的意见和建议，开发出迎合他们需求的产品，从而更好地满足游客的需求。民宿产品的构思有的受竞争对手产品的启发，通过采取分析竞争对手的产品宣传信息或亲自到竞争对手的民宿去消费的方法进行产品的借鉴。民宿还可以通过网络、行业专家、供应商等途径获得市场信息，为产品的构思赋能。

（二）产品方案的研制与开发

在市场调研的基础上，应形成初步的民宿产品构思，并对众多产品构思进行筛选和可行性研究，以确定最终的产品设计方案。在筛选时，要挑选出既符合经营民宿目标又可行的产品创意。可主要考虑以下几个因素：一是与民宿的经营目标是否一致。要考虑民宿的内外部条件及经营能力，即评价产品构思与民宿经营目标是否一致，如一致，则保留；如不一致，则放弃。二是对已有产品和竞争产品的影响。民宿新产品的开发要避免对已有产品带来较大的影响，也要避免给竞争对手获得改进产品的灵感。三是产品新理念越多越好。对产品方案进行选择环节是至关重要的，要有足够多的创意是产品方案选择的前提，可以利用现代创造学奠基人奥斯本提出的"头脑风暴法"，提出越多越有价值的新观念。在选定产品方案后，可着手进行产品策划研制，产品既要做到满足市场需求，又要做到"人无我有、人有我优"。

（三）试产试销

民宿产品研制出来后，根据民宿自身的目标市场状况，制定相应的营销组合策略，及时将部分样品投放到市场中，初步获悉游客对该样品的反应，以改进完善产品，调整市场营销策略。民宿可以与旅行社、旅游电子商务平台等部门协作，选择一个较小的市场，进行试销，试探市场反应。

（四）投放市场

经过一段时间的试销后，如果效果好，可以将民宿产品全面投放市场。投放时要处理好产品上市的费用、上市的时机、上市的地点、面向的目标市场及采取的营销组合策略等方面的问题。对于季节性较强的民宿产品，如暑假的亲子游产品，要在放暑假前完成投放。民宿新产品上市的地点，根据不同地区的游客对该产品的需求强度进行评价选择。特定的产品往往是为特定的目标市场设计的，要在相应的客户群体中进行促销，如团建产品应该去各大企业促销。要充分利用价格策略、销售渠道策略等市场营销手段，扩大产品的营销力，提高产品的市场占有率。

（五）搜集反馈

新产品在市场上销售一段时间后，通常会暴露出一定的缺陷。因此，民宿经营者应时常对游客进行跟踪回访，搜集游客对该产品的意见和建议，从而不断改进产品，提高产品质量。而且，游客的信息反馈往往会成为下一个新产品创意的重要来源。

【案例4-3】

中国最美的乡村——江西婺源厚塘庄园

厚塘庄园位于中国最美的乡村——婺源，毗邻千年古村——塘村，交通十分便利，距婺源县高铁站3分钟车程，距婺源县中心10分钟车程。厚塘庄园是在原有后塘书院的废墟上营造的，于2016年正式对外营业，是以独特的古徽州文化遗产和传统地域文化为亮点，以精致乡土生活衍生出多业态的乡村度假体验型民宿，获得全国甲级旅游民宿称号。

图 4-7　江西婺源厚塘庄园夜景

（图片来源：民宿提供）

厚塘庄园民宿主人刘芳女士，专注于设计，同时深爱着徽州古宅。她放弃了稳定的设计院工作，来到婺源，享受婺源"看得见山、望得见水、记得住乡村"的田园生活。同时，刘芳女士也是婺源民宿协会会长，全国民宿星级评定员，一直致力于民宿业的发展。

厚塘庄园有着不同的民宿体验区，包含精品住宿区——厚塘书院，文化餐饮区——茶食山房；徽宅建筑文化体验区——甘泉居（国学堂）、谦和堂茶室（清代大夫第）；乡村田园体验区——马术俱乐部、茶园和采摘果园；乡村休闲运动区——山地自行车道（3公里）。厚塘书院以中间的住宿区为核心主院落，由 7 栋年代不同的建筑，通过大小庭院连接而成，目前共 16 间客房，每间客房都是单独设计，与众不同，打造精品舒适的入住体验。

厚塘庄园民宿产品十分丰富，针对婺源本地市场开发单项产品，例如，单项的骑马、杨梅采摘等活动产品；结合园内的有机食材，融入徽州文化，提供徽州美食餐饮产品。针对外地游客，以亲子市场为主要营销市场，对厚塘庄园的资源进行整合，根据不同季节、节日、游客，搭配组合，提供多样化的定制民宿产品，如茶艺、采摘、夏季戏水等民宿体验产品。厚塘庄园还将不断完善自己的产品，结合现有的资源和游客多样化的需求，计划投入建设宴会大厅、室内恒温游泳池、田园酒吧等，以满足游客多样化的需求。

（资料来源：民宿提供，编者整理）

图4-8　江西婺源厚塘庄园露天舞台表演

（图片来源：民宿提供）

图4-9　江西婺源厚塘庄园亲子茶艺活动

（图片来源：民宿提供）

点评：厚塘庄园按照产品开发程序，经过了市场调研、产品方案的研制与开发、投放市场、搜集反馈等步骤进行产品设计和开发。在厚塘庄园整体设计、客房内部设计、餐饮设计时，融入了独特的徽州文化，形成了自己的产品特色。在民宿产品开发过程中，以市场需求为导向，主要目标客户群体

定位在亲子市场；策划出一系列的二十四节气民宿产品；投放市场后，搜集游客意见，不断完善、开发，策划出更多的私人订制产品。

思考与练习

一、简答题

1. 民宿产品包含哪些？请举例说明。
2. 民宿产品的特点是什么？
3. 如何对民宿组合产品进行分类？
4. 民宿产品开发的流程是什么？

二、实训题

请前往一家民宿做调研，了解这家民宿的产品有哪些？试用本章节的知识分析该民宿产品的优点和缺点分别是什么？如何对该民宿产品进行改良和开发？

第五章
民宿运营

| 本章导读 |

在了解了民宿发展史、基本概念、筹建以及产品的基础上，本章进一步阐述民宿日常管理中的重要内容，主要从民宿管理中的人、财、物三个方面展开，分别介绍民宿成本管理、人力资源配置，以及民宿的清洁保养服务。

学习目标

1. 掌握民宿成本、收入的主要内容和利润核算的主要指标。
2. 明确民宿常见的岗位及其主要工作职责。
3. 能够准确介绍民宿提供的基本服务项目及其工作程序、工作标准。

思维导图

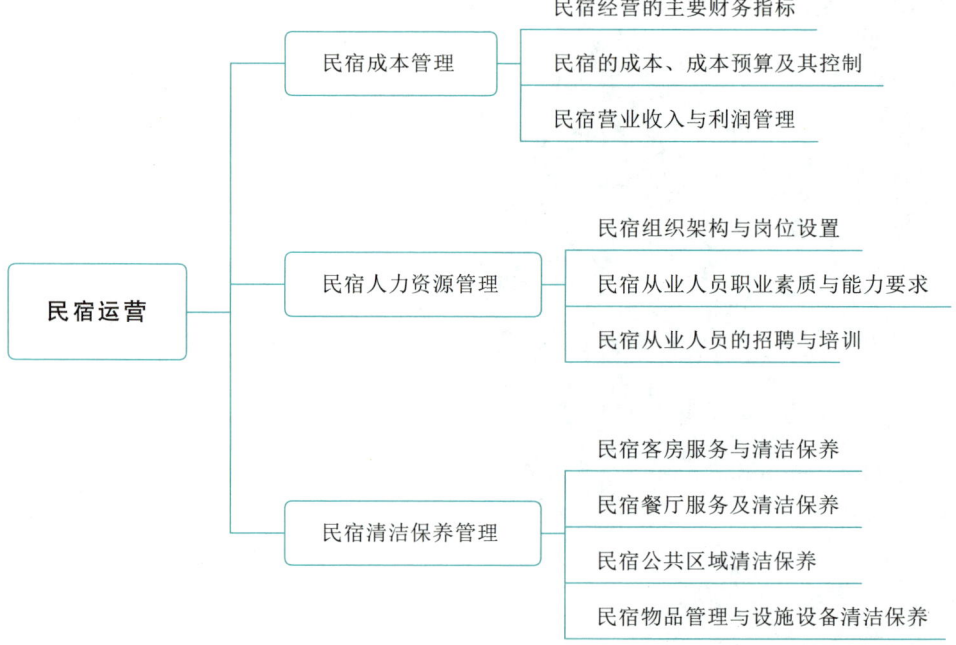

第一节　民宿成本管理

一、民宿经营的主要财务指标

经营好民宿，必须掌握与民宿相关的主要经营指标，才能更好地进行财务分析，确保民宿的盈利。从财务指标上看，民宿与酒店并无根本不同，核心指标应该包括以下几方面：

（一）客房出租率

客房出租率（Occupancy Rate），又称客房占用率、住房率和客房销售率等，是指民宿租出去的房间数占可出租的房间数的百分比。

客房出租率 = 出租的房间总数 ÷ 可供出租房间总数 × 100%

出租的房间就是被租出去或者被占用的客房的数量，免费房间因为没有产生收入，不能计入出租数量。如一个民宿的可用房有 15 间，当日出租 12 间，则其客房出租率就是 80%。客房出租率反映了民宿客房产品被消费或被销售的情况。客房出租率越高则意味着客房空置率越低，客房出租率越低则意味着客房空置率越高。

（二）平均占用房价

平均占用房价（Average Daily Rate），又称平均房价，是指每间被租用的客房的平均出租价格。

平均占用房价 = 出租房间的总收入 ÷ 出租房间总数

如某民宿某天有 12 间客房被占用，共获得 4800 元收入，那么其平均占用房价就是 400 元。因此，在客房出租率一定的情况下，提高平均占用房价可以增加民宿的客房收入。

（三）平均可供出租客房收入

平均可供出租客房收入（Revenue per Available Room），又称平均客房收入，是指平均每间可供出租的客房每天能为民宿带来的收入。

平均可供出租客房收入 = 出租房间的总收入 ÷ 可供出租房间总数

如果该民宿可供出租房间总数为 15 间，那么它的平均可供出租客房收入是 320 元（4800÷15）。如果该民宿能够将其可供出租客房收入提高 20 元，那么它的客房总收入将提高 300 元（20×15）。可见，平均可供出租客房收入直接反映了单位客房的创收能力。由于民宿客房数量相对固定，可供出租的房间数量也比较固定，所以提高平均可供出租客房总收入是提高客房总收入的重要途径。

（四）营业毛利及营业毛利率

营业毛利（Gross Operating Profit）是指收入减去成本、人工费用、营运部门的直接费用、后台部门的直接费用后的余额。

营业毛利 = 营业收入 - 营业支出

营业毛利主要是衡量扣除民宿日常运营过程中的消耗之后，民宿经营者能够获得的收入，其与民宿的建造、装修、设备等固定资产无关。因此，能够更加直接地反映民宿运营的水平，而非投资的水平。营业毛利率（Gross Operating Profit Rate）是指营业毛利占营业收入的比重。

营业毛利率 = 营业毛利 ÷ 营业收入

（五）营业利润

营业利润（Operating Profit）是指民宿营业毛利减去房租、折旧等非经营费用之后的利润，这是一项全面体现民宿经营状况和最终财务成果的综合性指标。

营业利润 = 营业毛利 - 非经营费用 = 营业收入 - 营业支出 - 非经营费用

（六）利润总额

利润总额是指民宿的营业收入加上营业外收入，并扣除折扣、成本消耗和营业外支出的部分。

利润总额 = 营业利润 + 营业外收入 - 营业外支出

（七）净利润

净利润是指民宿利润总额扣除所得税费的部分。

净利润 = 利润总额 - 所得税费

（八）投资回报率

投资回报率（Return on Investment）是指民宿经营者通过投资而返回的价值，即民宿经营者从该民宿投资活动中得到的经济回报。

投资回报率 = 净利润 ÷ 投资总额 × 100%

二、民宿的成本、成本预算及其控制

（一）民宿的成本

一般而言，民宿的成本包括建设成本和运营成本。

1. 建设成本

民宿建设成本是指民宿前期除了房租以外的花费，其中最核心的部分为民宿的设计与装修。民宿的设计费高低与设计团队实力成正比，也跟民宿的

第五章 民宿运营

设计规模直接相关。民宿经营者在选择设计团队时应多了解团队的实力，确保设计成品能够符合预期规划，便于后期装修，符合民宿运营的需要。民宿的装修包括硬件装修和软件装修两部分。硬件装修指的是除了必须满足的基础设施以外，为了满足房屋的结构、布局、功能、美观需要，对房屋建筑主体的改造以及添加在建筑物表面或者内部的一切装饰物。在装修前，民宿经营者要有长久的规划，避免装修两三年以后硬件老化而再次装修，且要考虑民宿的定位和功能需求。部分民宿的硬装只是对原来房屋的简单修缮，成本较低，但部分民宿涉及对原有房屋的结构变动，如徽州地区的民宿还涉及对古宅的保护和修缮，成本较高。当然，在硬件装修过程中会遇到很多前期没有预料到的临时性问题，因此，硬件装修也是前期筹备中最容易超支的一部分。为了严格控制成本，在硬件装修时应做好成本明细清单，详见下表5-1。

表5-1 民宿硬件装修成本明细清单

硬件装修成本						
序号	硬件装修内容	面积（平方米）	数量	单价（元）	合计（元）	备注
1	拆除房顶					
2	砌墙、浇筑房顶					
3	房间地面					
4	内墙涂料					
5	外墙涂料					
6	卫生间防水					
7	空调底座					
……	……					
水电成本						
	上水开槽					
	冷热水管					
	下水挖沟					
	房间电路					
	室内分闸箱					
……	……					
总计						

软件装修是指民宿的商业空间和居住空间中所有可移动的元素,包括民宿的家具、电器、客用品以及室内装饰等。这部分装饰不能单从民宿经营者的个人喜好考虑,应充分地了解游客的需求,装修尽量简洁、精美,与主题呼应,切忌没有关联性的物品堆砌。民宿涉及软件装修成本核算明细清单可参考表5-2、表5-3、表5-4和表5-5。

表5-2 民宿软件装修部分灯具五金成本明细清单参考

序号	名称	品牌	型号	单价	数量	总价
1	马桶					
2	面盆					
3	毛巾/水杯架					
4	花洒					
5	化妆镜					
6	卫生间灯					
7	卫生间排风					
8	客厅灯					
9	卧室灯					
10	床头灯					
11	楼梯灯					
12	大厅灯					
13	卫生间射灯					
14	水龙头					
……	……					

表5-3 民宿软件装修家具部分成本明细清单参考

序号	名称	品牌	型号	单价	数量	总价
1	床垫					
2	床架					
3	房门					

续表

序号	名称	品牌	型号	单价	数量	总价
4	卫生间门					
5	防火门					
6	L型沙发					
7	茶几					
8	折叠沙发					
9	书桌					
10	椅子					
11	行李架					
12	床头柜					
……	……					

表5-4 民宿软件装修部分电器成本明细清单参考

序号	名称	品牌	型号	单价	数量	总价
1	电视机					
2	电话座机					
3	电吹风					
4	热水壶					
5	保险柜					
6	打印机					
7	安保系统					
8	插座					
9	电话座机					
……	……					

表 5-5　民宿软件装修部分客用品成本明细清单参考

序号	名称	品牌	型号	单价	数量	总价
1	床单					
2	被套					
3	浴巾					
……	……					

2. 运营成本

民宿运营成本是指在运营过程中提供相关产品而产生的成本，与民宿的运营模式相关，也是民宿运营过程中的固定支出成本，包括房租成本、人工成本、水电成本、消耗品成本、维修和维护成本、营销成本等。

（1）房租成本。民宿房租是指房屋租赁人付给房主的租赁押金和租金，也就是租住房屋所要付出的成本。需要注意的是，部分民宿经营者用的是自有住房，这并不意味着不产生房租，因为房屋本身具有价值，无论经营的物业是自有，还是他有，在民宿经营过程中都产生成本。根据民宿运营经验，房租一般占民宿运营成本的 1/5~1/6。

（2）人工成本。人工成本是指在一定时期内，在生产、经营民宿和提供劳务活动过程中因使用劳动力而支付的费用，包括雇用员工的工资、社会保险费用、福利费用、教育经费、劳动保护费用、住房费用以及其他人工成本支出。民宿一般提供的是有限服务，也就是很多环节要让游客自己动手。和房租一样，部分民宿是由民宿主及其家人打理，这部分劳动力产生的价值也应被纳入人工成本中。

（3）水电成本。在运营民宿过程中所产生的水电费。按照规定，民宿的水电费应该按照商用标准计算。

（4）消耗品成本。民宿消耗品主要包括洗发水、沐浴露、一次性牙刷、牙膏以及其他配套的供游客免费试用的产品等。另外，民宿赠送洗布草产生的费用，也是日常损耗的一部分。

（5）维修和维护成本。民宿硬件、电器等产品的使用年限取决于游客的使用方式。如果日常运营过程中，只是一味地使用，缺乏定期维护和保养，将大大减少其使用寿命，提高成本。

（6）营销成本。民宿的营销渠道比较宽广，各种专业民宿推广平台发展得相当成熟，其中信息推广费用大概占营销成本 8%~12%。

（二）民宿成本预算

为了更好地控制民宿运营成本，进行合理、全面的成本预算是非常有必要的。一般来说，民宿成本预算需要考虑以下几点：

1. 间夜原则

在考虑民宿运营成本时，将所有成本平摊到每间房每夜的费用里，为定价提供基准。间夜成本有两种计算方式：

第一种：

100% 出租率间夜成本 = 年运营成本总额 ÷ 房间总数 ÷ 365 天

如民宿一年运营成本为 60 万元，如果该民宿有 10 间房，那么每间每一夜的成本应该为 600000 ÷ 10 ÷ 365，即民宿 100% 出租率时，每间每夜的成本为 164.39 元。

第二种：

高间夜成本 = 年运营成本总额 ÷ 房间总数 ÷（365 天 × 出租率）

如民宿一年运营成本为 60 万元，如果该民宿有 10 间房，实际出租率只有 50%，那么每间每夜的成本应为 600000 ÷ 10 ÷（365 × 50%），约 330 元 / 间夜。民宿在定价时，应该高于高间夜成本，否则入住率越高，亏损越多。

2. 装修回收期

做成本预算时，一定要估算好装修回收期。一般装修回收期在 3~5 年比较合理，在此情况下，装修投入的费用不管是按照利率计算，还是按照其他项目投资对比来算，都较为合理。如果超过 5 年还没有回笼资金，则无利润可言。

3. 价格体系

经营民宿时有一个相对普适性的公式：

客房数量 × 客房最低价 × 全年 280 天 × 0.7 = 全年房租 + 全年人工支出 + 全年损耗支出 + 全年水电费用 + 每年均摊的装修费用

通过以上公式，可以计算出客房最低价。这里全年 280 天指的是淡季天数，从民宿运营情况来看，一般民宿能保证每年 90 天满房，并且满房的时候价格不会低。0.7 是全年客房出租率。一般情况下，价格体系确定后不要随意变动，应在这个价格上下浮动。

4. 装修材料

进行成本预算时，应该选用一些耐用的物品进行装修和装饰。现在很多民宿在装修选材时并没有考虑到选材的耐用性，对自己以后的经营支出会有很大影响。因此，装修选材时，既要注重保值，又要注重耐用性。

(三)民宿成本控制

民宿可控成本主要集中在以下几个方面：人力成本、物耗成本、能源成本、销售成本等。

1. 人力成本控制

人力成本是民宿运营中较大的支出，如果能合理用工，有效提高工作效率，则可以大大节约人力成本。具体方法包括以下几点：

（1）优化员工架构体系，精减人员。通过对每个岗位、工作量、淡旺季分析，在保证服务质量不变情况下，优化员工结构，精减现有人员。

（2）提高员工综合素质，加强员工培训，提高工作能力。把每一个员工打造成能接待客人、能网络推广、能维修设施、会打扫客房等全能角色。重点培养或者招聘专业素养高、能力强的民宿管家。

（3）制订合理的薪酬方案。很多民宿采取传统单一的固定工资薪酬体系。这种体系的弊端很明显，旺季时民宿盈利较多，员工付出多，工资没变，会打击员工工作积极性。淡季时候，民宿挣得少，员工付出相对较少，工资依然不变，会影响民宿利润。鉴于此，可以采用基本工资＋绩效工资＋福利这种薪酬体系。这种形式凸显了多劳多得、能者多得，能极大激发员工工作的积极性，从而提高工作效率，创造出更多利润。

（4）合理安排淡旺季人员，减少人员成本支出。由于淡旺季客流量的差别，对应则是淡旺季工作量的差别，尤其在打扫客房卫生人员数量上应有所差别。对于这种差别，要灵活安排人员。如旺季在保证现有人员不变情况下，可以通过兼职形式来招聘清洁人员。或者通过调整时间，安排其他人员参与打扫。

2. 物耗成本控制

物耗成本涉及范围较广，是成本控制中可控空间最大的一个方面。如果对物耗成本进行合理有效的控制，在整体上形成一套采购、使用流程制度，加强物耗品数据统计分析，提高员工节约意识，能够最大程度上提高利润空间。具体操作方法，包括以下几方面：

（1）客房物耗成本控制。一方面，根据民宿所处位置，选择使用易耗品。如一些处在海边的民宿，倡导保护环境、不使用一次性易耗品，从而节省部分易耗品的支出费用。另一方面，在不影响游客入住体验感情况下，根据价格、淡旺季情况搭配不同易耗品（数量、质量）。如房价较高情况下，房间易耗品可以放置六件套，甚至十件套，包括牙膏、牙刷、沐浴露、洗发露、护发素、润肤露、浴帽、针线包、梳子等。在分量上，可以选择小瓶装。在房价较低情况下，减少易耗品套装数量。

（2）餐饮物耗成本控制。餐饮成本的控制直接影响营业收入和利润，进而影响民宿的整体收入。餐饮成本要从整体上进行控制，包括采购、贮存、切配、烹饪、服务、结账、收款等环节。在这个体系中，每一个环节都会影响到成本。食材最好就地选购，减少运输成本。如果采购量大，挑选合适的供应商，建立长期合作关系，保证食材供应稳定且食材价格低于市场价格。做好库存管理，如果贮存不当，则会引起食材变质等情况。在每天需求量少的情况下，减少食材贮存数量，做到当天定量采购。很多民宿会提供免费早餐。在这个环节中，由于没有合理预估，造成很多食物浪费。解决的方案包括：第一，制定早餐供应时间表，在保证食材质量的前提下，根据季节及食材价格，灵活更新早餐供应的种类。第二，量化食材，做到某些食材供应量与客人数量对应。如为每位游客提供一杯牛奶或两个鸡蛋。在准备时候，也可以稍微多准备一些，防止出现游客不够吃情况。第三，根据每天游客剩余食物量统计分析，选择更换食材种类及数量。如规定每天每人两个鸡蛋，几个月的数据表明，80%的游客每天只吃一个鸡蛋，那么接下来就可以调整鸡蛋的供应量。

图 5-1　民宿提供的食材要保证新鲜

3. 能源成本控制

水、电、气每年费用支出会占民宿支出的很大一部分。在水、电、气费用不变，甚至上升的情况下，只有合理、节约使用，才能降低成本支出，从而实现成本控制。在对能源进行成本控制时，总体上要制定合理规划的水、电使用规则，杜绝浪费，提高游客和员工节约意识。具体包括如下：

（1）根据季节调整晚上亮灯时间和亮灯位置。如夏季 19：00、冬季 18：00

打开走廊、大厅等地方的灯。23:00熄灭公共空间部分的灯，24:00熄灭除走廊以外所有的灯，早上7:00熄灭走廊灯。

（2）根据情况，更换大功率用水、用电设备。虽然短时间内会造成成本支出，但从长远角度看，则减少了成本支出。

（3）尽量做到一水多用。如用清洁客房的水浇花、浇草。

4. 销售成本控制

民宿销售渠道较窄，过度依赖OTA平台。据调查，OTA平台的佣金一般会占销售成本的15%左右，这对民宿经营者来说，是一个不小的负担。控制的方法包括如下：

（1）拓宽销售渠道，减少对OTA平台的依赖，降低佣金成本。如通过提升服务，提升游客入住体验感，从而通过游客的口碑宣传，增加推荐游客来源渠道。

（2）根据淡旺季游客流量，适当性进行房态操作。如春节期间，由于线上线下客流量巨大，如果民宿有20间客房，可以拿一部分在OTA上销售，一部分选择在线下销售。如果全部在线下销售，会影响民宿与OTA的合作及在OTA平台上的排名。

（3）加强网络营销推广，提升直销平台游客来源率。

三、民宿营业收入与利润管理

（一）民宿营业收入来源

民宿收入一般分为三个部分：客房收入、餐饮收入、增值产品收入。

1. 客房收入

大多数传统民宿还是以住宿的收入为主，入住收入取决于入住率和入住价格。根据大量的调研可知，民宿的入住率按淡旺季大约分为四个层级，分别有不同的入住率和价格。

按照运营相对较好的情况计算，大多数民宿淡季的价格在100~300元，入住率低。旺季的价格相比淡季会翻一番，在600元左右，入住率基本为100%。

旺季住满：国庆、春节，共计14天。

旺季入住八成：7月中旬到8月中旬，共计31天左右。

淡季入住四成：3月到7月中旬，共计137天。

淡季入住两成：8月中旬到次年3月，共计183天。

2. 餐饮收入

民宿的入住收入虽是其主要收入来源，但游客的餐饮费用也是其收入的重要组成部分。民宿一般都建在风景区、文化区、休闲娱乐区、艺术体验区等，大多游客都有品尝当地的特色饮食的习惯。据调研结果统计，民宿的特色农家菜是大多游客的首选，一般景区内民宿餐饮收入能占到总收入的三成。

餐饮承载了民宿文化，既能让游客填饱肚子，也能让游客领略到民宿文化。提高民宿的餐饮质量，打造饮食文化，既能让顾客品味美食，又能提高民宿经济收益。

3. 增值产品收入

如果只靠住宿费盈利，模式太单一，民宿依山傍水，坐拥美景，接地气，比传统酒店更容易开展其他的盈利项目，比如下面一些项目：

开展特色活动：采摘、果茶园观光、动物喂养、垂钓等农林牧副渔体验；柳编、刺绣、扎染、制陶等手工体验；登山、滑雪等运动体验；祭祀、节庆等民俗体验；婚纱摄影、旅拍、团建活动、教育类培训……

售卖特色产品：当地绿色农副产品、当地美食、特色手工艺产品……

开展其他业务：门票售卖、物品租赁、导游讲解、租车……

这些项目均能有效结合民宿所处环境，提高游客入住体验，丰富民宿活动，增加民宿营业收入。随着特色活动的有效开展和口碑效应的传播，还可以形成民宿品牌，既可以增加特色活动等增值产品的收入，还可以带动入住率的提高，增加房费和餐饮费等收入。

图 5-2 杭州梅花坞茶文化村，这里也会经常组织特色活动

（二）民宿营收提升策略

1. 使用收益管理方法，提高客房入住率，对客房进行科学定价

从调查的情况看，现有民宿中，多数民宿经营者对未来市场或需求量的判断还是采用传统模式，即在参考客户数据的基础上凭个人或团队经验进行决策，并以此给客房定价。没有运用合理的算法对数据进行分析，很容易出现决策偏差，从而导致定价不准确，失去潜在的收入。收益管理方法正是规避了这些传统的缺陷，通过正确的预测方法帮助经营者决策，通过充分挖掘潜在收入，减少收入的流失。

民宿经营者可以以1个月为一个预测时段，也可以选择以3个月为一个预测时段，预测的目的是预知某时段游客对客房的需求量。只有事先知道客房需求量，才能对客房进行精准的定价。这里所说的精准定价是经营者在获得预测需求量的基础上对价格的一种优化行为。只有经过优化的定价，才可能实现客房收入的最大化。当然，这里所谈到的收入最大化是相对的，一般是指相对预算或竞争市场而言的收入指标的最大化。

2. 抓住节假日创收，管好每间客房的分配和售卖

在市场竞争中，相比酒店而言，由于每家民宿都具有各自的特点，弱化了市场的竞争态势。

民宿经营者可利用自身产品个性化和差异化的特点，抓住节假日的有利时机，对有限的客房进行营销出售，提高获利能力。建议至少提前1个月对每个假期的客房进行优化定价，并保持定价动态化，随着市场需求的变化及时调整。另外，要管理好客房在节假日的政策，也就是我们常说的库存管理。其具体管理方法是：一要建立客房保留制度，把一定数量的客房留给优质客人；二要提前规划好每天给细分市场中的散客客房，对客房进行优化分配。当然，优化分配的前提是分配后的销售组合能给民宿带来更高的收益。

3. 利用文化与环境要素，推出当地特色的组合产品

我国民宿主要源自农家乐、家庭旅馆、青年旅舍、乡村别墅、酒店式公寓和客栈等一些零散的住宿业态，但无论是处于哪一种形式的民宿，都有着不同的自然和人文环境。如何利用这些环境资源，把它们与客房结合起来，设计出有属地特色的组合产品，也是提高民宿收入的重要途径。在收益管理层面，这种组合产品统称为捆绑销售产品，具有属地特色则是把民宿产品与地方自然环境和人文环境相结合，通过组合产品进行捆绑销售，提高产品的综合性价比，以满足游客的个性化需求。

图 5-3　日照十二星座野奢美宿主题系列套票

［资料来源：十二星座野奢美宿纪念套票限量发售 50 套（民宿燕微信公众号）］

4. 引入社群营销思维，构建和管理好销售渠道

民宿之所以适合做社群营销，主要是基于以下两个因素：一是民宿通常都有自己的文化主题和个性化产品，便于形成差异化产品，容易聚集一些有相同爱好的人群。二是民宿消费群体中有特殊爱好的人群，尤其是"80 后"和"90 后"人群，是受过良好教育的一代，对民俗文化有着很深的认同，又敢于体验和实践。他们认同社群文化，容易被召集起来，最终成为消费的主力军。因此，作为重要的直销渠道，社群营销不应被民宿经营者所忽视。

图 5-4　个性化的民宿餐饮产品一般会受到欢迎

【案例 5-1】

民宿的投资与回报

2021年5月20日，宿宿网和社会科学文献出版社联合发布《民宿蓝皮书：中国民宿发展报告（2020—2021）》。报告指出，民宿投资回报周期较长，至少需要8~10年。民宿运营是考验民宿生存能力的试金石，即使是某个时期的"网红"民宿，也逃不过持续运营能力的长期考验。

报告指出，经过前些年民宿行业蓬勃发展后，投资民宿行业渐渐趋于理性化。

调研报告显示，民宿建设总投资中，18.32%的民宿经营者投入额在101~200万元，25%的投入额在201~400万元，11.83%的投入额在401~800万元，800万元以上的占22.14%。

"可以看出，近60%的民宿投资在200万元以上，投入资金的76.34%为自有资金。"课题组负责人说。

调研报告还显示，除了前期的房源成本、建设成本、装修成本等静态投入外，民宿还有后期运营等动态成本，整体投资对个体来说并不是一笔小投入。

报告课题组研究表明，民宿行业的投资回报周期比较长，即使是在发展条件比较好的头部区域，其收回投资也需8~10年。此外，报告课题组还指出，从民宿经营实际情况分析，民宿运营最初的2~3年通常很关键，是存活与否的关口期。

（资料来源：王诗堃，人民网人民科技官方账号）

点评：通过清晰的数据分析，说明目前民宿整体投资额度普遍较高，尤其是静态投入占用较多资本，能够做到对后期运营等动态资本的持续投入，对民宿经营者也是非常大的考验。民宿作为小规模经济体，不论其价格定位高低，营收增长并不快，投资回收期普遍较长，这对民宿经营者能否持续经营是极大的考验。

第二节 民宿人力资源管理

一、民宿组织架构与岗位设置

组织架构，通俗讲，是指对工作任务如何进行分工、分组和协调合作。组织架构是表明组织各部分排列顺序、空间位置、聚散状态、联系方式以及各要素之间相互关系的一种模式，是整个管理系统的"框架"。与其他组织一样，民宿应该具有自己的组织架构。

民宿的规模大小、市场定位、等级、服务产品等因素不同，组织架构也会有所不同。民宿经营者只有根据自己的实际情况设计架构，才能应对激烈的市场竞争，培育与市场抗衡的能力。民宿的组织架构是民宿工作职能的主要依靠。组织架构的设置必须以游客满意为目标，以提升产品服务品质为原则。一个设置合理、沟通顺畅、人员精简，能满足游客需求的组织架构尤为重要。

（一）民宿人员组织架构

民宿人员组织架构体系是民宿管理的重要部分。科学合理的架构体系有助于服务质量的提升，有利于民宿实现成本控制。由于民宿规模不同，在人员架构体系中，职位及人员数量会有差异，要根据每家的具体情况来进行设置。

1. 单体民宿

对于单体民宿而言，房间数量的多少决定其组织架构的设置。

房间数量在2~5间的民宿，民宿经营者一人可身兼数职，如创始人、店长、前台、清洁员、公众号运营员、保安、向导、司机等。其组织架构可简单地划分为：店长＋员工。此模式中的店长和员工都为多面手，一人可承担若干工作任务。

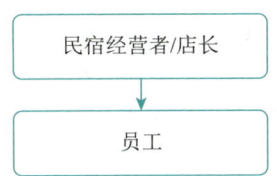

图5-5　单体民宿组织架构一

房间数量在5间以上的民宿，涉及的工作繁杂、专业，需要成立一个民宿管理团队，分工协作。团队搭建中，人员配置会涉及人力、财务、采购、销售、管家、餐饮、游客活动、工程等方面，每个工作都缺一不可，这些工作不用细分到独立部门，但是需要有专人来负责相应模块的运营。其组织架构如下图所示。

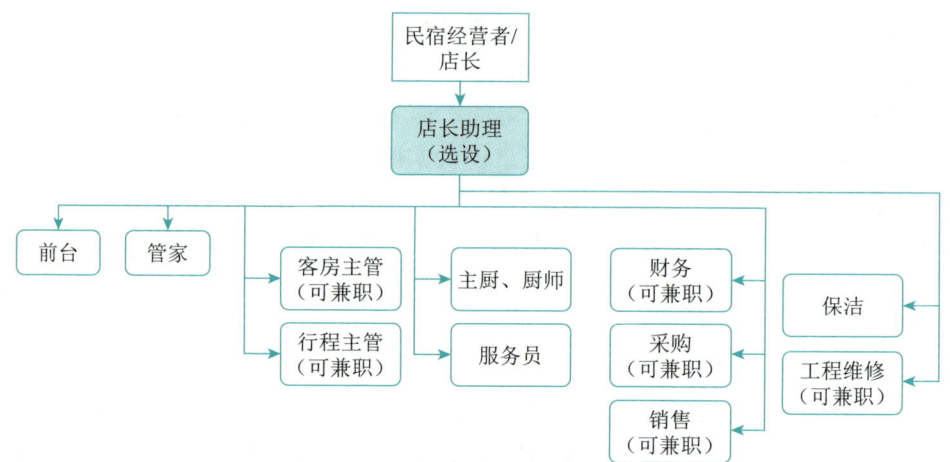

图 5-6　单体民宿组织架构二

2. 连锁民宿

连锁民宿，总部需要配备一个强大的管理团队，每家门店有相应的组织架构设置，以形成全面的运营团队。在管理团队中，涉及设计、运营、工程等方面。门店组织架构设置可参考单体民宿的组织架构。

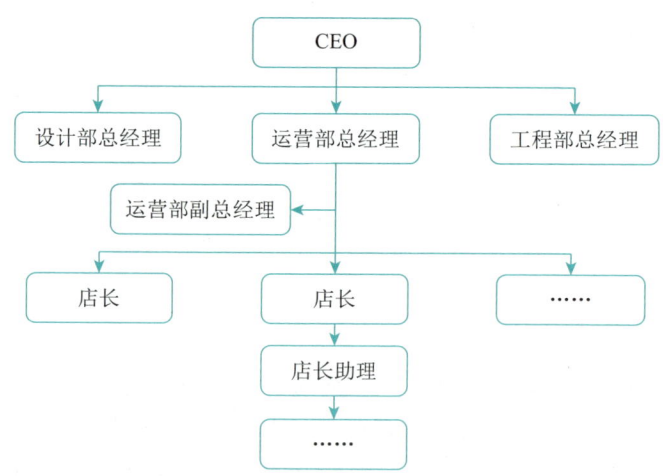

图 5-7　连锁民宿组织架构

（二）民宿岗位设置及岗位职责

对单体民宿而言，基础岗位需要配备的人员包括民宿经营者、管家、前台、保洁员等。此外，可根据民宿自身特点增设相应岗位：因提供餐饮的需要而配备厨师，厨师可以是当地的村民；还有一些岗位，如司机、导游，可以由本民宿内员工兼任。民宿可挖掘民宿员工潜能，最大化地发挥每一位员工的效能。同时要与当地村民保持良好的合作关系，建立广泛的联系，以便在淡旺季可以及时满足民宿用工需求。

连锁品牌民宿每家门店的人员配备基本与单体民宿类似，岗位及人员配置无太大差异。但在做品牌化时，注意对人力资源的开发及培养。如培养有潜力的店长及管家队伍，在吸引本地居民就业的同时，有计划地引入年轻的团队并加以培养，为下一个门店的开业物色合适人员。

1. 民宿经营者/店长

在民宿品牌的定位中，民宿不能没有"主人"。民宿经营者可以是当地居民，也可以是外地人。民宿经营者带给客人的是一种"温情"的服务，而很多民宿经营者也是一个有情怀的人。民宿经营者经营的不仅是一家店，更像是一个家。将民宿经营者的兴趣特长、专业优势以及过往经历，打造成一个专属的故事，形成一种情怀。

连锁民宿品牌每家店会有一位店长负责民宿的运营与管理，店长一般都是在有经验的民宿管家团队中选出来的，并且对工作充满热情的人。

店长岗位职责：

（1）全面主持店面的管理工作，拟定及配合总部的各项营销策略的实施。

（2）执行、下达民宿的各项任务，并做好巡查监督工作。

（3）做好民宿工作人员的分工、管理工作。

（4）监督消耗品的供货、消耗、补货工作，做好进货验收、商品陈列、商品质量和服务质量管理等有关工作。

（5）监督民宿商品损耗管理，把握商品损耗尺度，控制成本。

（6）掌握民宿设备的维护保养知识。

（7）监督民宿内外的清洁卫生，负责保卫、防火等作业管理。

（8）妥善处理游客投诉等服务工作中发生的各种问题。

（9）负责对工作人员的培训教育。

2. 前台

民宿前台工作在民宿服务中占据重要地位，是民宿经营者和工作人员提供服务的重要场所。民宿前台工作人员负责联络和协调所有的客人服务。对客人来说，前台的工作在一定程度上就代表民宿。因此，民宿前台的工作是民宿业务对外的窗口，也是民宿业务的中心。

民宿前台工作量一般不大，除了给游客办理入住登记、结账离店手续之外，主要负责接听电话，安排工作，以及行李寄存服务。民宿入住系统不同于酒店，有些民宿由民宿管家帮客人办理入住，前台负责录入客人身份信息。

此外，前台工作人员还需密切关注民宿的安全，提高安全防范意识。

前台岗位职责：

（1）每日检查所有员工的仪容仪表，使用各种管理系统对房态更新及调整价格（季节性调价）。

（2）了解游客的相关信息（抵达时间、入住时间、入住人员、出行性质、个人爱好、餐饮忌口等信息）并向游客介绍到景区的交通路线，周围环境、当地天气，穿衣指数。

（3）游客在到店前安排迎候工作（谁接待、谁讲解、谁服务等工作安排）。

（4）根据游客需求为其提供旅游咨询、用车、行程规划、餐饮、特色产品等一站式的度假服务。

（5）按照服务标准做好开餐前的准备，与客房管家协同服务游客用餐。

（6）每日巡查公共区域的卫生，督导客房人员清扫工作，确保客房的卫生质量，按照3级查房制度实施每日例行检查。

（7）做好财务管理，库房管理等工作。

（8）每日早晨向经理发送前一日的工作情况。

（9）每日清扫接待室的卫生，保证接待台面整洁，接待室实时都有茶水。

（10）简单地对接及各种报表临时性工作。

3. 民宿管家

民宿管家是游客住宿期间的主要接触人，代表着民宿的整体服务形象。民宿管家是酒店管家的全能版，是民宿业务上的多面手。尤其是现在，民宿管家已被列入国家职业分类典中，作为一种新职业而受到关注。在民宿经营过程中，民宿管家承担的角色可分为基本角色与特殊角色两种。基本角色是指民宿与标准化酒店相比而言的共同角色，例如，前台、客账管理、服务员等这些

视频5-1：民宿管家介绍民宿

角色。特殊角色是不同于标准化酒店的一些角色，例如，公众号运营者、活动策划者、导游等。

民宿团队中最重要且事务最为繁杂的职位，一定是非民宿管家莫属。管家主要负责游客抵店前、住店期间与离店时三个阶段的全面接待工作，要在基础工作流程之外为游客带来更便利的服务。

民宿管家应具备较高的专业技能和综合素质。首先，民宿管家要有一定的管理知识，需要具备相关方面的技能和带领团队的成功经验；其次，具有比其他职位的员工更大的工作热情。相比其他岗位而言，对管家的稳定性要求更高。

民宿管家岗位职责：

（1）为游客提供接待、入店手续办理、解答问询等。

（2）掌握民宿实时房态，合理进行流量控制，做到收益最大化，并处理需要特殊安排的订房。

（3）负责所属游客在店期间的饮食、住宿以及其他需求。

（4）周期性轮岗，负责日常各岗位的标准化管理。

（5）负责店内各类培训，能在日常工作中体现出一种生活方式，引导游客并形成良性互动。

（6）负责组织、执行店内的各类体验式服务和活动。

（7）负责游客关系的后期维护。

4. 清扫员/客房服务员

民宿清扫员主要负责民宿房间及公共区域的保洁工作。清扫员需要进行床品的一客一更换，卫浴用品、杯具的消毒，地面的清洁，垃圾的清理等，让游客住得放心、住得舒心。

清扫员/客房服务员岗位职责：

（1）遵守民宿的各项规章制度和服务规范。

（2）按标准要求负责清扫整理客房和楼层相关区域，为游客提供干净舒适的客房环境，满足游客的服务需求。

（3）按标准操作流程和规定使用清洁工具清洁。打扫客房，及时补充游客所需的各类物品，及时向管家通报入住退房时间、客用消耗品库存情况、维修情况。

（4）做好交接班工作，交清房态，交清当班事项，负责客人遗留物品的登记、保管和上缴，不得私自扣留。

（5）做好设施设备的日常保养，发现设施设备故障后，及时汇报给店长。正确掌握客房各类电器的使用方法，为客人提供服务。

（6）树立安全防范意识，发现可疑的人和事，立即报告。熟知民宿突发事件应急预案，出现紧急情况时按规定要求处理。

5. 厨师

有些民宿设有厨房，可以提供餐饮服务，这就需要寻找有特色的厨师，如当地厨师，为客人提供本地菜肴；如烘焙，为游客带来西点体验；如西餐，让游客感受不一样的风味。总之，提供的餐饮要有特色。

厨师的岗位职责：

（1）对厨房的原材料进行分类存放与整理。

（2）每周对厨房进行大清扫。

（3）每天工作结束后进行卫生打扫及电、气关闭。

（4）每月月初对后厨用具，设备设施进行清理、消毒、保养。

（5）每周日制定出下周员工用餐的菜单（与员工共同定制），保证营养合理。

（6）每季度研发出 3~5 种当地的特色菜肴。

（7）把控食品原材料的毛利率、食品卫生，对剩余的食材妥善处理。

6. 其他

（1）司机。很多民宿远离乡村，对非自驾游的客人而言，交通是一个问题。民宿专车接送，为客人提供点到点的服务，也是民宿的一个卖点。司机可以是民宿员工，甚至是经营者。

（2）导游。为客人量身定制旅游线路，并体验不一样的当地风情，也是民宿的一个卖点，民宿经营者、管家可以兼任导游。

（3）客服。民宿客服相比管家而言，要求没那么严格，可以由普通的大学生、都市年轻人兼任。民宿客服主要负责的内容是在 OTA 平台上与客人进行初步沟通，确认订单后通过聊天的形式给客人介绍民宿的相关信息等。对这个岗位的要求是有责任心和细心。因为很多的民宿经营者，尤其是对于运营多个民宿的经营者而言，可能会同时在好几个平台上推送房源，客服不仅仅要了解每个平台上的相关房源，还要在订单预订出去的同时及时关闭其他平台上的信息。另外，作为服务行业的客服，一定要有足够的耐心和素养，在与不同的人交流过程中，要做到情绪稳定。

二、民宿从业人员职业素质与能力要求

民宿从业人员首先应具备民宿服务员工的基本职业要求，例如，讲究职业道德、具备服务意识等，由于工作环境的特殊，除具备基本职业要求之外，还对知识、技能、情怀、素质等提出新的要求。

（一）基本职业要求

1. 职业道德

民宿从业人员应具有的职业道德为：敬业爱岗，勤奋工作；无私奉献、诚实守信；遵纪守法、文明礼貌等；真诚公道、信誉第一等。作为一名民宿从业人员，良好的职业道德是必须具备的职业素质之一，是对从业人员最普遍、最基本的道德要求，也是做好工作的前提和基础。

2. 服务意识

服务意识是指民宿从业人员表现出的热情、周到、主动为客人提供良好

服务的意识，是提高民宿服务质量的关键。树立服务意识是民宿从业人员的从业前提，也是从业人员最基本的职业素质之一。服务意识发自从业人员的内心，具体表现为：从业人员要微笑待客；时刻注意、满足客人的需求；热情周到；亲切真诚、一视同仁地对待每一位客人等。只有具备良好的服务意识，才能为客人提供热情周到的服务。

（二）知识要求

1. 丰富的文化知识

民宿接待的是来自不同地域、不同文化背景、不同职业的客人，这对民宿提供的服务提出了更高的要求，即针对客人的实际情况制定相对应的服务策略。民宿从业人员需要主动察觉住客需求，将应答服务变为提前服务，这需要民宿从业人员，尤其是民宿经营者应具备丰富的文化知识。民宿经营者应该是一个"杂家"，掌握的文化知识包括地理知识、历史知识、语言知识、国际知识、政策法规知识等。

2. 民宿相关知识

多数情况下，客人都是第一次到店消费，因此，对民宿及其环境都是陌生的。民宿前台工作人员、管家等需要做的工作就是将其掌握的民宿信息有效传达给客人，使客人能快速对民宿熟悉起来，建立起较为亲密的联系。需要掌握民宿相关知识包括：

（1）民宿的发展历史、经营理念、经营特色等。

（2）民宿主要提供的服务项目、特色服务项目以及服务项目的分布。

（3）民宿服务项目的预约方式、民宿紧急联系人方式等。

（4）民宿公共服务设施的分布及其功能。

（5）民宿所处的地理位置、周围交通、旅游景点、文娱情况等。

3. 专业运营管理知识

无论民宿体量大小，都需要良好的管理运营。民宿从业人员，包括店长、管家、前台人员等必须了解相应的运营管理知识。

（1）了解企业财会知识，如银行对账、监督检查前台账务、负责月底盘点和整理原始单据、执行各项财务规章制度等，还应具备相应的财务软件使用技能，如开具发票等。

（2）了解线上线下运营知识，如了解现有的预订渠道流量，预订渠道佣金成本控制，了解网上预订的评分机制，管理网友评论回复和投诉处理等。

（3）了解员工管理知识，如民宿人力资源需求预测、人力资源分配、员工团队建设与激励等。

（三）技能要求

民宿不同于标准化酒店，提供的服务也不相同。民宿管家在日常服务过程中需要具备的服务技能主要包括专业服务技能、个性化服务技能及主观能动性服务技能。

1. 专业服务技能

专业服务技能是指与酒店共通的服务技能，民宿管家充当客人的私人管家，提供管家式服务，处理客人各种要求、预订等问题，提供一站式服务，如帮助客人安排车辆、规划旅游行程、预订门票、导游等。

2. 个性化服务技能

个性化服务技能是指除了满足客人共性需求外，针对客人的特点和特殊需求，主动积极为客人提供针对性的服务。民宿个性化服务是基于基础服务之上的一种区别性灵活性服务。把每一个客人当作是独立的个体，针对每个个体进行服务。这需要民宿管家既要具备客房服务技能，又要具备烹饪、调制咖啡、摄影、插花、调酒、园艺、手工等技能。

3. 主观能动性服务技能

一个从业人员是否合格，最重要的参考依据在于是否具有主观能动性，即做事情到底是被动执行，还是主动思考判断。这决定了这个岗位从业人员最终能达到的层次。民宿岗位是需要高度创意的岗位，在给客人提供服务的过程中需要有主观能动性，才能让客人有家一般的体验。例如，通过细节看出客人的爱好，对其需求给予特别关注，对其惠顾表示感谢。

（四）情怀要求

一位优秀的民宿从业人员，不仅要有过硬的服务技能、丰富的服务知识，还需要对客人真情实感的关切，以客人最佳体验为努力方向，致力通过优质服务提升客人满意度。民宿以民宿主人的"家"为住宿场所，这也是与标准化酒店在"身份"上最大的不同。有人将民宿服务的特色概括为"有温度的服务"，拉近了与客人的距离，让客人感受到"家"的温度，才使民宿成为当今人们追求个性化住宿体验的热门选择。

民宿从住宿到体验的性质转变，取决于主客之间的信任感。客人与民宿经营者或接待人员之间的信任感也成为一种经营优势。相比平淡的服务，让客人放心并且有礼貌的服务，会使客人产生情感归宿。

1. 热爱生活

只有热爱生活、乐观向上的人，才能以开朗的、积极的、包容的心态去面对生活、面对工作、面对形形色色的客人。以阳光的心态去感染客人，以娴熟的技能去服务客人，为客人提供周到的服务，并获得满意的回馈。

2. 热爱民宿

民宿作为一个区别于标准化酒店的业态，其地理区位、工作环境、工作内容、面客群体都有非常大的不同，这要求从业人员要认可民宿业态的性质，热爱民宿的生活方式，认可民宿的工作要求，并且踏踏实实地工作、深耕，最终成为专业的民宿从业人员。

3. 热爱学习

民宿行业是一个日新月异的行业，也是一个对人才需求趋向复合、综合的行业，这要求从业人员不能只局限于现有工作岗位的某项工作内容，而应该全面学习、不断提升，让自己成为民宿行业中的多面手、复合型人才。

（五）素质要求

1. 良好的人际交往能力

只有拥有良好交际能力的民宿从业人员，才能维护好与客人的关系，使得客人对民宿产生较为深刻的印象，并建立起情感上的联结。

2. 良好的表达能力

与客人沟通是民宿服务的重要组成部分。只有拥有良好的表达能力，民宿从业人员才能有效了解客人的需求，从而为客人提供优质的服务。民宿管家等要在不同场合、不同客人面前用谦逊有礼、心平气和的语气与客人进行沟通，而且在表达过程中，有较高的语言组织能力。

3. 较强的记忆能力

民宿的整体运营情况、不同客人的个性化需求，都需要民宿从业人员，尤其是民宿管家具备较强的记忆能力。在对待客人的随机咨询时，出色的记忆能力能为客人提供即时的反馈服务。例如，客人前来咨询民宿周围的旅游信息，民宿管家可以凭借先前的记忆，为客人提供即时有效的信息。

4. 灵活的应变能力

民宿从业人员在日常接触的客人不尽相同，在住宿的过程中会出现一些意想不到的状况，这对民宿从业人员的应变能力提出了较高的要求。突发事件的合理有效处理，对民宿形象的树立起着十分重要的作用。

5. 良好的创意策划和营销能力

民宿从业人员不仅提供日常对客服务，还涉及管理整个民宿的运营。因此，在面对客人时，能够适时进行民宿主打产品营销，或为客人进行独特的创意设计、活动策划等，充分挖掘客人的消费潜力，让客人既充分体验民宿服务，又为民宿创收。营销人员要讲究技巧，不能硬推产品，要针对客人需求推出个性化的服务项目。

6. 善于进行团队协作

民宿产品是团队协作的结果，民宿工作需要各部门员工的密切合作。民宿从业人员应具备良好的合作能力，与同事相互支持、密切配合，相互协作、相互尊重，团结合作，彼此信任，才会表现出较强的凝聚力和战斗力。

7. 踏实认真、吃苦耐劳

民宿工作的性质要求民宿从业人员应具备踏实认真、吃苦耐劳精神。同时，民宿从业人员的稳定性是事关民宿运营的成败，拥有一支踏实、稳定的团队，是经营民宿的重要保证。

三、民宿从业人员的招聘与培训

（一）民宿招聘原则

民宿成本主要是租金和人力成本，如果可以把某些功能性区域整合，让从业人员同时兼顾若干职责，那么在配备人员时，就能减少岗位设置数量，降低人员成本。

民宿行业是服务行业，人性化的民宿服务需要由人来提供，民宿里"人"的要素非常重要。"节约人力成本，开发人力资源，创造最大价值"是民宿经营者必须考虑的问题。

1. 高薪养人

为了减少从业人员稳定，"薪酬领先"是一个重要的做法。民宿管家的工资水平高于其他行业人员的工资水平，提供行业内较高水平的待遇，从业人员工也会以更好的工作状态工作，给游客提供更贴心的服务。

2. 培养复合型人才

创业初期的民宿更应该找全能型的伙伴，除了基本的工作能力以外，还会拍照、写软文。当然，如果伙伴没有达到此水平，只要愿意学习，能达到身兼多职的水平，也是可以的。

3. 当地性

民宿经营要与当地居民和谐共存，为当地居民创造就业机会。民宿管家可以在本地居民中挑选，同时也能减少从业人员流动性。管家、前台从业人员按1∶1比例招聘本地人、外地人，一般的优先顺序是：人品好、性格和善、可塑性强、有团队意识。1∶1的比例是因为一般外地员工更容易上手工作，但是稳定性不高；本地人稳定性高，但需要时间来培养。

4. 价值观认同

很多年轻人在面对一地鸡毛的日常工作时，失去了工作动力。树立民宿经营者的自我价值观,同时给年轻人充分的信任,也是留住年轻人的方法之一。当从业人员认同民宿经营者的价值观时,其对工作会变得有兴趣、有动力,从而和民宿经营者共同成长。

5. 学习和成长空间

给予员工可预见的晋升机制与职业发展规划,也是招聘人才的有效方式之一。这一条原则主要适用于资本推动的品牌民宿,因为有了公司化的运作,从业人员有了更多的晋升空间,招人、留人就容易了。

(二)民宿从业人员管理与培训

1. 民宿从业人员管理三阶段

在民宿的运营过程中,从业人员管理经过三个阶段。

(1)第一阶段(创业初期):顺手、信任。因为民宿刚开业,也就是创业初期,各个方面都不成熟,这个时候找身边熟悉并且干活积极的人员较合适。毕竟民宿就是家,每天各种琐碎的小事需要处理,此时以亲属或是熟人为主,这样大家做事方便,彼此信任,为更好开展工作奠定了基础。

视频5-2:民宿培训

(2)第二阶段(稳定期):梯队。民宿运营到一定时期,基本上是半年左右,需要建立持续的从业人员培养机制,可以通过各类招聘网等渠道,招聘人才。例如,OTA专业人才,客房管家,厨艺好的阿姨,甜品师或者咖啡师等,根据民宿具体情况,确保从业人员与经营项目相匹配。

(3)第三阶段(成熟期):快速批量复制基础从业人员。民宿运营到成熟稳定期时,应具备对新进从业人员快速培训的能力,使之能迅速上手,做到用人而不依赖人。例如,办理画乡院每月需要1~2个义工,只对其培训2天即可。一般的基础工作,如接待,打扫卫生,办理入住手续等工作,义工就能做得得心应手。

2. 民宿从业人员培训

从业人员培训是民宿从业人员学习的过程。根据不同岗位加强对民宿新入职从业人员和在店从业人员培训。在培训中不断更新知识,不断提升技能,提高竞争力。民宿从业人员培训可以由店长或者请专业的培训师来完成。培训可以涉及但不局限于以下内容:

(1)设备设施使用培训。民宿从业人员入职时,通过培训及具体实操,熟悉店内各种设备使用方法。当店内设施设备出现问题时,能够及时解决。如前台的POS机、发票打印机、复印传真一体机、验钞机、对讲机等设备的使用,房间内智能电视、淋浴、空调、地暖等使用,店内的电控、灯控、水控系统、消防设备使用。

（2）突发事件处理培训。在经营民宿过程中，可能会遇到各种突发事件。如果出现突发事件，民宿从业人员在第一时间内没能够正确处理，会造成损失。很多民宿从业人员之前没有遇到过突发事件，当遇到突发事件时，会慌张，不能沉着冷静处理问题，造成严重后果。

（3）技能培训。通过培训，让民宿从业人员熟悉 OTA、房态管理网站等后台操作。熟悉掌握 OTA 后台价格修改、开关房态等。熟悉营销推广平台及营销推广方法。了解微信公众号、头条号注册使用流程。学习 H5 页面制作、公众号文章排版、摄影修图、撰写文章等。通过培训学习，能够胜任一些简单的营销推广。

（4）服务培训。服务培训是一个较为系统的培训，需要对服务意识、服务理念、服务技巧等内容进行全面培训。在培训过程中，模拟各种服务场景，提高服务水平。

（5）话术培训。对民宿从业人员进行话术培训，有利于和游客进行有效的沟通，提高销售。在遇到问题时，能够很好地协商并解决问题，而不是把问题激化，造成不必要的麻烦。

（6）文化知识培训。民宿一般位于旅游目的地，具有鲜明的地域文化。如厦门的闽南特色文化，大理的白族特色文化，丽江的纳西族文化，凤凰古镇的苗族文化，香格里拉的藏族文化等，可培训民宿从业人员相关的文化知识。

（7）行为规则培训。民宿不同于酒店，规章制度相对较少。无规矩不成方圆，民宿对从业人员要制定一些具体的规则，以约束从业人员。例如，纪律行为方面，要求工作期间禁止吸烟、酗酒、禁止擅自离开工作岗位；礼仪行为方面，要求见到游客时主动打招呼、问好；仪容仪表方面，要求穿着干净、整洁等。

（8）卫生清洁培训。卫生清洁培训主要针对民宿客房清洁人员，如何打扫房间，如何铺床，如何摆放房间物品。服务可以非标准化，但是对房间清洁打扫，最好能做到标准化。

（9）流程培训。工作的流程化在很大程度上能够减少失误的发生。培训民宿从业人员熟悉每项工作的操作流程。如接待客人流程，从到店入住、登记游客信息、收取房费押金、发放门卡等操作步骤。还有其他诸如订单信息登记流程、办理入住流程、行李寄存流程的培训。

民宿需要拥有系统的培训体系。对每个新入职民宿从业人员都要进行 1~3 个月的培训，让其在工作时融入企业，提高工作技能，认可企业文化，更好地为客人和民宿服务。

第三节　民宿清洁保养管理

一、民宿客房服务与清洁保养

客房是民宿的主体部分，是向游客提供住宿和休息的主要设施，是民宿不可或缺的组成部分。

我国民宿客房的建筑面积一般占总体建筑面积的70%左右，客房的营业收入占整个民宿收入的一半以上。因此，民宿的服务水平往往是游客评价民宿的主要因素，代表整个民宿的质量水平。

（一）民宿客房服务项目

民宿客房服务项目和酒店类似，主要包括以下服务。

（1）引领游客进房服务。在游客入住时，引领游客进入房间，是民宿客房的基本服务，并在服务期间，热情周到地为游客介绍民宿、介绍客房设备使用方法等。

（2）客房清洁服务。客房是民宿的主要产品，游客在客房逗留时间最长，客房管理需要做好走客房、住客房等各类客房的清洁保养工作。

（3）夜床服务。为了让游客有一个舒适的睡眠环境，一些高档的民宿为游客提供开夜床服务，主要包括房间整理、开夜床、卫生间整理等内容。

（4）物品租借服务。民宿需在常规客房服务之外，购置一定数量的常用物品以满足游客的不时之需，如乳胶枕、充电器、台灯、熨斗熨板等。

（5）结账服务。主动核对客人信息，打印账单、结账、提供发票等。

（6）送客服务。送客服务是客房服务全过程的最后一个环节，如果此项工作做得好，能加深游客的良好印象，使游客高兴而来，满意而归。

（7）加床服务。包括成人床和婴儿床。

（8）游客遗留物品处理。

（9）其他各种临时性服务。

（二）民宿客房服务流程

每项服务项目均有标准化的流程设计，与酒店相关服务流程类似。本部分仅对民宿客房清扫整理程序作简单介绍。

表 5-6 民宿客房清扫整理程序

操作步骤	操作要领	质量标准
1. 进入客房	按进入客房程序进入客房	规范操作
2. 检查电源开关	（1）检查灯具有无损坏。 （2）熄灭多余的灯	发现损坏灯具，及时更换
3. 开窗户或开空调	打开窗户，注意：风沙大的天气或阴雨天不能开窗；可将空调通风系统调至规定的挡位	保证客房内空气清新、无异味
4. 拉开窗帘	厚薄两层窗帘都要拉开	注意窗帘挂钩有无脱落
5. 检查客房	检查客房是否有游客遗留物品、物品是否有短缺或损坏	检查需仔细
6. 收集烟缸及杯具	（1）将脏烟缸放入卫生间备洗 （2）杯具最好采用更换的方式	采用更换的方式，保证杯具卫生
7. 收集垃圾	（1）将垃圾倒入垃圾袋 （2）清洁垃圾桶 （3）更换垃圾袋	严格执行民宿节能降耗标准
8. 撤床	按撤床程序撤床	动作快捷
9. 清洁卫生间	按卫生间清扫程序清洁卫生间	卫生间清洁、无异味
10. 铺床	按铺床程序铺床	床铺美观平整
11. 除尘、除迹	（1）按同一方向顺序，从上至下，从里至外擦拭房间浮灰 （2）注意逐项检查设备是否完好。若有损坏，立即报告 （3）记住需更换或补充的客用品 （4）特别要注意抽屉、衣橱的清洁	（1）注意边角处，避免遗漏 （2）干湿布须分开使用 （3）彻底清洁
12. 补充房间用品	根据民宿规定的房间用品量及摆放位置补充用品	一次性补齐、放好
13. 拉窗帘	轻轻将纱窗帘拉上，将遮光窗帘拉至刚好遮住窗框的位置	纱窗帘须合拢
14. 清洁硬地面	（1）用专用拖把由里到外清洁地面 （2）边清洁边调整家具摆放 （3）注意边角处卫生	需用快干式拖把 确保地面干净、无杂物

（三）民宿客房清洁保养标准

民宿客房清洁保养标准要求：要求清洁、整齐，用手擦拭时一尘不染，空气清新、无异味，室内无噪声污染。

表 5-7 民宿客房清洁保养质量标准

项目	质量标准
房　门	开门顺利无阻、无杂声；门扇、门框清洁；门扇平整无破损、无划痕；门锁转动灵活；窥镜光亮、透视度高，安全链无锈迹；房门号码清楚；门把手无污渍
天花板	天花板无裂痕以及无污垢、水渍或层面脱落；墙角无污垢、蜘蛛网；灯罩无灰尘；墙壁墙面光洁；壁灯无灰尘，开关完好；墙上悬挂画牢固完好，无歪斜
窗　户	窗帘洁净，悬挂位置适当；挂钩轨道灵活，无脱落；双层窗帘闭合灵活，无破损；窗框玻璃光亮、洁净
空　调	运行无杂音；空调器过滤网定期清洗更换；制冷或制暖迅速，温度适中
电视机	整体无尘、四框干净，图像清晰无挂尘；电视遥控器按键灵活、无污渍
灯　具	灯泡、灯架无灰尘；灯罩清洁，颜色光鲜
床头控制柜	柜面柜架无污渍、无手印、无积尘；四角无磕碰裂痕。各种旋钮灵敏、有效；定期对柜面及各旋钮消毒
地　面	地面清洁、光亮、无污渍，地面四周无纸屑、毛发、烟灰
沙　发	沙发面干净、无破损，沙发折面处无积尘，沙发弹簧无缺损
杯　具	杯面、杯底无水痕，清洁光亮；杯口光滑、无裂纹；托盘清洁干净；摆放位置符合要求
垃圾桶	垃圾桶内外清洁干净，无污渍；桶内放置垃圾袋
床　铺	床铺铺叠美观平整，质量达标；床单、被套、枕头等床上棉织品干净

表 5-8 民宿客房卫生间清洁保养质量标准

项目	质量标准
门	门框、门扇无水渍、无污渍、无积尘；门后挂衣钩无松动、无锈迹；门把手要消毒，使用灵活、方便；双重内锁操作正常
天花板	表面干净、无水滴；防水矿棉无开胶现象；天花板墙角无落灰、无积尘
墙　壁	墙壁光洁无水渍；抽风口无积尘；瓷砖无破损；不锈钢扶手及毛巾架洁净；墙面光洁
地　面	地面清洁、光亮、无污渍，地面四周无纸屑、无毛发、无烟灰；地面无积水、无积垢
坐便器	无异味；外壁、上盖及马桶圈洁净、无污渍；坐便器内里无尿碱、无尿迹、无水印；水箱清洁、无滴、漏水现象

续表

项目	质量标准
浴 缸	四周无污渍，无油垢；浴帘干净、无溅渍。浴缸扶手光亮；香皂盆无皂垢；浴缸底部无水锈、无毛发
面 盆	面盆台面及瓷盆内壁无油渍、无水渍、无皂渍、无毛发等，表面洁净、光亮；龙头及手喷头无滴水现象；下水塞无脏物；下水系统正常，水流通畅；冷热水喉操作正常，水温达标
镜 子	表面洁净光亮，照人清晰；无皂渍、无溅渍、无水珠；无破裂，无水银层起皮现象
易耗品	浴液、浴帽、香皂、梳子、漱口杯、面巾纸、厕纸、卫生袋、牙刷、牙膏等按标准配齐，摆放整齐有序
垃圾桶	桶内外清洁，不积存垃圾、污物
灯 具	灯泡表面无灰尘，灯罩无积尘、无污渍、灯泡使用正常
毛 巾	毛巾洁净柔软，数量配齐、摆放整齐
气 味	空气清新、无异味

二、民宿餐厅服务及清洁保养

（一）民宿餐饮服务项目

"民以食为天"，民宿餐饮是民宿获得经济收益的重要来源之一。餐饮是民宿的重要组成部分，是民宿经营中不可或缺的部分。高颜值、高品质的餐饮产品是民宿的核心竞争因素。

通常情况下，民宿提供早餐服务、茶点服务，一些民宿还提供咖啡、水果鲜榨等服务。

1. 早餐

多数游客以民宿为据点，在周边进行全天的旅游活动。因此，大多数民宿提供早餐。早餐常见的有早餐自助、早餐套餐、早餐自制等类型。

（1）早餐自助。主要是由民宿提供一系列早餐的餐点、饮品、小吃等，由游客自由选择食用。食品、饮品多结合民宿当地特色食材。

（2）早餐套餐。套餐指一整套的饭菜组合。套餐的种类很多，在套餐中，民宿根据预期的目标，组合不同规格的产品销售。游客可按个人的消费标准或口味，选择适合自己的组合套餐品种。民宿因体量小，住客数量不多，尤其是旅游淡季，早餐用餐人数少，采用自助餐方式不容易操作。因此，不少民宿采用套餐的方式为游客提供早餐服务。

（3）早餐自制。许多民宿允许游客使用厨房里的设施设备，可以自行购买食材或者使用民宿提供的食材，根据自己的喜好进行烹调。

2. 茶点

除早餐外，一般民宿还提供茶点服务，主要包括前台等候区的糖果、饮水，餐饮区的下午茶，客房内的睡前小点等，以及西式的下午茶或中式的工夫茶、手工小点心等。

（二）民宿餐厅清洁流程

民宿餐厅卫生需要及时维护与清洁。餐厅开餐时，各种意外都有可能发生，需要保持清洁并清除安全隐患。

表5-9 民宿餐厅清扫整理程序

操作步骤	操作要领	质量标准
1. 准备工作	备好地拖、清洁桶、抹布等清洁工具用品	工具、用品准备齐全
2. 擦拭餐桌、餐椅	用半干湿抹布擦拭餐桌、餐椅，必要时蘸上清洁剂擦拭	餐后及时清洁、保持干净
3. 清除地面杂物	用扫把扫除餐厅地面上的杂物	地面无杂物
4. 拖地	（1）将地拖头浸泡在清洁液中，再用拖把拧干机去除多余的水分 （2）用后退式拖地方法拖地，较重的污渍可重复拖几次，直至污渍完全去除 （3）拖头脏后，在装有清水的桶内清洗，再用拖把拧干机去除多余的水分	地面洁净无污渍、水渍
5. 清倒垃圾	将垃圾桶倒干净，把垃圾桶擦净，套上干净的垃圾袋	严格执行民宿节能降耗和绿色民宿的质量标准
6. 结束工作	清洁工具、用品并归位，待地面完全干透后再撤去警示牌	妥善存放清洁工具、用品

（三）民宿餐厅清洁保养质量标准

表5-10 民宿餐厅清洁保养质量标准

项 目	质量标准
餐 桌	表面无浮灰、无油渍、横梁、桌腿干净、光亮、无蛛网、无吊灰
玻璃转盘	表面无水渍、无油渍、无指纹，光亮、透明
餐 椅	表面无破损、无污渍，不晃动

续表

项目	质量标准
工作台	外表无污渍、无破损，内部物品摆放有规则、整齐，开启自如
工作柜	餐具分类摆放整齐，抽屉底部垫有干净口布，外表洁净，柜门、抽屉开启自如
地面	地面清洁、光亮、无污渍，地面四周无纸屑、无烟灰
瓷器餐具	无破损、无食物残渣、无水渍、无油渍、无指纹，分类摆放、整齐
玻璃杯具	无破损、无水渍，透明、光亮，无指纹，分类摆放、整齐
不锈钢器皿	干净、无水渍、无指纹，清洁、光亮，分类摆放、整齐
布草	清洁、无破损、无污渍，熨烫平整，折叠整齐，小毛巾干净、无异味
菜单	整洁、无破损、无毛边或卷角，无涂改、无油渍
托盘	清洁、无油腻，每天进行蒸汽消毒
门厅	光洁、无污斑、无手印，厅内整洁、舒适、无异味
室内环境	绿色植物无浮灰、无枯枝败叶、修剪整齐，盆外无污渍、无浮灰，盆内无杂物；室内空气清新、温度适宜；家具摆放错落有致，沙发上无污渍，各种饰品整洁、无浮灰；墙面饰物挂放工整、无浮灰

表5-11 民宿厨房清洁保养质量标准

项目	质量标准
灶台和橱柜	清洁完好，无油垢，无垃圾，各种用具用品摆放整齐、有序，无私人物品
排烟罩	清洁完好，罩面滤油网里面的照明灯具均无油垢
调料缸	干净整洁，调料盒无积水油垢，各种调料充足，不变质
砧板	无霉斑积垢，开餐工作结束时要竖放
冰箱	清洁完好，表面无锈迹、无污垢，冰箱内干净无积水，无异味，摆放整齐，做到鱼肉分开，生熟分开
所有炊具、盛器	清洁完好，无锈迹、无污垢
蒸柜	内外清洁无杂物、无遗留物
地面	无油垢、无污渍、无杂物
食品加工机械	完好，无残留垃圾、无碎屑、无油腻积垢
垃圾箱（桶）	加盖盖好，四周无积散垃圾，每餐结束后及时清运
水池	清洁，无油垢污渍、无杂物

续表

项　目	质量标准
货架上	各种蔬菜、海鲜摆放整齐，各种料盒干净，无污渍
厨房门窗	清洁完好，无油垢、无积尘、无破损
物　品	摆放整齐有序，各种不锈钢用具干净光亮，无污渍、无油垢

三、民宿公共区域清洁保养

民宿公共区域主要包括室内公共区域和室外公共区域。室内公共区域主要是指大厅、公共活动室、小型会议室、开放式厨房等，室外公共区域主要是指民宿入口、道路、花园、广场，以及各类特色活动区域等。

公共区域的清洁保养主要是指做好各类公共空间的卫生清洁、植物养护等，具体包括以下几项：

（1）民宿周边环境的清洁。
（2）民宿建筑外墙、门窗的清洁。
（3）民宿花园及各类室外活动区域的清洁。
（4）民宿大厅及前台区域的清洁。
（5）民宿电梯、走廊、楼梯等区域的清洁。
（6）民宿公共洗手间的清洁。
（7）民宿内各类公共活动室、会议室等区域的清洁。
（8）民宿内外各类绿植的养护。

四、民宿物品管理与设施设备清洁保养

根据使用年限和价值，民宿物资一般可分为民宿设备和民宿用品两大类。使用年限较长、价值较高的物资划归为设备类；而使用年限较短、价值不高的物资划归为用品类。根据用品的使用对象和使用场所，民宿用品可分为客用物品和服务用品两大类。

客用物品是指提供给游客住店期间使用的用品；服务用品是指为游客服务所要使用的各种用具等。

根据用品的消耗形式，民宿用品可分为一次性消耗品和多次性消耗品两大类。多次性消耗品是指客房内等场所配备的可供多批游客使用、正常情况

下不会在短期内损坏或消耗的物品，其价值补偿要在一个时期内多次逐渐完成，这类物品也被称为客房备品或客用固定物品。它们有的摆放在客房内，有些则由客房部办公室或客房服务中心保管，仅供游客在住店期间使用，它们不能被损坏或在离店时带走，如客房内的布草、水杯、酒具、文件夹、烟缸、衣架、充电器、电熨斗、熨衣板等。一次性消耗品，又称一次性客用品、低值易耗品或免费供应品等，是指在客房内等场所配备的供游客住店期间使用消耗，也可在离店时带走的物品。低值易耗品是一次消耗完毕、一次性完成价值补偿的，如茶叶、卫生纸、信封、沐浴液、香皂等。低值易耗品虽然从单体上看价格不高，但由于消耗频率高、消耗量大，整体成本不低。

（一）民宿设备使用与维护保养

设备的正确使用和维护保养，是设备管理不可分割的环节。合理使用、妥善保养各种设备，可以保证民宿产品处于非常完好的状态，有利于提升民宿的服务品质，也可以延长设备的使用寿命，降低设备的成本消耗。

1. 民宿设备的日常使用

（1）建立完善的设备使用制度。制定设备使用的规章制度，应包括操作人员岗位责任制、设备使用操作规程、设备维护规程、日常检查制度、交接班制度等。各项规程要落实到班组和个人，定机定人，使全体员工在制度的约束下，按规程操作，管好、用好、养好设备，完成工作任务。

（2）加强对相关人员的培训。做好设备管理工作，不仅要对设备维保人员进行培训，提高他们的维保技能，还应对民宿管家等服务人员进行必要的培训，使他们不仅掌握各种设备的使用操作方法，还可以为游客正确使用客房设备提供指导和帮助，避免因游客不会使用或使用不当而造成设备的损坏。

（3）合理安排客房的周转率。设备是根据不同的科学技术原理设计制造的，其性能、运行负荷、使用范围等都有一定的要求。因此，客房部应科学合理地安排、控制客房的周转率，确保设备合理的工作负荷。

2. 民宿设备的日常保养

对民宿设备保养不善，不仅会缩短设备的使用周期，还会直接影响对客服务质量，甚至引起游客的投诉。因此，民宿员工必须掌握各种设备的保养知识和方法，养成良好的使用和保养的习惯，做好设备的日常保养工作。

3. 民宿设备的日常检修

服务员在日常工作中要按规对设备进行日常的检查。如果设备发生故障，及时和有关部门或人员进行联系，工程人员接到通知后应立即检修，并在尽可能短的时间内完成维修。工程人员在设备运行中也要按计划规定的时间，对设备进行全面的检查，以便及时发现问题，及时修理或保养，从而使设备维持良好的技术性能，发挥其应有的功能。

（二）民宿用品管理

民宿用品的选购、储存、使用、控制等各个环节工作做得好坏，直接关系到民宿的服务优劣、游客是否满意及经济效益是否良好。

1. 民宿用品消耗定额管理

民宿在运营过程中，尤其是客房，需要陆续补充和更新各类客房用品，例如，布草。根据房间数量以及相应配备量，每日统计一次性消耗品和多次性消耗品消耗量；结合每月入住率及上月情况，统计每月消耗量，制作每月客用品消耗分析对照表，并结合预算情况，分析易耗品消耗情况对比，最终确定客用品每天的平均消耗量。根据平均消耗量，按照"够用+少量备用"的原则，确定每月的采购数量。

2. 库存管理

采购的各类民宿物品，首先，做好入库管理，保持储存环境整洁、干燥、整齐；然后，按照分类管理办法，分类建卡、分类存放，并按照"先进先出"原则发放相关物品。

3. 日常使用与管理

在日常物品的领用与使用上，建立领用人责任制，以严格控制非正常的损耗；在日常管理中，定期盘点，避免积压、避免过期；日常使用中，做好物品的使用统计，以分析物品消耗实际情况。

【案例5-2】

民宿家具的保养法则

民宿家具（实木家具）是既有功能性，又有装饰性的配饰，所以实木家具的日常保养很重要。

民宿家具保养，尤为为关键民宿家具（实木家具）定期打蜡，能锁住木材中的水分，防止家具干裂、变形，让家具由内到外重新焕发光彩。蜡保护层一般可持续1~2年。当家具表面变得朦胧时，可考虑重新上蜡以添加保护层。

过度吸湿会导致民宿家具（实木家具）膨胀变形，过度干燥又会导致家具开裂。对于湿度的调整，可通过空调抽湿、开窗换湿、拖地与擦拭家具增湿，也可以通过养花、种草来调整干、湿度。另外，可摆放一些利于室内保湿的绿植，如绿萝、富贵竹等。

民宿家具（实木家具）应当放置于阴凉处，避免放在阳台上、通风口或取暖等热源地带，否则容易出现局部褪色，甚至脱落、干裂变形、漆膜出现质变等问题。家具的摆放要放平放正，家具整体要与地面保持垂直，否则极易引起家具门等部位变形，最终造成缝口开缝，缩短家具的使用寿命。

对于民宿家具（实木家具），灰尘是隐形杀手。一般红木、柚木、橡木、胡桃木等高档原木家具都有精美的雕刻花纹，若不定期保养清洁，缝隙中不仅容易积灰，影响美观，还会加快家具的老化速度。但是不要使用湿布擦拭家具灰尘，应首先用毛扫工具将家具表面灰尘轻轻拂去，再用干的纯棉布擦拭，以免颗粒灰尘伤害家具表层。此外，在家具上摆放重物时应垫一层软膜，垂直方向轻拿轻放，以免破坏家具表面。

思考： 除了民宿实木家具，民宿中还有哪些家具在保养方面需要特别注意？

拓展知识：布草的选购要点

思考与练习

一、简答题

1. 民宿运营成本主要包括哪些方面？如何控制和节约这些成本？
2. 民宿收入主要来源于哪些项目，如何增收？
3. 民宿从业人员中，每个岗位的职责是什么？
4. 民宿从业人员应具备怎样的素质与条件？
5. 为什么要重视民宿设备用品的管理？
6. 从哪些方面进行民宿设备和用品管理？
7. 民宿的餐饮和客房，除常规服务外，可从哪些方面进行个性化服务？

二、实训题

1. 请自选一家民宿，调研其经营状况，重点分析其营业收入、岗位设置、人员结构、服务项目、游客评价等，根据调研结果，指出该民宿在运营方面做的比较好的地方，并指出其运营中需要改进的地方，提出具体改进措施。
2. 请自选一家民宿，体验"做一天店长"，实地感受运营一家民宿的真实情况。

第六章
民宿营销推广

| 本章导读 |

在民宿优化转型之时,随着民宿经济的崛起,民宿市场的角逐也显得异常激烈,互联网的迅速发展也使资讯、电商、视频、社交等平台层出不穷,"互联网+民宿"呈蓬勃发展之势。民宿推广营销人员应紧跟时代步伐,从线下到线上全方位营销,以增加民宿知名度来引导更多游客前去体验入住。

学习目标

1. 掌握民宿OTA平台运营模式。
2. 熟悉民宿OTA平台盈利模式。
3. 掌握民宿短租平台运营模式。
4. 熟悉民宿短租平台盈利模式。
5. 掌握民宿新媒体营销渠道。
6. 掌握民宿新媒体营销策略。

思维导图

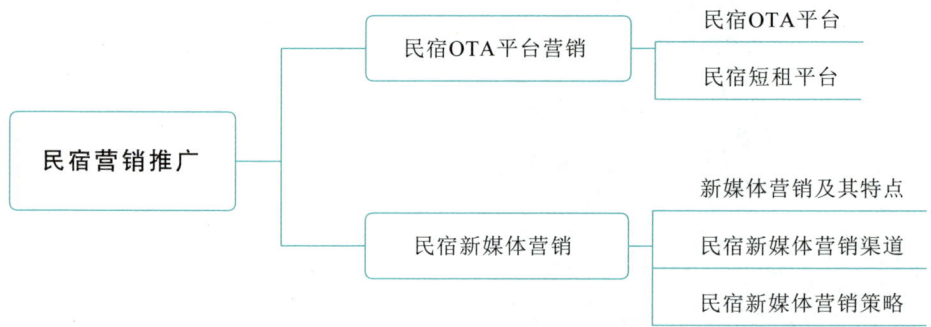

第一节 民宿 OTA 平台营销

民宿的电商平台主要分为 OTA 和在线短租两类。OTA，全称为 Online Travel Agency，译为在线旅行社，又称第三方售卖网站，是连接住宿与住客平台的桥梁，是旅游消费者通过网络向旅游服务提供商预定旅游产品或服务，并通过网上支付或者线下付费，即各旅游主体可以通过网络进行产品营销或产品销售的网络平台。在线短租是指民宿的承租人通过互联网和移动互联网的方式查阅及预订短期住房，并与民宿的所有者或经营者通过线上平台支付部分或全部房费，线上平台通过房租佣金或广告费模式盈利。而在线短租平台则为房东及房客提供线上预订交易服务，通过独立运营的线下团队或与中介代理合作，对线下民宿进行搜集管理，并为消费者提供房屋搜索及交易担保的在线网络平台。

一、民宿 OTA 平台

OTA 既是连接民宿与住客的平台桥梁，也是民宿的一种宣传渠道。目前，国内的 OTA 平台主要有携程系、美团点评系以及阿里系，还有一些其他的平台，例如，途牛、驴妈妈、马蜂窝等。国外的 OTA 主要有 Booking、Agoda、Expedia、Airbnb、Priceline 等。

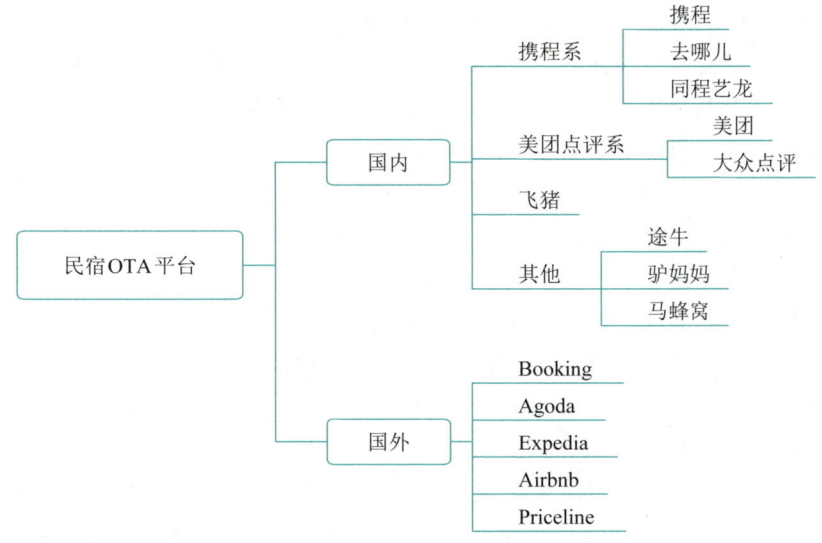

图 6-1　民宿 OTA 平台

（一）民宿 OTA 主要平台

1. 携程系：旅悦花筑

旅悦集团成立于 2016 年，经去哪儿网内部孵化而成，是一家集酒店管理、信息技术服务、供应链采购贸易、文化旅游于一体的综合性旅游产业集团。依托资深的团队及携程、去哪儿两大 OTA 巨头的大数据和流量支持，致力成为最值得信赖的目的旅游服务品牌，为消费者提供旅游度假中的"吃住行，游购娱"360°全方位服务。旅悦集团旨在将互联网创新技术应用于传统旅游产业，实现传统行业的数据化、科技化、品牌化、专业化发展。旗下拥有：全球品质民宿酒店——花筑、高端酒店及度假村——檀程、标准中端酒店——蔚徕、特色中端酒店——柏纳、经济快捷酒店——索性、印度商务连锁酒店——BeU、隐世设计酒店——般蓝等七大品牌。

花筑是旅悦集团下首个精品民宿、度假酒店连锁品牌，自 2016 年成立以来，积极响应国家旅游发展规划号召，发展集团化的非标住宿连锁品牌，助力构建社会新型住宿业。同时积极布局"一带一路"沿线国家，以输出品牌和先进的酒店管理为主，为海外游客提供高品质的住宿体验。面对不同消费群体，品牌系列又细分为花筑城市、花筑悦、花筑、花筑奢四大不同标准。目前，旗下品牌已签约开业门店超过 1500 家，累计接待超过 600 万人入住。花筑品牌设计注重结合当地文化，设计充满地域氛围，以独特美学、当地体验、用心服务为特色，打造出与旅游目的地文化相融的居住空间。在物质服务上，统一采用高端酒店用品品牌；心理服务上，坚持真诚、贴心、超出预期，为旅游目的地游客提供舒心、温馨、高品质的住宿体验；酒店运营管理上，统一采用旅悦自主研发 PMS 系统，充分保证住客信息安全的同时，提升工作效率，为消费者完善安全、快捷的旅行住宿环节，助力消费者完成旅游体验过程。单店打造上，以匠心精神为宗旨，开发一店一品，一品一精的故事性人文酒店；在服务上，本着传递本真生活方式的理念，依托强大的互联网基因优势，在品牌成长道路上取得不俗成绩。

2. 美团系：榛果民宿

美团是一个主要聚焦于当地生活的在线平台，平台内容涵盖食、住、行、游、购、娱各个领域，经营更为广泛。美团的盈利模式主要来自佣金收入、广告收入、转介费模式和活动回馈。2017 年 4 月 12 日，美团点评旗下住宿分享平台榛果民宿 App 正式上线。民宿平台刚刚上线时平台上只有 851 间房源，截至 2020 年 10 月，美团民宿在国内拥有超过 17 万活跃房东，80 万套在线房源。通过利用美团、大众点评平台在年轻用户与下沉市场的流量优势，榛果民宿将目标客群定位于年轻旅行者，两年时间内实现了弯道超车。

为更好服务民宿创业者，榛果民宿推出了"榛果指数"和"榛果指数 Pro"。"榛果指数"面向的主要是房东们，免费提供包含服务质量、经营情况、房源质量的数据呈现及分析，根据经营数据多维度测算出房东的"榛果指数"，并给出每一套房源存在的问题和改进建议。功能更为强大的"榛果指数 Pro"是行业内首个服务民宿创业者的开放平台。"榛果指数 Pro"提供了选址、定价、收益管理三大服务：选址服务通过平台大数据呈现出房源分布热力图和城市需求热力图，告诉民宿经营者还可以继续在哪里拿房；定价服务会根据附近的赛事演出等热点事件、用户需求热度以及附近民宿酒店的定价，每一天提供给民宿经营者不同的价格建议；收益管理则能通过预测房源及商圈房源的库存趋势来评估收益情况。不过，在短租市场成长迅速的同时，信息不符、安全隐患等问题频繁出现，给短租平台的规范发展带来挑战，也对公共服务和市场管理提出迫切要求。

（二）民宿 OTA 运营模式

1. 线上运营模式

线上运营模式主要是指由 OTA 代运营公司帮民宿企业或业主管理所有 OTA 平台，即所有线上运营都由代运营公司来管理，而民宿业主则需要做好线下的产品优化以及到店客人的接待服务等，双方共同管理民宿运营项目。线上运营的主要内容通常包括各大 OTA 网站的管理、线上产品价格体系的调整、民宿市场的分析、线上营销推广、处理 OTA 平台的日常事务等。

2. 全渠道托管模式

全渠道托管模式可理解为"线上＋线下"模式，即 OTA 代运营公司不仅帮民宿企业或民宿业主管理线上运营，也管理民宿线下的产品和服务，甚至通过长期或短期驻店的方式共同管理民宿的日常服务，快速提升民宿在 OTA 上客户点评分数，以确保运营的质量和实现对民宿的管理。

3. 顾问模式

顾问模式是指导 OTA 代运营机构通过自己对 OTA 规则的掌握和数据分析，为民宿运营提供 OTA 运营指导方案，从全面体检到前期辅佐，再协助民宿开店、装修、培训其自有人才，帮助民宿建立自己的运营队伍和规章制度。目前，在民宿 OTA 代运营市场上，最主流的合作方式是线上运营模式。不管采用哪种合作模式，民宿 OTA 代运营团队都需要以专业立身、以业绩说话，这就要求民宿 OTA 代运营专员拥有专业的业务能力、对民宿市场有敏锐的嗅觉和判断能力。

（三）民宿 OTA 盈利模式

目前，OTA 平台大多以佣金模式盈利，不同的 OTA 在佣金的比例方面有

所不同。佣金的定义就是 OTA 每售卖一个间夜就会按照一定比例抽取佣金，而 OTA 售卖间夜越多，业主付给 OTA 的佣金也就越多。

1. 代理商模式（Agency 模式）

代理商模式比较常见，也是目前在线旅游服务企业中最主要的一种商业化模式。这种模式就是在用户和产品供应商中担当代理商的角色，在交易中通过抽取佣金赚钱。这种模式单笔交易营收较低，但相对比较稳定。在国内众多在线旅游服务商中最具代表性的当属去哪儿网，通过集成各大在线旅游服务代理商，在其中充当综合大代理商的角色，并通过收取部分佣金或者提成进行商业化盈利。另外，其他在线旅游服务商，例如携程、艺龙、世界邦旅行网等都采用此类运营模式。

2. 媒体化模式（Media 模式）

媒体化商业模式，通过内容分享和社交分享等聚集大量的目标人群流量，成为在线旅游市场的信息分享和共享入口，进而形成聚集效应，在聚集效应下通过广告展示、内容植入等方式形成一种旅游服务企业品牌或服务的广而告之，是一种媒体玩法。因此，广告收入便成为其主要盈利模式，如马蜂窝、穷游网、面包旅游等，它们主要有论坛、游记和攻略几个板块，主要通过记录旅行者探索世界的轨迹，分享旅行者旅途中的点点滴滴，并回答其各种旅行问题，以保证平台的流量。然而，随着信息分享平台的增多，在内容大同小异的情况下，靠广告作为主要收入已经不是发展的长久之计。近期，面包旅游推出各种跟团游，一个原本倡导自助游的网站，通过跟团游的形式来营收，在一定程度上也说明了媒人化模式商业化玩法的可持续性存在一定的问题。

3. 用户出价（Merchant 模式）

用户出价模式首创于美国，该模式就是和酒店、机票、租车以及目的地服务商合作，以固定的配额和价格获取相关产品。同时，在线旅游服务商拥有相应的自主定价权向消费者收费，以此获得产品差价。这种模式单笔交易营收通常比较高。该模式的典型代表为美国的在线旅游服务企业 Priceline，其平台凭借独特的 C2B 模式（用户出价），已成为目前全球最大的在线旅游服务商，市值高达 600 亿美金，其商业价值已毋庸置疑。

4. 电商模式（EC 模式）

电商模式主要是指旅游产品的在线商城化。目前，在国内，尽管在线旅游企业携程、途牛网等已经发展好多年了，但是占整体旅游市场的份额也有限，大部分的资源还是掌握在传统旅行社的手中。随着电子商务的发展，很多传统旅行社也开始注重在线化，如港中旅旗下的芒果网，算是最早涉足在线旅游的传统旅行社，通过把线下旅游产品在线化销售，实现线上和线下双渠道销售。电商模式的盈利方式和传统旅游产品的盈利方式基本一致，但因为旅游产品的价格透明度较高，所以盈利空间普遍较薄。

5. 集成模式（Integration 模式）

集成模式主要是指集成在线旅游市场各种商业化模式的部分特点，通过综合优化，实现盈利的一种商业化模式。该模式的典型代表为世界邦旅行网。在自助游成为在线旅游市场发展的主要趋势下，世界邦旅行网通过定位自助游和出境游，以一站式出境自助游服务为基本出发点，利用自身电商平台集成国外各地优质旅游服务供应商，借助 DGC（Daren Generated Content，即达人生成内容）有效的激励机制鼓励达人实现分享有价值的旅游资讯内容，融入媒体化模式，并通过全程代订，以全权代理模式实现集成商业化操作。

二、民宿短租平台

在线短租行业的特点是人们利用闲置的房间或者房屋，将其转化为可观的潜在收入的盈利模式。在信息技术不发达的时代，资源分享的成本极高，资源闲置和资源短缺的现象同时存在，资源利用率极其低下。民宿作为传统房屋资源交换的一种方式，以当地文化为依托，通过家庭副业的经营方式，为租客提供住宿、餐饮等服务。近几年，以民宿为主的租房经济因经济转型而陷入窘境，共享经济应运而生。共享经济是基于物品使用权暂时转移的一种新型的经济模式等特点。中国在线短租行业就是结合了民宿和共享经济等特点，在此基础上，又包括了多人长期、个性化、高覆盖、性价比高的特征。

民宿正式为共享经济新亮点。相比酒店和传统的线下短租，民宿在线短租有如下特点：其一，相比酒店预订房源固定的特点，在线短租可选择范围广、类型丰富，并且在同等价位下，性价比高，还可以享受更个性化的服务体验；其二，相比传统的线下短租，在线平台上的房屋服务更加丰富，能够为租客提供更多的选择。在线短租还通过互联网构建的双边市场交易平台展示多样化的信息形式，为房东和游客提供双向评价机制，提高了双方的沟通效率，减少了交易双方信息因不对称而引起的摩擦，提高了房东与房客之间的匹配率。

（一）在线短租平台发展历程

我国在线短租平台历经了四个发展阶段：第一阶段是萌芽期（2010~2012年），主要表现为在线短租平台规模较小、信用系统不完善及熟人关系网络发达，行业发展缓慢；第二阶段是成长期（2013~2014年），主要表现为淘汰

了一批经营不善的平台，又有新的竞争者（途家、小猪等）加入在线短租市场，在本土化发展上继续探索；第三阶段是爆发期（2015~2017年），主要表现为在共享经济影响下，在线短租行业演化出 C2C（Consumerr-to-Consumer）、B2C（Business-to-Consumer）和 N2C（Networking-to-Consumerr）三种模式，逐渐注重平台服务差异化发展，在线短租平台呈爆炸式发展状态；第四阶段是成熟期（2018年至今），主要表现为规范在线短租平台的标准化和专业化，为房东和房客提供多样化的各类服务。

目前，现有在线短租平台分为三种类型：一是独立的创业型网站；二是依附原有业务相关的互联网公司；三是传统房屋中介推出的短租网站。在线短租平台主要是为旅行者及商旅人士提供在线短租公寓搜索、查询和交易服务，以及为业主提供闲置房产信息发布及托管服务。其核心销售资源是房源，房东对市场的需求是短租平台发展的主要驱动因素。因此，房东是在线短租平台的主要客户群体，其中以个人房东的数量居多，但在具有品牌影响力的平台上，还存在更多的房屋中介机构。在线短租平台的服务内容主要包括短租房和房屋托管两类服务产品，其中短租平台中最核心的产品为短租房源，为用户提供租房服务。而随着市场发展，未来短租平台也将会为房东提供代理托管服务，从而减少房东的运营成本。

随着网络旅游市场的发展，用户对短租房的需求随之剧增，并加快了短租市场发展。短租平台的营销能力是短租市场流量导入的主要突破点，成为提升平台影响力的重要手段。除此以外，在线租房厂商对平台上的房源进行维护和管理，成为市场发展的重要因素。在线短租平台的收费方式主要包括收取房屋佣金和加盟代理费。其中，房屋佣金是指房东依托平台带来用户成交量来收取一定的佣金，但未来将向租房中介或代理机构提供平台营销等服务，并从中收取一定的加盟费。

1. 途家民宿

途家主要以国内市场为目标市场，目标用户以家庭出游、聚会团建、商务差旅、休闲度假和周租、月租为主。因此，市场定位以中高端住宿市场为主，提供自营客房同时，还为用户提供五星级标准服务，使游客能在出游时体会到家的温暖，人均消费也相对便宜。途家的营利模式主要有四种：一是途家向房源业主承诺管理房子并帮助其经营，所得收入五五分成，销售额作为中介费；二是途家作为房屋提供者，直接与租房者交易；三是为业主提供管家服务及房屋改建的费用；四是途家作为销售和交易中介平台，从每单中收取一定比例的费用。途家房源分为途家自营房源与业主自营房源，主要以途家自营为主，与三星以上酒店合作为辅。因此，其商业模式主要为 B2C，交易方式为 O2O。途家自营主要专注民宿托管服务领域，通过自身擅长的民宿代运营业务，将有意向做民宿的业主的房屋进行标准化改造，并将空置房屋进行在线短租。业主自营房源是与品牌酒店、房屋中介、个人业主进行合作，途家为其提供线上的销售和交易中介平台。

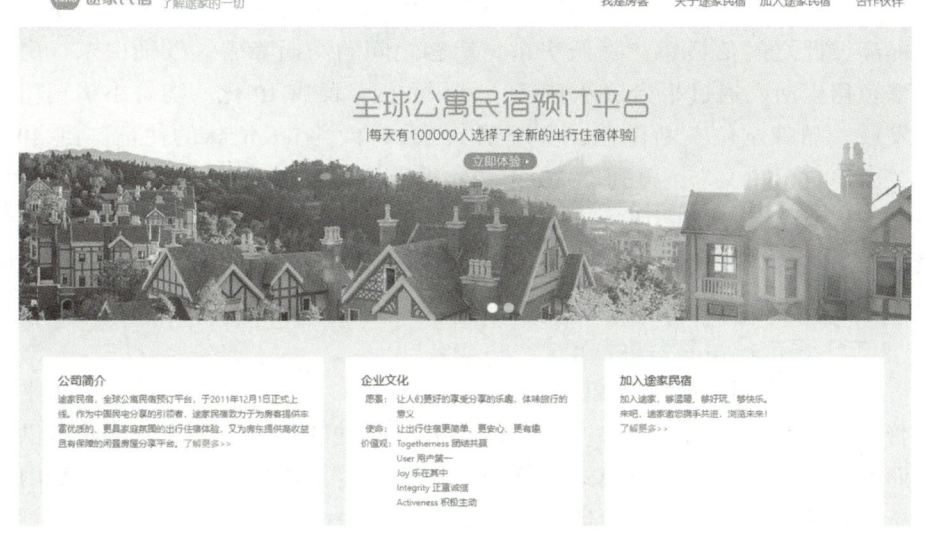

图 6-2　途家民宿

（图片来源：截取自官方网站页面）

2. 小猪短租

小猪短租的商业模式是采用"线上+线下"模式。线上运营时，房东通过提供房源、运营维护房源，从小猪平台上获取收入报酬；小猪短租平台通过线上审核房源信息，保障房客权益，为房客推荐房源和提供增值服务；房客通过小猪短租平台，与房东进行沟通、交易房屋租赁。线下运营时，小猪短租平台通过实地考察房东提供的房源，为新手房东提供房东成长服务，例如，客户经理提供培训服务、摄影师提供实地拍摄服务，宗旨是提供有"人情味"的房屋租赁服务。在线短租需要在房东、房客相互信任的基础上达成交易，而小猪短租平台目前承担起为交易双方建立信任的职能。小猪短租平台不仅为房客提供"人情味"的在线短租服务体验，而且还为新手房东提供"一对一"的高效沟通和服务培训服务，这成为小猪短租发展的核心优势。在产品内容上，实施"无忧入住计划"，即小猪短租平台提供实名制注册、人身安全保险、管家保洁服务、第三方信用消费等服务，使得房东和房客更加依

赖小猪短租平台，增强用户黏性。实行差异化服务，在平台上推出各种主题活动，吸引各种自媒体人、艺术家和自由职业者成为平台房东，引领"诗意的短租"潮流。

在众多短租平台中，小猪短租的核心竞争力主要体现在两方面，即差异化服务和品牌IP化。一方面，差异化服务。为多样化需求提供差异化服务，坚持"既开门迎房客，也上门服务房东"原则，实行房东、房客实名制，以此提高彼此之间信任感，降低房东与房客之间的沟通障碍，鼓励房东、房客分享短租生活，通过平台展示自己。另一方面，品牌IP化。随着小猪短租不断发展，品牌定位不断优化，实现了从2014年"有人情味的住宿"到2016年"居住自由主义"，再到2020年"住得更好，花得更少"。小猪短租自将"80后""90后"定位为核心群体后，采用线上线下结合的运作模式，从广告投放渠道多样化发力，而且配合娱乐性强和引流的营销活动，在消费者心中留下深刻的印象。

（二）民宿短租平台运营模式

在线短租行业主要有C2C（业主自营）、B2C（平台管理）和N2C（平台托管）三种运营模式。其中，第一种C2C（业主自营）模式是由企业提供平台而业主自营的方式，该模式降低企业运营成本，有利于企业延伸产品内容和拓展企业盈利空间，主要以爱彼迎为代表，但由于信用体系不完善，导致对企业的运营能力要求较高。第二种B2C（平台管理）模式通过和企业、开发商的合作，获取批量和标准化的房源，并在标准化运营管理的基础上给用户提供服务。通过标准化的管理，房源质量会相对较高，但是这会导致个性化凸显不足，需要大量人员进行线下管理，主要以途家为代表。第三种N2C（平台托管）是由平台提供托管服务的模式，即企业通过收购、租赁等方式收集分散房源，进行统一标准的装修等，再给用户提供服务。这种模式下，房源质量和服务水平都有较高的保障，也方便企业统一管理，但是运营成本过高，延展性弱，不利于扩大规模。

表6-1 我国在线短租行业运营模式

运营模式	运营方式	优势	劣势	代表企业
C2C	由业主自营，企业提供平台，房客和房东在平台上实现对接，完成预定、入住、评价等流程	运营成本低、延展性强、盈利能力强	信用体系不完善，房源质量良莠不齐，对运营能力要求相对较高	爱彼迎

续表

运营模式	运营方式	优势	劣势	代表企业
B2C	通过和开发商或者业主托管合作，获取批量的、标准化的房源，平台再进行标准化运营管理，并为用户提供服务	房源品质和质量相对更高，上下游对接更为高效	个性化程度和社交属性相对较弱，需要大量人员维护进行线下管理	途家
N2C	在线短租平台将空置房屋托管自营，房屋来源包括地产商与酒店式公寓商家	房源质量、服务水平相对有保证，平台统一管理	运营成本高，延展性弱，需要大量人员维护线下工作，不利于扩张	自营民宿

（三）民宿短租平台盈利模式

1. 单一佣金模式

现阶段，国内短租网站的盈利模式主要靠赚取销售佣金，比例在5%~10%。例如，木鸟短租向房东收取成交金额的一定比例，同时在房东价格基础上溢价，而游天下，为了积累用户和房源量，甚至在2012年4月宣布免收交易佣金，"短期内不打算盈利"。途家网除交易佣金外，还有另外一个盈利点，即托管的个人房源、房价由其专门的定价人员根据季节、地理位置、房屋情况等因素综合确定，业主只需承担物业费，其他一切管理成本由途家承担，获得收入双方按五五分成。

2. 多元化盈利模式

多元化盈利模式主要是指以"广告+交易佣金+增值服务"的多元化创收营利方式进行平台运营，其中营收的87%来自广告收入，同时向房东收取交易佣金、向房产物业或房东提供付费信息展示服务，以及根据游客咨询次数和在线预订数量收费；与第三方合作，收取旅游保险、房屋损坏保护等增值服务费，这是其正在开发的新收费项目。典型代表企业是美国HomeAway，而Airbnb则向房东收取成交金额的3%，向房客收取8%左右的服务费。

第二节　民宿新媒体营销

2009年，新浪微博的上线拉开了新媒体时代的帷幕，之后2012年微信正式开通公众号，标志着新媒体开始向移动端发展，而2015年抖音和快手的上

线则补充和丰富了新媒体的内容形式。品牌热衷于新媒体营销的原因：一是受新冠疫情的影响。新冠疫情的蔓延传播可以看作是新媒体营销趋势的加速剂。2020年4月，中国移动互联网人均使用时长同比增长12.9%，从2019年4月的128.2小时增加到2020年4月的144.8小时。人们在新冠疫情期间花费更多时间在网络上，而品牌方此时也顺应消费者习惯，选择在新媒体平台上投放更多的广告，大大增加了整个新媒体营销市场的繁荣，刺激了还未加入的品牌方开始涉足其中。二是信息时代的内容红利。当新媒体平台搭建成型后，平台一边制造内容，一边消费内容。当海量有趣有料的信息被制造并传播开来，吸引更多人参与其中，内容生态不断被完善和丰富，这是内容红利。2021年最新公开数据统计，中国移动互联网使用人数已达13亿。随着蛋糕的不断增大，自然也吸引品牌方加入其中。新媒体平台本质上是信息制造与传播的平台，而在品牌方眼里则是宣传自家产品的又一新渠道。三是新媒体平台是一片蓝海。新媒体平台作为新事物，自然也更受新消费品牌青睐。相较于传统品牌已经占领的纸媒、电视等传统广告渠道，新媒体平台俨然一番还未开发的新市场，可以避开和传统品牌的竞争，提升新消费品牌方的参与热情。

一、新媒体营销及其特点

新媒体是利用数字技术，通过电脑、手机、电视等终端，向用户提供信息和服务的传播形态。传统媒体则是指报纸、杂志、广播、电视等。新媒体与传统媒体相比，具有信息传输的实时性、互动性、便捷及容量大等特点，不仅提高了信息的传播效率，也进一步优化了传播效果，使品牌拥有更有效的营销推广方式。例如，民宿在开店前，可通过有奖征集方式，吸引群众集思广益为民宿取名，增加消费者的参与感，从而起到未开业先打出名气的效果；开店初期，可以上线美团、榛果民宿、携程旅行等新媒体平台，发放优惠券、做折扣等活动，吸引消费者。民宿在拥有一定客流量后，还可以通过更多更具创新的方式拓展消费者群体，进而使品牌能够深入人心。因此，新媒体的出现成为众多企业、公司进行品牌营销推广的重要途径。相较于传统广告营销，新媒体营销有其独特优势。

（一）新媒体距离消费者更近

移动互联网时代到来后，各类App在便利消费者生活的同时，消费者也越来越离不开智能手机。从短视频数据来看，截至2020年12月，短视频用户体量已达8.73亿，在网民中的渗透率接近90%。相比而言，传统信息传播工具日渐式微，电视、纸媒在大众的占比越来越低。

（二）新媒体投放转化链条清晰

分众传媒是电梯广告这一细分领域的龙头，但其问题之一就是品牌方在进行电梯投放后，投放效果转化率是未知数，有多少消费者是看了电梯广告后才选择消费。而互联网技术在投放广告后，同时开通了购买渠道链接，大大增强了转化链路，投放效果和转化率更清晰。

（三）新媒体传播是加杠杆的传播方式

相较传统广告，需要与乙方广告公司进行协作，新媒体营销平台是以数字化的方式进行内容传播，更容易管理，品牌方自己就可以搭建一套新媒体运营部门，操作半径更小、更高效，传播范围则更广、更全面。

二、民宿新媒体营销的渠道

近年来，微信、微博、抖音、小红书等新媒体平台不断发展并走向成熟，成为民宿进行营销推广与维系客户的重要途径。

（一）微信公众号

微信营销主要借助微信平台，利用微信的大量用户数据来形成对其产品和服务的营销活动。本质上说，微信营销是一种与时俱进的营销策略，而且微信营销由于其使用人数相对较多，传播范围相对较广，已经成为诸多企业针对其产品服务的主要营销方式。目前，微信营销主要有朋友圈营销方式、公众号营销方式、视频号营销方式、漂流瓶营销方式等多种形式，这都可以成为目前民宿微信营销的主要平台。当前，很多民宿开通了微信公众号，通过它来进行民宿品牌宣传与推广。其具体策略主要有：

1. 持续输出内容

保持微信公众号的持续更新，这可以让客人在关注公众号后持续接收民宿主想传达给客户的信息，一直持续更新公众号，让客人一直保持关注。如果公众号很久才更新，客人从公众号这里获取不到民宿的新信息，很难让客人继续关注，反而达不到想要的营销效果。

2. 内容有价值

公众号更新的内容需要有趣、有价值，能让客人产生想要收藏分享的心理，从而传播给更多人。内容可以展示民宿的优点，也可以发布民宿附近的旅游景点信息。

3. 方便快捷的体验

民宿除了需要微信公众号传递信息，也可以依靠微信公众号或者微信小

程序提供给客人更方便快捷的体验,例如,通过微信下单、订房、入住等良好的客户体验,从而带来更高的商业价值。

【案例6-1】

民宿品牌故事创作途径

民宿品牌价值分为两个部分:民宿品牌信任价值和民宿品牌情感价值。它们都能影响客人的消费决策,但是作用方式完全不同。民宿品牌可以带来"品牌溢价",而品牌则是客人对民宿信任的容器,"品牌溢价"中的一部分就是民宿信任价值。互联网上游客评论将消弭民宿市场中的信息不对称,客人的信任可以从口碑中产生,对民宿的依赖减少了,民宿品牌价值(信任价值)就被稀释了。民宿的信任价值虽然不断被稀释,但是情感价值,将会日益重要。讲好一个民宿故事,激发客人强烈的情感,再把这般情感引向民宿品牌和产品,是提升民宿品牌情感价值的重要途径。民宿品牌故事创作主要有讲述历史故事、产品故事和情感故事三种方式。

第一种,讲述民宿历史故事

◆ 民宿创业初衷

通常是讲述民宿创始人的初心,较为常见的有青年返乡创业故事、乡村田园生活向往、乡建故事、留住乡愁等题材,有时也会结合地方人文、村庄历史或大事记、创业者与本地人之间融合进行故事创作。这些题材较能迎合当前国家乡村振兴的方针政策,也是民宿品牌故事讲述中较为常见的题材类型。

◆ 民宿建造过程记录

有些民宿主人在民宿建造前就已经形成清晰的民宿品牌定位,因此会在民宿建造过程中拍摄一些素材并在自媒体平台进行宣传推广。这种做法的优势在于民宿建造过程中已经积累大量粉丝群体,从而为后续的开业运营奠定良好的客源基础。

第二种,讲述民宿产品故事

◆ 民宿经营日常

民宿公众号最常见的是会被民宿主用来发送一些跟民宿相关的消息,例如,房源预定、风格转改、员工招聘等,当然作为通知的途径,这也不失一种快速有效的扩散方式。关于民宿公众号的文案,还有一类比较受欢迎的就是民宿经营日常的一些琐事,可以是遇见的一些暖心小事,也可以是絮絮叨叨的小吐槽。民宿区别于酒店的最大不同,就是它有足够的人气儿,也可以说是跟随民宿主个人意志的体现,民宿的灵魂就是整个的主人文化,所以在公众号中时不时分享一些经营中遇见的喜怒哀乐,完全可以达到引起共鸣的目的,也可以表明一些民宿针对某些事情的态度,让房客通过文字更加详细地了解民宿主的理念以及民宿的主人文化,达成更好的宣传效果。

◆ 民宿 roomtour

通过视频展示民宿全貌,游览民宿整体或某个房间。这类视频通常在各类新媒体平台中比较常见,这种拍摄手法可以增强游客的现场体验感和民宿住宿环境的真实性,提升民宿私域流量的转化率,在民宿新媒体运营方面通常会收到意想不到的效果。

第三种,讲述民宿情感故事

"每一个旅途中人,都有自己精彩纷呈的人生"。每一位来入住的房客,或多或少都有着自己的故事,而一切灵感的来源,也是大家不同人生的碰撞。房东可以主动和房客沟通,了解他们的旅行故事,或者一些生活中的感悟,可以给民宿增设一些类似夜谈会之类的活动,房东和房客围坐在一起交谈,趣味性一定很足。大家可以互相聊天沟通,谈论一些感兴趣的话题,房东可以在这些交谈的只言片语中获取灵感,完成房客故事的文案;也可以搞一个房客文案的征集,让房客自己写出故事,可以是和民宿、旅行有关的,入选的文章可以在公众号上发表,并给予参与以及入选房客不同的报酬,也可以是房券或伴手礼。

点评: 目前,越来越多的民宿品牌开始涉足短视频领域,通过创建自媒体平台来获取网络流量,民宿与乡村之间故事也为民宿宣传推广提供最佳素材。文案的来源可以是生活中的方方面面,房客爱看的内容也是各不相同的,作为民宿,用心编撰,带有感情色彩的文案一定是最让房客满意的。

(二) 抖音

抖音短视频 App 是一款活跃于当代年轻人的音乐创意短视频社交软件,可以自行选择音乐界面,添加美颜、慢镜头等特效,创作属于自己 15 秒的音乐短视频。2016 年 9 月上线,依靠创意有趣的内容及对用户的深刻理解,在 2017 年年底,超越快手、秒拍,成为短视频行业中的一匹黑马。目前,抖音已成为日活跃用户突破 2.5 亿,月活跃用户突破 5 亿的国内最火爆的短视频平台之一。

抖音短视频的营销推广主要参照以下五个指标:

1. 完播率

15 秒以内的视频需要完整播放,这是视频的一条合格线,完播率高,抖

音官方会进行下一个流量池的推送。视频一定要控制在 7~15 秒，增加视频的完播率。视频很长，内容啰嗦，会导致完播率差。对一些网红民宿或自带粉丝流量的民宿品牌，发一些与品牌故事、乡土情怀、人生感悟或生态环境相关的短视频，有利于巩固粉丝群体对品牌的忠诚度。

2. 点赞率

如果说完播率是合格线，那么点赞率则是民宿品牌在平台上能否得到推荐的重要衡量标准，点赞率越高的民宿品牌，得到的推荐也就越多。点赞率的提升方法有很多种，比如，在视频当中植入非遗文化、乡土故事、扶贫故事等。只要视频内容与用户之间产生共鸣，会吸引一定量用户为视频点赞。

3. 评论率

视频评论的人越多，证明视频的内容越好。评论率主要取决于视频互动效果，通常需要在视频中植入热点互动话题，引发用户对视频内容的讨论和观点输出。

4. 转发率

转发的人越多，传播的范围就越广，叠加推送的概率自然也会增加。转发率是五项指标中最难达到的一项指标，如果想让用户转发民宿平台的视频，前提是视频具备有价值内容生产并激发用户转发。例如，很多民宿品牌会将民宿的自然景观与人的生活体验感悟进行联系，以吸引更多的城市人群回归乡村生活，从而触发更多的转发量。

5. 关注量

关注作品的人越多，说明你的内容对用户产生的价值越大。只有视频内容足够优质并且精准对接相应人群，才能得到广泛关注。民宿品牌要得到广泛关注，前提是要将自身品牌定位人群与抖音用户画像人群间进行匹配，并以目标市场的主要需求为目标进行内容生产。

（三）小红书

和其他电商平台不同，小红书是从社区起家。最初，用户通过小红书在社区里分享海外购物经验，随后出现了关于运动、旅游、家居、旅行、酒店、餐馆的信息分享，内容涵盖了消费经验和生活方式的各方面。2016 年年初，小红书将人工运营内容改成了机器分发的形式。通过大数据和人工智能，将社区中的内容精准匹配给感兴趣的用户，从而提升用户体验。作为一个生活方式社区，它最大的独特性在于，大部分互联网社区更多是依靠线上的虚拟身份，而小红书用户发布的内容都是来自真实生活。一个分享用户必须具备丰富的生活和消费经验，才能在小红书分享，继而吸引粉丝关注，因此，小红书被称为"三次元社区"。这是因为用户在小红书不管是看了美食，还是旅行目的地，必须回到现实生活中去消费，才能完成这个体验。小红书用户通过"线上分享"消费体验，引发"社区互动"，推动其他用户到"线下消费"，这些用户反过来又会进行更多的"线上分享"，最终形成一个正循环。小红书对"生活方式"的关注与民宿背景所倡导的价值理念不谋而合，因此使得小红书也成为民宿品牌传播的重要宣传渠道。

小红书的笔记种草能力强，主要是依靠明星推荐、KOL 推广、KOC 种草的方式加大品牌的曝光率。

1. 明星推荐

依靠明星的引流能力，打造品牌的知名度，且宣传形式多以个人化的推荐为主，商业性质较少，进而增加用户对商品的信任度，从而转化为直接购买力。

2. KOL 推广

KOL 就是意见领袖，是指在某个领域发表观点并且有一定影响力的人。而小红书中建立的正是一个以 UGC 为主的内容分享社区，其中 KOL 拥有巨大的影响力，对粉丝进行品牌教育和品牌宣传的效果更加明显。

3. KOC 种草

KOC 即关键意见消费者。一般指能影响自己的朋友、粉丝，产生消费行为的消费者。相比 KOL，KOC 的粉丝更少，影响力更小，优势更垂直、更便宜，更贴近消费者。铺量的 KOC 推广，也能够影响用户的消费决策。其次，通过发现页中信息流广告投放和搜索关键词优化排名进行内容推广。发现页中信息流广告以算法推荐形式进行内容分发，帮助品牌更好地加大优质笔记曝光率，触达更多用户。搜索广告，可以通过品牌词、品类词、行业词等关键词精准触达意向客户，形成预期转化。最后，注册小红书店铺，用户不仅可以直接在小红书品牌商城购买商品，同时也可以在笔记中插入购买链接。

三、民宿新媒体营销策略

（一）口碑营销

口碑营销，又称病毒式营销，在当今信息泛滥的背景下，消费者对广告具有较强的免疫力，而口碑营销似乎成为具有广泛传播性的一种营销策略。口碑传播的营销成本比 OTA 经济实惠。对一些中端民宿品牌而言，主要获客渠道来源：朋友或老客户介绍和 OTA 平台。通常 OTA 平台还要向民宿业主收取一定的佣金，且有些平台要到月底与业主统一结账。在此背景下，越来越多的民宿业主开始注重民宿的口碑效应。一般来说，口碑传播渠道主要包

括住客和自媒体平台两类。

1. 住客的口碑营销

（1）获取客人好评

获取客人好评的方法主要有间接暗示法、直接提示法和客人主动好评等。间接暗示法主要是通过间接暗示的方式主动提醒客人撰写好评，例如，在房间里留下"请不要吝啬您的赞美"的小纸条。直接提示法则是在客人入住或离店时，主动提示客人，如果写好评，会享受会员价或者赠送伴手礼等优惠。而客人主动撰写好评则是口碑营销中的最高境界，需要民宿在某些硬件设施或服务环节做到超过客人的预期。

（2）维系稳定的客户关系

传统酒店领域通常会推出一些常旅客计划，而民宿客人的重游率相对会低，但是客人通常会将民宿推荐给身边好友，因此维系良好的客户关系对拓展民宿客源产生较大促进作用。要想维系良好的客户关系，需要做到：①与客人建立微信群。在微信群定期推出一些折扣活动，分享民宿产品的最新动态，固定时间活跃微信群。②定期与客人联系。有时候民宿主人会在客人住店期间建立一定的联系关系，在客人离开民宿之后定期保持联系，与客人之间互动一些工作之外的交流内容，例如，兴趣爱好、旅行分享等。③在公开社交场合进行积极互动。在客人的微博和朋友圈点赞或进行评论，既可以提升存在感，唤起客人维系记忆点，同时显示出一定的诚意。

（3）给予推荐者利益

通过一定的利益激励机制，激发客人进行口碑传播，如房价优惠、发放电子优惠券、赠送住店礼物等。客人的推荐对新客户是否购买民宿产品的决策，会起到重要的促进作用。推荐行为是信息筛选后的信息输出，相比网络留言评论，身边朋友入住体验后的评价更具可信度，也更具有参考价值。因此，在民宿实际经营过程中要注重客人的入住体验，并在较高客户满意度的基础上采取口碑营销策略。

2. 自媒体平台的口碑营销

自媒体平台能否实现口碑营销，主要取决于其传播的内容。因此，民宿需要在自媒体平台持续输出有价值的和原创性的内容，包括文案、图片、视频、产品等内容。从创作内容来看，主要包括有形卖点和无形卖点两大类。

（1）有形卖点

有形卖点主要是指民宿通过一些创意性的设计吸引客人拍照，并发送朋友圈，从而吸引更多的人关注，这些有形卖点通常可以形成民宿的打卡攻略，如有的民宿将浴盆置入客厅供客人拍照、无边泳池与自然景观的结合、院内泳池中的火烈鸟或大黄鸭、院落秋千等，都会成为民宿客人竞相打卡的拍照点。这种有意设计可以无形中扩大民宿在住宿客人的朋友圈中的影响力，从而形成口碑效应，以吸引更多的人前来打卡或住宿。

（2）无形卖点

相比有形卖点，无形卖点更像是一种氛围营造，即通过有形媒介传达一种高于现实生活的理念，例如，形成一种城里人能够短暂停留并产生向往的生活方式、复兴传统文化价值理念等，这些无形卖点可以通过民宿主人的形象、所在村落的风土人情、民宿内的课程体验活动等来实现。

（二）KOL营销

民宿的不断出现真实反映了现代人对都市生活的焦虑，以及对慢节奏的田园生活的向往。民宿经营者们以此为卖点，打造具有个性化风格的住宿特点，五花八门的主题风格，新颖前卫的设计理念，充满人性化的周到服务，这些特点充分契合年轻人追求个性，追赶潮流的特质。民宿之所以能够在激烈的竞争市场中脱颖而出，主要原因在其新媒体营销领域的突破，而KOL营销的大力推广，也是其异军突起的关键原因之一。

KOL意指关键意见领袖，来自营销学上的概念，通常是指拥有更多、更准确的产品信息，且为相关群体所接受或信任，并对该群体的购买行为有较大影响力的人。与"意见领袖"不同的是，关键意见领袖通常是某行业或领域内的权威人士，在信息传播中，即使不依赖其自身活跃度，也容易被承认和识别出来。在信息和产品泛滥的今天，越来越多的消费者开始不再被报纸或电视类的传统广告所信服，而关键意见领袖则可以通过输出有价值和内容的观点帮助消费者更好地了解产品信息，因此，拥有着更强的可信度。

1. KOL类型

（1）综艺明星

近年来，以芒果TV、爱奇艺、腾讯视频、央视等为代表的网络综艺平台涌现一系列以倡导慢生活为主题的综艺节目，代表性的有《向往的生活》《亲爱的客栈》《你好生活》《三个院子》《五十里桃花坞》《云上的小店》等。此类以走出城市、体验农村为主题，崇尚慢节奏生活方式的综艺深受好评，而通过寄宿当地民宿来感受人文情怀，体验农村生活也成为城市人逃避快节奏都市生活的重要途径。

（2）企业领袖

自民宿成为一种新兴住宿业态，涌现一批有理想、有见识的民宿品牌创始人。这些民宿品牌创始人以民宿为载体，将乡村美学、乡村景观、建筑设计、文化理念传达给更多的消费者，使得创始人本人成为民宿品牌的重要组

成元素。目前，民宿行业领域内的意见领袖多为在实践领域中的企业领袖，这些企业领袖既具备旅游行业知识背景，又兼备丰富的民宿实战经验，既能洞悉国家乡村振兴战略的趋势走向，又深谙乡土社会的人情世故，在成功将民宿品牌推向市场后成为各类民宿品牌竞相学习的对象。一方面，这些企业领袖可以通过各类行业内的线上或线下会议对民宿品牌进行推广，另一方面，也可通过有价值的内容或观点输出以巩固民宿品牌在行业中的形象和地位。

（3）民宿达人

抖音和小红书是民宿达人发布民宿资讯的主要网络平台。目前，这些平台比较有代表性的民宿达人有 KELLY 睡民宿、民宿大叔、见公子民宿试睡员等，除此以外，与民宿相关的综艺节目也在抖音和小红书创立官方微博号。民宿达人所发布的民宿资讯多以短视频为主，以挖掘民宿当地的区域环境、建筑风格、人文风情、历史文化、设计理念等为主要内容，这些民宿通常不局限于某一地区或品牌，以特色为主要挖掘点，吸引大批粉丝关注。

2. KOL 营销要点

（1）预防虚假 KOL 数据

随着新媒体技术的普及，大部分平台在衡量 KOL 影响力时主要依托外在数据，如点赞、收藏、评论或阅读量，此类指标会产生流量假象。如今衡量 KOL 品牌效应的方式逐步扩展，数据分析模式从表现数据转向深度数据挖掘，如转发层级、品牌提及、跳转点击、粉丝在互动中的情感倾向等，在运用 KOL 营销策略时，要规避假象流量数据的判断方式，以预防被虚假 KOL 数据所迷惑。

（2）选择适宜的 KOL 类型

随着新媒体营销方式越来越被品牌或业主所青睐，该领域出现专门整合和审理 KOL 创作内容的团队，并帮助 KOL 完成内容的推广和变现，如 MCN（Multi-Channel Network），一种多频道网络的产品形态，也是一种新的网红经济运作模式。这种模式将不同类型的专业生产内容联合起来，在资本的有力支持下，保障内容的持续输出，从而最终实现商业的稳定变现。未来，在新媒体领域内 MCN 的价值不容忽视。一方面，KOL 将商业化流程交给 MCN，以便专注于内容的制作；另一方面，MCN 能够通过数据分析从专业的角度寻找适合品牌发展模式的 KOL。民宿行业需要找准自身的定位，是选择品牌推广类，还是选择市场营销类。作为旅游类分支下的新兴产业，应把品牌的推广放在首位，特别是对于潜在用户的吸纳，以及维持粉丝用户的黏性，通过提升品牌的内容和影响力吸收稳定的粉丝群体，发展具有投资潜力的回头客，而不是一些非主力用户。

（3）专注内容创新

旅游 KOL 需要不断创新内容，才能巩固粉丝群体。目前，民宿达人的视频内容通常比较固定，风格相对统一，容易形成内容的套路化，长此以往，容易让人产生审美疲劳。因此，需要不断对生产内容进行更新，不仅是对民宿风格的展现，还融入建筑设计美学或当地人文风情，通过吸引其他领域的 KOL 进行民宿品牌的内容生产，有利于民宿品牌内涵的深化，从而巩固现有粉丝群体。

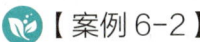【案例6-2】

网红与 KOL 的差异

众所周知，网红就是网络红人，网红往往意味着本人所受到的关注度较高。因此，网红通常拥有数量庞大的粉丝，如 papi 酱、小刚几等。正因为网红们都拥有很多的粉丝，因此他们在自媒体平台上一旦发了某些东西，就会受到很多人的关注。而 KOL 则是指在人际传播网络中经常为他人提供信息，同时对他人施加影响的"活跃分子"，他们在大众传播效果的形成过程中起着重要的中介或过滤的作用。同样都拥有大量粉丝，在社交平台上有一定话语权和号召力，而他们的区别主要体现在以下三个方面：

1. 受关注原因不同

网红往往是在现实或者网络生活中因为某个事件或者某个行为而被网民关注，从而走红；KOL 则是依靠自身能力和知识来吸引网民的关注。

2. 社会地位不同

当今社会，谈及"网红"，往往是被贬的，由于某些网红带动了一些不良思想在青少年中的流行，网红们经常会受到一些不太好的评价。KOL 则是不同行业里具备一定知识专业能力的专业人才，他们往往会受到人们的尊敬，社会地位普遍较高。因此，网红的社会地位较低，意见领袖的社会地位较高。

3. 发表内容质量不同

KOL 发表博文往往是与自身领域相关的，专业性较强的内容，而网红则以博取大众眼球为主，内容质量缺乏准确性和观点性。

点评：网红和 KOL 还是有一定的区别的，KOL 往往带来积极向上且有价值的内容或信息，但网红的不确定性因素有很多。因此，在民宿领域采用 KOL 进行营销时，一定要慎重选用关键人物。

（三）场景营销

场景营销是指转换产品的使用情景，让产品在新情景中产生新作用。场景营销是消费升级背景下的新营销抓手之一，可以帮民宿企业将民宿卖得更好更快，利润更高，还能给用户个性化体验。但现实中，很多民宿业主把场景营销理解得过于简单，缺乏系统的场景思考方法，在场景制造中往往"有场景，无定位，无体验"，使得营销过程费时费力，消耗大量资金，却没有获得收益。场景营销不是简单的场景复制或场景还原，而是通过科学严谨的推演，在实事求是的基础上开发完成的。场景制造是在场景思考下展开的定位体系、体验体系和场景体系三者的完美结合。

视频：民宿场景营销

1. 民宿场景营销原则

①获得民宿业主授权。所有场景营销内容要得到民宿主的许可或者授权，否则会引来法律纠纷。

②避免夸大或歪曲事实。在借助场景营销提升民宿品牌知名度时，商家的一系列营销操作一定要经得起现实检验，避免因过多图像渲染而带来的实际入住满意度降低的情况。

③遵守伦理道德。一定要在伦理道德之内进行策划与包装，而不是无厘头、无节操地炒作。

④延续性。民宿品牌进行场景营销时时候，一定要坚持延续性原则。不断地推出与产品或品牌有关的事件，让公众能快速参与到产品或者品牌建设的推广中去。

2. 场景营销环节

（1）场景引流

因为科技的进步，给人们节省了大量的时间，人们就把这些节省下来的时间用于享受，例如打游戏、追剧或休息。场景就是以享受的名义来邀请人们参与，目的是培养人们对产品及品牌的好感，以奠定畅销和长销的基础。场景是特定时空下的控制用户时间的有效道具。场景引流就是采用一切必要手段，调动用户的参与感、仪式感与荣耀感。没有参与感，仪式感和荣耀感无从谈起。要调动用户的参与感，需要通过场景道具、参与低门槛、意外收获等环节形成参与感闭环，其中特殊陈列造型、产品上的社交文案、货架上的营销参与活动二维码、公园和小区的场景搭建，小红书和抖音上的种草视频，都可以成为场景道具。不仅要让用户积极参与，而且场景的内容还要新奇、有趣，参与的门槛要低且参与后还有意外收获。例如，现在很多民宿都通过泡泡屋、无边泳池、云雾景象等吸引客人，客人还可以免费参观、自由拍照，参与门槛较低，客人在入住期间还获得意外惊喜。

（2）体验锁客

场景营造的目的是体验，场景中有论点和论据，甚至是一系列的论据链和情绪链。要让顾客体验得出的结论就是设计者想表达的。想要实现体验锁客，一是要让顾客觉得"所言不虚，一起见证"。例如，小红书大V民宿大叔的视频就是帮助用户了解民宿产品特色，通过线上和线下两个场景来增加消费的体验感。首先，在小红书、抖音平台上让专业人士通过测试视频，明确无误地告知用户体验效果；其次，通过实时体验过程拍摄让用户真实体验民宿内部场景，从而弥补场景营销的不足。对于理性的顾客而言，仅仅通过短视频并不能实现现场参与的场景体验效果。因此，现场场景体验+体验视频发布就成为很好的组合。而大量民宿短视频和宣传海报通常要有人物的现场参与，而不仅仅是单一的场景呈现。

（3）有效转化

当民宿品牌通过一系列场景营造吸引大批量的客流时，这些客流会产生现场体验的意愿，体验最终目的是促进网络流量的有效转化。流量的有效转化需要两个链，一个是证据链，证明你的价值主张，促进消费决策；一个是情绪链，有效调动用户的情绪，提升消费满足感。证据链和情绪链可能由若干场景构成，形成场景流，场景流的作用是在相关场景空间内用沉浸式体验，引导用户完成品牌培育和产品消费闭环。

3.民宿场景营销类型

（1）种草场景

要构建具有广泛传播性的种草场景，需要运用各类短视频、微信等各种社交媒体，自己或鼓动用户发布民宿品牌或种草产品的场景，例如，赏心悦目的自然景观场景、住客在体验活动中的愉悦表现、民宿所在村落的人文风情、民宿的热卖特色单品等。种草场景的最大特点是内容生产，最常用的种草工具就是小红书、两微一抖等各类短视频社交媒体。以小红书为例，各类民宿品牌

拓展知识：
民宿人营销
修炼指南

种草场景流程图主要体现在：①用户通过App信息流、App消息推送、微信分享等渠道被推荐民宿各类种草产品或内容；②产生兴趣的用户进一步点击产品标签，进入详情页深入浏览；③陆续搜索品牌关联内容，查看来自其他KOL或素人用户的口碑评价，以验证产品价值；④一系列比较与思考过后，选择中意的民宿品牌进行购买，甚至向周围的朋友种草，成为民宿品牌传播大使。

（2）体验场景

体验场景要实现体验性、故事性和关联性三者间的结合。目前，民宿领

域使用的场景体验主要有：①借助体验讲科技；②借助体验讲故事；③借助体验与用户关联，让用户自动进入角色。例如，民宿领域近年来推出的剧本杀活动，就是为了营造所谓的深度体验场景，而沉浸式体验主要是通过环境氛围营造及演职人员表演，还原故事真实场景，并激励游客通过"角色扮演"方式参与到表演中来，甚至推动剧情发展，从而让参与者得到差异化的个性体验感受，获得难忘而独特的"浸入式"体验。

（3）价值场景

价值场景的构建是通过充分展示民宿品牌或产品的特性，让客人对民宿怦然心动，以匹配客人价值理念并触发其消费决策与口碑传播。例如，一线城市青年的返乡创业故事、村落的历史或传奇人物、高校教师的驻村扶贫经历等，这些事例体现出一定时代性和特殊性，以及符合当前国家精准扶贫和乡村振兴的政策导向，从而很容易被媒体作为典型案例进行放大宣传，从而帮助民宿品牌实现更大范围的影响力。

思考与练习

一、简答题

1. 简述民宿 OTA 运营模式。
2. 简述民宿 OTA 盈利模式。
3. 简述民宿新媒体营销的渠道。

二、实训题

请依据场景营销策略，设计一个单体民宿场景营销策划方案。

专业词汇

第七章
民宿集聚区

| 本章导读 |

近年来,民宿发展在空间上呈现出集聚现象,莫干山是国内高端民宿主要集聚区、景区民宿的代表,是"洋家乐"民宿品牌的发源地。近年来,莫干山镇围绕"原生态养生、国际化休闲"主题发展旅游,庾村民国风情村、劳岭、紫岭、庙前、后坞、仙潭等一批民宿集聚区规模效应逐渐显现,许多年轻人返乡创业经营类型多样的民宿。类似莫干山的民宿集聚区如雨后春笋般发展,民宿集聚区这一现状也开始引起业界关注,政府和民宿业主也在讨论、探索民宿集聚区的可持续发展。

学习目标

1. 了解民宿集聚区行业概况、民宿集聚区发展模式、民宿集聚区业态和产品。
2. 能熟练地运用本专业知识对民宿集聚区模式进行分析。
3. 掌握民宿集聚区发展和建设的要点。
4. 培养良好的沟通品质，塑造有温度的精品民宿集聚区，培养一批高素质的民宿集聚区运营人才。

思维导图

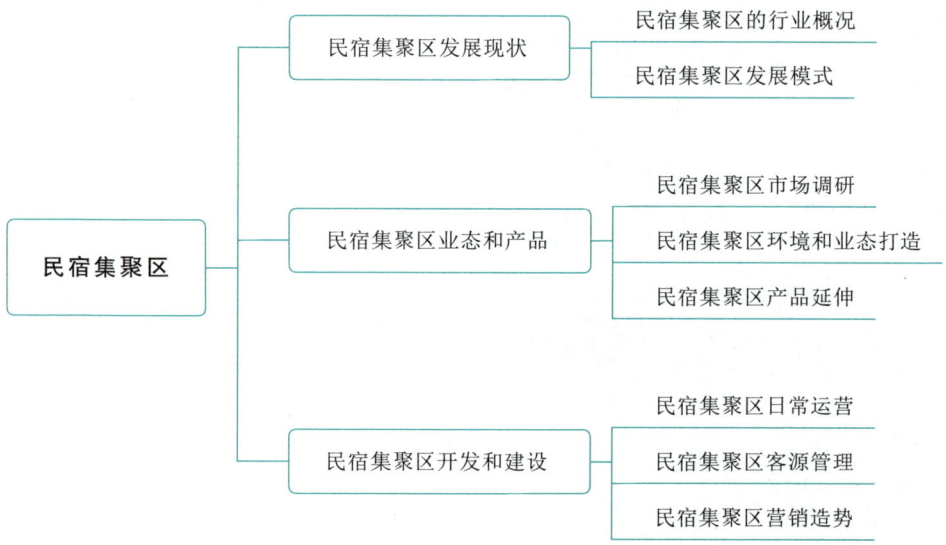

第一节　民宿集聚区发展现状

一、民宿集聚区的行业概况

2017年以大乐之野、千里走单骑、过云山居、莴舍、Kanre紫一川等5家发起民宿集群（简称"宿集"），以集群的模式发展。第一个落地的选址就在莫干山区域，该项目300亩地的空间范围内除了设置民宿，还设有游乐园、美术馆、非物质文化遗产匠人村、儿童产业园等，进行不同业态的补充和营造，而不仅仅是单纯的住宿空间集聚。

自2018年至今，浙江省先后认定了长兴县水口乡、德清莫干山、磐安县台地等12个区域为乡村旅游产业集聚区。作为乡村旅游的关键环节和形式载体，民宿是切实保障乡村旅游产业集聚区提档升级的重要抓手。宁波市人民政府于2018年出台的《关于加快民宿经济发展推动农旅文深度融合的意见》明确规定，推动民宿经济集聚化、品牌化、智慧化、规范化发展，进一步表明民宿旅游集聚区在实践中得到初步验证并取得一定成绩。然而，在民宿旅游蓬勃发展的同时，监管薄弱、环境污染、产品同质化、淡旺季明显等问题不断暴露，民宿发展开始进入整合调整期。在此阶段，系统梳理实践问题，明确发展规律，从宏观层面对民宿旅游及产业集聚区进行科学合理规划，对引导和规范行业可持续发展意义重大。

各地陆续出台相关政策，助力推动民宿集聚区的发展。《平湖市农开区打造民宿集聚区助推乡村振兴》，探索民宿旅游产业发展新模式。通过招商引资引入龙萌湾民宿群项目，以及明月山塘景区民宿个体自营两种模式，将民宿发展转为融合农村产业发展的切入点，让美丽资源变成美丽经济，成为关联农村整体发展的大平台和推进乡村振兴战略的全新载体。2021年8月，山东省文化和旅游厅发布《关于组织开展旅游民宿集聚区创建的通知》，到2022年，山东省规模化旅游民宿集聚区达到16个以上，突出旅游民宿集聚效应，引导旅游民宿连点串线成片发展。

拓展知识：山东省《旅游民宿集聚区创建导则（试行）》

随着民宿发展，产业空间集聚的趋势也逐渐显现，依托特色民宿资源形成的民宿集聚区成为最具活力的乡村旅游空间组织形态，对推动区域旅游生产空间扩张、实现区域旅游经济增长及乘数效应具有重要意义。《2016年民宿发展研究报告》指出，国内民宿发展呈现极强的地理集聚特征，在大尺度空

间范围上，形成了长三角、闽东南、珠三角、京津冀等多个跨省市的民宿旅游集聚区；在小尺度空间范围内，以旅游景区、传统古镇、古村落等为代表的特色旅游地也出现民宿集聚的态势，如莫干山、乌镇、西塘等地。浙江省的莫干山、西湖、临安、长兴、西塘、遂昌等区域均出现了比较明显的集聚现象，通过集聚的形式将新农村建设、乡村振兴与旅游结合，引进业态，以点带面开发。长三角民宿旅游集聚区包括城市景区市场主导型、城郊休闲度假市场主导型、乡村古村落政府主导型、乡村养老市场主导型和乡村休闲度假市场主导型五种典型发展模式，再次印证了长三角地区作为我国民宿发展最为活跃的地区之一，发挥着重要的标杆引领和典型行业示范作用。

（一）民宿集聚区发展历程

国内民宿已经不再局限于单体发展，而是转向抱团经营，通常采取品牌集群化战略。莫干山属于出现比较早的集聚现象，集聚区的概念和集群的概念有一定的渊源，关于"产业集群（industry cluster）""产业集聚（industry agglomeration）""区域集群（regional cluster）""产业区（industry district）""产业综合体（industry complex）"等相似概念，不同学者从不同角度进行研究，但普遍认为，产业集聚区不仅包括企业间相互合作，还包括该产业与地方经济、社会文化、价值观、政策等相互交融。民宿企业集中发展能够促进相关行业的通力合作，有利于劳动力资源共享，促进信息及技术外溢。同时，产业集聚是产业资本在空间地理范围内的聚集过程。

早在1920年，Marshall等就使用产业集聚来描述相同或相关产业在地理空间上的集聚现象。20世纪末，Porter提出旅游业具有明显的集聚效应，倡导采取集群化发展模式。随后，Jackson等通过分析旅游产业集聚的演变机制，肯定了集聚化发展对旅游业竞争力的提升作用。民宿集群化应该是民宿发展过程中存在的一种形态，形成集群可以形成原生社区或群落的体验感受。

民宿做集群是由多种因素影响决定的，其中单体民宿经营力量薄弱就是其影响之一。民宿的经营前期涵盖地域分析、市场分析、客群分析、消费分析、现金流预测、设计、建材、施工、水电、软硬装、物流等管控；中期涵盖人员、培训、SOP、网络、家具、电器、床品、耗品、食材、水电能源等管控；后期涵盖网络分销渠道、营销活动、房价、客房清洁、后勤采购、成本控制等管控，这些都是民宿能否赚钱的因素。如果是单一民宿，经营过程中还会遇到以下主要问题：

1. 人员流失大

民宿的管家是民宿服务的核心人员，管家需要具备诸多技能，比如软件操作、卫生打扫、客人接待、美学修养等，既要知晓城市的潮流，又要耐得住乡村的寂寞。另外，民宿的选址多远离城市，生活相对单调，最考验人的耐受度。很多来民宿工作的管家，都是为了体验民宿的生活，鲜有人能够愿意长期扎根在乡村。

2. 单店运营成本高

如果民宿的选址基础配套不完备，单店也需要投入基础配套成本，这对单一民宿来说，很不划算。而且民宿对布草洗涤的要求也比较高，但是一般大型的布草洗涤公司，不愿意为单店提供运送服务，这会增加布草洗涤的运输成本和时间成本。

单体民宿经营还有房间数量限制等局限，如果是多家民宿集群发展，这些问题就能迎刃而解。多家民宿可以就人力、资源、品牌、营销等方面的资源进行整合，分摊民宿落地和后期运营的成本。一旦形成集群，抱团取暖并产生规模经济效应。如果多家民宿运用自身的优势搭建共同的平台，其功能主体涵盖民宿的创业培训、金融服务、资源整合、人才培养，推广研学等内容，将促进整个片区民宿产业的良性发展和改造升级。

（二）民宿集聚区发展现状

随着乡村全域旅游的发展，城乡基础设施和公共服务均等化推进，民宿产业正从点状发展到集约发展，由个性化、分散性向集中、品质、集群式发展转变，已经形成了以莫干山、黄河宿集、杭州西湖、温州洞头、丽水松阳等为代表的一大批民宿集聚区。随着民宿的发展，外来人员进入和先进文化的导入，当地村民观念和经营意识发生改变和提升，有的还形成了分工明确，协作紧密，分别从事住宿接待、礼品包装、物流运输、餐饮服务等各类专业群体，不仅带动了当地经济社会和相关产业的快速发展，也助推了周围乡村旅游的热度。全国遍布着众多"小而美"的民宿村，尽管床位数量不多，但两三组团，同样日趋集聚，渐成气候。如湖州长兴小浦八都岕共有民宿40余家，户均年收入能达到40万元。

2018年，四川彭州启动了"龙门山民宿"集群项目，编制了民宿产业专项规划，制定了一系列激励扶持政策和措施，尤其是通过宅基地腾退解决了民宿产权问题，极大提升了民宿业和经营者的信心。彭州市政府制定了"龙门山民宿"等级规范和建设导则，对民宿建设的审批流程进行了优化。此外，市政府还为集群做了基础设施配套，由国有资源统一配套道路、水电基础设施和公共服务，有了这些政策的保障，众多民宿品牌愿意落户彭州。这些举措激活了乡村沉睡的资源，吸引了各类社会资本广泛参与。

从空间形态上看，民宿大多在一地呈集群化发展。部分民宿品牌经历了从单体民宿到一地多点，再到异地连锁或软品牌模式发展。目前，更多民宿品牌开始群落式发展，形成乡村度假综合体或田园度假综合体，客观上也形成了集群化发展。另外，民宿集聚发展解决了民宿的一些痛点，例如，几个民宿单店不能很好地把咖啡厅经营起来，餐厅也不能获得可观的回报，相应的文娱等区域公共设施或业态的供给不充分，不能形成有效的运营，但是通过民宿集聚的方式，发挥他们经营民宿的专业性，将所有的公共配套交给其他业主来做，升级和丰富了民宿集聚的旅游体验。

莫干山民宿的集聚发展，刺激了当地消费和服务型产业的需求，吸引众多与旅游相关的产业围绕民宿产业形成集群，例如，户外体验、生态产业、互联网、咖啡厅、茶室等大量关联产业形态，进而形成民宿产业集群发展。基于蓝皮书调查统计分析，2017~2019年莫干山民宿平均房价分别为679.0元/间、533.9元/间、553.7元/间，平均出租率分别为43.8%、42.3%、40.5%。虽然莫干山民宿平均房价有所波动、平均出租率下降，但仍高于全省平均水平。莫干山民宿产品优势明显，室内设计水平普遍较高，客房舒适度较高，客房收入占比较高，餐饮和其他收入占比低于全省平均水平。近年来，随着莫干山旅游基础设施的不断完善，民宿、酒店集聚，竞争激烈。政府加强引导，大批村民自营的中档民宿发展起来，形成较强竞争力，户均收入逐年提高。

（三）代表性民宿集聚区

1. 塔后村民宿集聚村

浙江省台州市天台县塔后村依托优美的田园风光和深厚的文化底蕴，打出"特色民宿村"招牌。同时，对村庄整体规划和乡村产业发展进行全方位的提升规划，并结合中草药花园及中医养生祖方物化展示，已初步形成以精品民宿集聚为特色的修禅养生度假村。每到节假日，不少游客会到赤城山周围景区游玩，独特的区位优势让塔后村成了得天独厚的旅游驿站，于是越来越多的村民开起了民宿。

截至目前，塔后村共有民宿61家，其中省级银宿1家，四星级民宿8家，三星级民宿15家，客房380间，床位800余个。全村1180人中有150人经营民宿，60人从事洗衣、打扫等民宿配套产业。2018年底，全村接待游客19万人次，营业收入1677万元，民宿户均年纯收入达30万元，村民人均纯收入3万元，村集体纯收入127万元。

塔后村民宿发展经历了四个阶段。2011年，全村实施农房改造，制定精品民宿发展规划，全面提升村庄环境；2015年，上岙里村办出了第一张民宿执照，拉开了精品民宿村发展的序幕；2017年，随着民宿越办越多，以村集体为龙头，成立旅游公司，建立经营管理、服务、安全等标准化体系；2018年，搭建民宿共享平台，为民宿经营业主、游客提供更加便捷温馨的服务，吸引了越来越多的青年回乡参与村庄的建设与经营。

塔后村民宿发展模式共有三种，分别是外来资本注入模式、品牌连锁模式以及村民自主运营模式（占90%），这三种模式在价格定位和主打特色上错位发展，相互补充，构成完整的塔后民宿集聚。花谷闲农民宿是"资金进乡村"的典型代表，民宿主人租下村民的闲置农房，办起了民宿，也带来了塔后民宿的外来活水。

天台县对乡村旅游发展的道路进行了有益探索，以全域旅游为目标，以美丽乡村建设为契机，鼓励农户对自家的老房子进行改造，一个个原本破旧的老房面貌发生翻天覆地的变化，后岸村、安科村、张思村等农家乐特色村如雨后春笋般涌现。为避免千村一面，找准塔后村的特色，走出一条民宿经济可持续发展的道路，村集体在不断进行探索。

塔后村还成立了民宿协会，引导村民结合本地资源发展特色民宿。在发展初始阶段，存在经营业态同质化、主题特色不突出、缺乏行业标准、服务水平低等问题。成立民宿协会是为了加强民宿规范化管理，提高从业人员素质，提高民宿发展品质。协会会帮助村民解决碰到的问题，如审批、装修、定价等。在村"两委"、民宿协会的努力下，塔后村的民宿不断发掘文化内涵，经营户参加培训班，学习插花、泡茶等传统手艺，让"软件服务"跟上"硬件提升"的步伐。另外，塔后村还对民宿资源进行整合，让各家的民宿特色互补、主题互补，吸引游客留下来。在布置民宿时，每家每户各有特色，有传统厨艺的人可以做"早餐文章"，专门手工制作天台特色的饺饼筒、麦饼。善于刺绣的家庭，可以打造有刺绣主题的居住环境。

塔后村被誉为"仙草生长的地方"，中药材资源丰富。近年来，以"天台大农场"建设为引领，以"康养塔后"为品牌核心，打造中药材种植＋深加工＋销售＋服务＋旅游"五位一体"的产业链，推动康养产业集群发展。村里流转土地126亩，建成中草药样本园，种植乌药、白芨、洛神花等11种中草药，带动整个塔后片区中草药种植1200亩，帮助周围6个集体村增加收入。

发展康养旅游业，关键在景，核心在人。围绕民宿产业发展需求，塔后村经常组织实用性培训课程，如中医药膳、易筋经研修、插花、摄影、舞蹈、茶艺、安全教育、家风家训、乡风文明等内容培训，不断提高从业人员的业务能力。康养产业带动村民就业，带动民宿的发展以及土特产销售等，民宿村正向"康养福地"转变。

（资料来源：天台塔后村：打造"民宿＋康养"的休闲驿站，后根据在天台县塔后村的现场调研改编而成）

图7-1 塔后村民宿标示牌

（图片来源：编者拍摄）

塔后村民宿是属于村集体运营型（村集体＋民宿＋特色），即村集体为主导，引导和鼓励村民发展民宿，形成有特色的民宿集聚区。村里成立了民宿协会，协助村集体进行民宿管理。客源以自驾游比较多，年轻人占主导。为保障民宿利益，村里统一定价，以价格区分高、中、低档；村里配套设置乡村大食堂，集中了100多种天台小吃，民宿早餐采取自助形式，解决食品卫生。村里还建了小吃、酒吧一条街，夜经济，组织研学、康养活动，吹拉弹唱等活动，以吸引民宿客人能留下来。

2. 台湾南投桃米村民宿

桃米村位于我国台湾地区南投县里镇西南侧约5公里，距离日月潭约10公里。村庄为典型的山地型村落，总面积约18万平方公里，人口约1200人，建筑依山就势排列。村庄水资源丰沛，有6条溪流穿村而过，水质甘冽，素有"埔里泉水甲台湾，桃米泉水甲埔里"美誉。这里原是以种植麻、竹笋为主的传统农耕型村落。

按照低密度开发的理念，桃米村采用特色民宿为主的旅游接待模式，在村内不建设大型酒店。在发展初期，鼓励两三家农户将自己居住的房屋腾出来供游客居住。待得到市场认可后，逐步扩大民宿接待的规模，并开辟若干露营地等接待项目。目前，桃米村民宿已有30多家，还建有露营地。同时，桃米村通过开设烹饪课程，集聚了村中热爱烹饪、精于厨艺的主妇，研制了一系列乡土料理，开创了蝴蝶餐。村子里经营的餐厅，为游客们提供了各具特色的乡村美食。这里的人们做生意，并不喜欢做一条龙的产业链，一家独大，而是你家做餐饮，我家做旅游，他家做民宿。互相介绍生意，大家一起赚钱，一起致富。

在发展民宿之前，村庄曾考察了台湾地区的民宿产业，并从少量农户的试点开始逐步推进，避免了村庄不必要的浪费。村庄也在非常审慎地推进各种体验项目的开发和产业链延伸。与此同时，村庄高度注重产业服务品质，对生态讲解员实行注册管理制，对各个社区的民宿和餐厅实行动态管理，并在网上及时公布合法商户的基本信息。

其中，三茅屋地处南投县桃米村，三茅屋民宿的一半以上休闲空间属于开敞和半开敞的休闲空间。露台、阳台、游廊、通风阁、户外卡座等，其石材、木材大多是用当地材料。凸显主题是当地的特色物产——青蛙。无论是象形石、景观小品、挂饰、摆设、伴手礼，都能看到青蛙的可爱身影。而民宿主人营造出的浓浓主宾情，更是远超普通宾馆饭店，让人分外留恋。民宿主人学建筑专业，不仅是三茅屋的设计者和主人，还是桃米休闲农业区理事长，也是民宿的"领军人物"，对社区推出的青蛙主题，能清楚说出各品种青蛙的相关数据。

二、民宿集聚区发展模式

（一）政府推动型（政府/协会/村集体+民宿）

政府推动是指即当地政府出台民宿发展政策，政府和协会一起引导村民开办民宿，一起推动民宿发展。

典型代表： 湖州市长兴县煤山镇

湖州市长兴县煤山镇，地处苏、浙、皖三省交通要冲，素有"三省通衢"的美称。近年来，煤山镇政府出台了《煤山镇支持发展"度假民宿看煤山"和百里红色古道加快推动旅游业高质量发展的实施意见》，鼓励民间资本投资民宿，助力文旅产业的发展。

自2019年首家民宿小路里开业到2020年年底，已经开业民宿26家，申报民宿56家，正在建设的19家。到2020年年底，银宿达5家。目前，煤山民宿100%为农户自己的房子，投资额在100万~150万。民宿主人一家都住民宿，房间数在10间以下，房价在500~1000元，入住率50%左右。民宿聘请设计师设计，有一定设计感。主人接待热情，有亲和力，非常具有代表性。煤山镇政府和煤山镇民宿协会通过星级评定和奖励政策进行引导，并根据民宿现状和需求推荐业内专家开展相关培训工作，在民宿发展中发挥了重要作用。

图 7-2　湖州市长兴县煤山镇的一家民宿

（图片来源：煤山镇乘屋·壹夕民宿提供）

类似区域： 桐庐的几大集聚区（芦茨、环溪、桃源、合岭等）；浙江衢州江山市

（二）景区依托发展型

景区依托发展型是指以主体景区景点的客流量为依托，整合旅游资源，挖掘特色，集聚发展民宿，同时民宿也成为景区一道风景线。

典型代表： 台州市仙居县淡竹乡

台州市仙居县淡竹乡地处国家 5A 级景区神仙居景区和仙居国家公园的核心区块，森林覆盖率达 91.3%，生态资源丰富，有"天然氧吧"之誉，是省 4A 级景区乡。乡里共有 210 多家民宿，其中白金宿 2 家、金宿 1 家、银宿 3 家，床位 4000 多个。民宿层次分布合理，其中高端占 20%，中档占 70%，低端价位约 100 元／天／间。平均每家民宿年收入 15 万元。金、银宿 90% 都是外地人租赁经营。如今，在良好生态环境和政策扶持下，大批外出谋生的村民回乡办起了民宿，实现家门口致富。

目前，乡里已成立了民宿协会，并开通专门网站提供平台支持，着力打造民宿精品乡。今年，该乡将重点建设云溪小镇、仙鹤山、悦榕庄、瓦蓝野奢等高端住宿项目。随着大量游客的涌入，当地居民一度饱受环境被破坏的痛楚。为鼓励游客自觉践行环保理念，2015 年乡里探索实施"绿色货币"制度，针对游客食、住、行、娱、游制订绿色生活清单，游客可凭清单上的低碳行为获得绿币，用于抵价或兑换物品。目前，全乡已有 80% 商家签订了"绿币"使用协议。除环境更美外，民宿"六小件"物品使用也减少 1 万多套。

类似区域： 景区景点周围的民宿集聚区

（三）农家乐提质升级型

农家乐发展比较早的地区，为了提升客人的体验度和农户的收入，将农家乐硬件、软件都进行提质升级，发展美丽乡村。

典型代表：湖州市长兴县水口乡

水口乡位于长兴县西北部，地处苏浙皖交界，历来以唐代贡品——紫笋茶、金沙泉而闻名，有"茶文化胜地""乡村游天堂"之美誉。20年前，水口乡还只是一条穷山沟村，村民主要依靠砍毛竹、挖竹笋谋生。随着一家上海康复疗养院的落户，山岕里渐渐有了人气，热情勤劳的水口人也看到了商机，纷纷装修自家房子开办农家乐。农家乐产业快速兴起，带动水口乡村旅游业发展壮大。

长兴县是浙江乡村民宿转型升级发展先行区、示范区，水口乡是首个省级乡村旅游产业集聚区，是农家乐提质转型的典型代表。作为长三角地区乡村旅游的热点，长兴县紧紧围绕长三角休闲旅游目的地目标，大力发展乡村旅游，大抓农家乐的提档升级，提供"家门口接送"一站式服务，形成了农家乐转型升级的水口乡、十里银杏长廊特色的小浦乡两个民宿集聚区。

目前，水口乡为典型的农家乐集聚区提档升级，成民宿集聚区，客人主要来自上海、苏州，以中老年人群为主。水口乡对违法建筑、民宿庭院立面、景观节点等实施综合环境整治，为民宿发展创造良好环境，同时在水口乡民宿发展过程中，水口乡民宿协会起到重要引领作用，直接负责民宿经营户的管理、培训，引导民宿主通过农特产品销售、伴手礼销售或直接参与就业的模式。其中，尧韵山庄改造升级后入住率在90%以上，9~12月几乎满房。

截至2020年，水口民宿农家乐总共600家，其中银宿5家、金宿1家，95%都是当地村民开办。民宿发展呈现两极分化，中高端民宿、精品农家乐生意特别好，普通、低端的农家乐客源明显减少。民宿可以动员整个家庭加入这个产业，这也是他们在新冠疫情期间抗风险能力强的重要原因。2020年，水口乡农家乐（民宿）共接待游客400万人次，实现旅游总收入11亿元，户均营收50万元。

类似区域：磐安的乌石村；余杭的鸬鸟镇；甘肃鸣沙山

（四）资本主导租赁经营型

海岛民宿发展呈现出多元化和集聚化两大特性，资本进入海岛后，更有条件把民居打造成民宿群。

典型代表1：嵊泗花鸟岛

花鸟岛位于嵊泗列岛的最北面，被称为"浙东的圣托里尼"。

视频：海岛民宿

花鸟岛上民宿 70 多家，基本为租赁经营，且多数被一家公司掌控多个民宿，然后招商引资。岛上的自营民宿较少，部分自营民宿业主会在旅游旺季经营民宿，在淡季时会将精力放在从事其他经营活动或农事活动上，并不以经营海岛民宿作为主要收入来源。海岛民宿淡旺季价格浮动较大，淡季时多数民宿选择停业。海岛民宿也是高端的经营得比较好。

典型代表 2：温州洞头区白迭艺术村

温州洞头区白迭艺术村是洞头北岙最西面的小渔村，这里三面环山，一面临海，被称为"洞头小西藏"。艺术村聚集了一群美术、摄影、设计等方面的专业人才。白迭艺术村有多个合作伙伴成立了温州白迭汐语文化产业有限公司，整村运营民宿，租赁了 15 栋各种风格石头房，产权归属不同，但是统一运营管理。2015 年开始选址，目前对外经营 10 多栋，有一房、两房、三房和七房石屋可包栋，包栋价位千元至万元不等，旺季平均房价和淡季平均房价差别比较大。

典型代表 3：台州温岭市石塘镇

台州温岭市石塘镇是典型的渔业转型区域，自然形成宿集，多为社会资本经营，通过民居石屋改建而成。石塘民宿体量大，内容丰富，属于民宿产业主导的旅游目的地发展，成为发展村经济的重要方式与抓手。民宿集聚在金沙滩、老街一带，证照齐全的民宿 50 来家，其中白金宿和金宿各 1 家，银宿 4 家，旺季平均房价淡季平均房价的近 2 倍。民宿兴起促进了石屋保护。

类似区域：桐庐青龙坞

图 7-3　青龙坞民宿集聚区

（五）专业托管型

专业托管型只涉及运营层面的合作，不涉及产权的交叉和持有，多为与村委会共同组建运营公司。

典型代表 1：象山县茅洋乡集聚区

象山县茅洋乡，地处象山中南部，三面环山，一面通海。茅洋乡成立蟹钳港旅游服务公司并聘请专业团队开展运营，将乡村旅游和民宿集聚村运营有机结合，充分利用农村宅基地改革，坚持常规民宿标准化、中端民宿多元化、精品民宿特色化的发展方向。具体来说，在经营过程中，首先创新"国资＋民营＋能人"组织形式，招引职业经理人和专业公司运作团队，引导种植大户、农业合作社和民宿联动发展，推进民宿从"散、小、乱"向层次化、精品化、规模化方向蜕变；其次，为民宿产业做好配套，依托观光休闲类旅游项目，经营精品民宿集聚区；最后，为民宿运营提供引流，坚持品牌导向，创新营销宣传，通过民宿＋景点等个性化旅游产品定制，带动民宿非周末市场。

典型代表 2：绍兴上虞

绍兴上虞组建"山居岭南"民宿品牌联盟，引进一家品牌民宿运营管理主体，通过股份合作将村集体、村民、民宿主和新型经营主体利益连接成利益共同体，在民宿的顶层设计、管理服务、人才培养、培训提升、营销推广上形成紧密合作，并以"统一平台、统一包装、统一宣传、统一派单"的四统一模式，积极打造"山居岭南"民宿品牌。

典型代表 3：温州洞头

温州洞头岩海民宿，以企业主导经营，提供 20% 的股权由当地村民进行参股，村民则通过房屋租金、股权认购、土地流转等方式入股，参与民宿盈利分红，从而达到增收。企业统一管理、营销，提供技能培训、卫生管理、客房调度等服务，真正意义上实现"民企共促"。

类似区域：衢州市江山市廿八都镇兴墩村

（六）公益组织＋村集体＋村民型

黄湖镇团委、青山村委、青山同心荟联合发起了"自然好邻居"的运作模式。经营者加入"自然好邻居"计划，那么就要承诺在经营期间不使用纸杯、塑料袋等一次性用品，并坚持按政府发布的规则进行垃圾分类等。青山村委、青山同心荟将不定期对"好邻居"们进行评估，收集访客的反馈意见，从而建立绿色积分档案。评级高的村民会得到奖励，也会给予更多的客源导流。而参与这个计划的村民，每年会从收入中抽出利润的 10%~20% 投入到善水基金中，专门用于龙坞水库水源的保护。

青山村是典型的公益组织介入的模式，新老村民参与建设的创新组织，在青山同心荟组织里，村民可以和当地政府以及企业进行民主协商，共同参与村子的建设。项目组还将当地村民土地的经营权流转过来，进行集中管理。将土地流转过来后，包括农药、化肥、除草剂在内的各种化学药品被停止使用，保护组对之前破坏的地表植被进行了修复。同时，这一带出产的生态农产品和传统手工艺品，统一打上"青山市集"的标识，成为受城市居民喜爱的产品，构建自我造血能力，实现环境效益和经济效益的双轮驱动发展。

【案例7-1】

梁家墩民宿集聚区

梁家墩位于浙江省海宁市丁桥镇新仓村，是集旅游接待、住宿、餐饮、农事体验于一体的乡村休闲生态旅游区，国家3A级旅游景区，省级"美丽乡村"建设试点，省3A级景区村庄，浙江省休闲旅游示范村，浙江省红船干部学院新时代乡村振兴现场教学点。

总面积480亩，共有3个村民小组105户人家。自2013年新仓村创建美丽乡村，其中，二期西区块主要布置娱乐、休闲业态，以融餐饮、娱乐、休闲、住宿于一身的派对民宿为核心，辅以洽谈中的互联网体验中心、文化展馆等业态。

图7-4　美丽乡村梁家墩

目前，梁家墩区域共有经营类业态40多家，其中80%为村民自主投资，业态投资金额超800万元，全年接待游客近50多万人次，实现旅游综合收入1200万元，村民直接旅游收入650万元。其中，有行乡子民宿、高舍派对民宿、"行走的花·花伴"民宿等在内的10多家民宿，近百个床位，可供游客旅居入住。

互联网时代的梁家墩,以融餐饮、娱乐、休闲、住宿为一体的派对民宿为核心,辅以互联网体验中心、文化展馆、艺术馆等业态,打造梁家墩的休闲娱乐区域。二期利用大面积民居和远离核心区块的优势,逐步开发高端精品民宿类酒店、特色餐厅、文化书院等精品业态。此外,依托村里新曙农机专业合作社的新仓谷堡、玲珑果园等其他产业,不断丰富农事体验、水果采摘、旅游农产品销售等内容,充分挖掘"红色农耕传承""跳塘精神""爱国主义教育基地——吴敏霞经历展展馆"等内容,形成了钱塘学院的"红名片",真正实现以美丽乡村为核心,以公司运营为保障,以产品联动为推手,以村民致富为最终目标的乡村旅游精品景区。

梁家墩还建立村民小组,设立村小组议事会,村民自我管理、自我服务、自我监督,激发村民自治活力。同时,该村还完善一事一议、民主听证会等民主议事决策制度,加强议事决策事项的监督,保障村民决策权。

梁家墩民宿实行专业运营,仓塘公司在确立梁家墩整体运营模式发展的同时,将民宿统一运营,通过利益分配平衡专业化运营和民宿服务。运营不到一年时间,就让梁家墩村民的平均收入增长了20%,一批村民走上了旅游致富的道路。

(资料来源:在梁家墩仓塘公司提供的材料基础上编写)

点评: 在美丽乡村发展基础上,通过民宿集聚为游客提供住宿休闲场所,民宿虽小却是支点,可以推动乡村发展。乡村和民宿各取所需、通力合作,借力民宿发展,乡村建筑得到保护和复兴,通过发展与之相匹配的生态环保产业,形成了新的发展渠道。良好的生态环境和人文环境又增加了民宿集聚区的吸引力,从而形成了共同发展、合作共赢的良性循环,激发了乡村活力。党的十九大指出,发展乡村旅游是乡村振兴的重要突破口。然而,如何抓住机遇,以乡村旅游带动农民增收,实现共同富裕也存在着资源要素受限、旅游产业发展经验不足、村民参与受惠缺乏保障等瓶颈。乡村民宿作为乡村旅游发展的重要业态,通过其"温度"的传递来"增温"乡村振兴。上述案例中的海宁丁桥镇新仓村经过村庄开发,由原来落后的基础设施到景色宜人的优美环境,由普通的江畔小村庄到网红民宿村,将适宜发展民宿的区域集中运营管理,华丽蜕变成为一个集旅游、餐饮、住宿、农事体验的乡村休闲生态旅游景区。可以说新仓村梁家墩民宿集聚区的脱颖而出,是乡村充分发挥党建引领作用,依托和整合自然资源、社会资本,抢抓乡村旅游发展机遇,全面推动乡村旅游高质量发展的典型案例,也为乡振兴探索出了一条民宿引领、共富同行的新路子。

第二节　民宿集聚区业态和产品

一、民宿集聚区市场调研

民宿集聚区的发展需要先做好充分的市场调研，明确集聚区的主题定位和市场定位，引进所需要的一些资源产品，还需要思考民宿集聚区发展特色在内的多方面问题，例如：

（1）民宿集聚区的消费市场总量是怎样？
（2）如何平衡民宿集聚区淡旺季发展？
（3）民宿集聚区内外部竞争压力如何？
（4）民宿集聚区的游客类型构成有哪些？

目标地周边旅游度假市场发育情况是影响客源非常重要的因素。民宿集聚区打造之前需要收集并分析相关信息。例如，年接待游客量、年龄结构、总量，以及平日客单价、游客过夜量等，通过前期基础的数据分析判断，确定大方向。通常依托成熟的旅游度假市场，本身有一定的客流，相对来说经营更容易一些；而选址在旅游度假市场未开发区或待开发区，经营压力会比较大。再具体一些的原则，人流量大，年平均游客量高的地方是首选；周末和节假日人多的地方是次选；景色很棒，但没有人流量的地方，需慎重选择。根据选址的原则，判断是否适合发展民宿集聚区。例如，莫干山是全国首屈一指的休闲度假游市场，它背靠的是苏浙沪市场，而且选址基本都在车程3小时左右范围。为什么他们可以把民宿开到山里？数据显示，长三角地区（江苏、浙江、安徽、上海）使用移动互联网在线预订的用户比例较大，占比62%（来自《酒店业移动互联网运营现状分析报告》），全国民宿的客源地分布，苏浙沪客源超过了56%。

（一）民宿客源数据获取

全方位了解集聚区所在地的市场数据，一方面，可以从景区、政府相关部门等获取一定数据；另一方面，可以寻找对标的民宿，详细了解近几年这几家民宿的经营情况。

（二）民宿客源画像分析

通过收集400多家民宿网评分析发现，低价民宿消费者更注重地理位置与交通条件，而高价民宿的消费者更重视服务与房间风格。高价民宿的消费者使用私人交通工具，对交通条件的依赖低于低价民宿消费者，同时两者相比起来，高价消费者更注重个人的感受与自我尊重的实现。

根据数据，选择价格区间低的民宿的游客反而更看重民宿主人的服务和态度。根据前面的分析，高价民宿的设施种类与舒适度比低价民宿更好，因此，除了价格优势外，低价民宿还需要以服务质量来吸引游客。游客选择民宿一般基于价格便宜和情感体验的理由，因此，民宿主人贴心的服务、让游客产生宾至如归的感受是低价民宿克服客观劣势的法宝。

民宿消费者最为关注的还是环境，因为，绿水青山、田园风光等与城市喧闹形成的对比，当地的自然风貌、独特的文化都是民宿体验的追求，是民宿消费者体验民宿的最为关切的。

（1）客源的属性分析。分析住店客人和本地客人的消费占比数据，能帮助民宿更有针对性地调整和改善运营方向、餐饮食谱、活动设计等。

（2）民宿产品定位。涉及民宿的产品定位——哪些人群的传播能力是更强的？杭州市桐庐县的静庐民宿，开展之前做了桐庐市场进行了调研，发现到桐庐的客人60%来自上海，而这部分客人有什么特点，有什么需求，针对这部分客群消费档次进行打造。苍蝇馆子的定位为"人间烟火的气息，万般皆小术，实诚最自然"，其客源就是明确的定位。

（三）民宿相关政策解读

民宿集聚区发展要符合当地发展政策。打造民宿集聚区之前要了解清楚当地的民宿相关政策，政策的支持则是民宿资金投入的最大保障，否则，一纸禁令就可能让投入资金血本无归。

政府扶持的地方，一般先做一定的资源普查，这个区域有一定的基础，并且政府会提供保障与帮助，例如，帮助处理好和当地的村民、屋主的关系。

在任何一个好的地方做民宿，都要了解当地政府的规划。很多地方，对非标行业的政策法规并不明朗。运营所需证件办理的难易程度，遇到一些政策性的利好或利空，都有可能对民宿项目造成影响。

二、民宿集聚区环境和业态打造

民宿在提供住宿的同时，还应提供体验本地乡土文化、特色美食的机会及有消遣的设置，否则容易产生淡旺季明显、业态单调的情形，想长久留住客人也难。

（一）环境保护和打造

民宿集聚区打造需要思考当地性，融入自然、借景山水、情怀连接所在地，保护和延续当地传统文化，实现环境效益和经济效益的双轮驱动发展。

（1）邻里环境的影响。环境的保护需要当地居民、游客、企业和政府等多方利益群体的合作。通过建立生态补偿和科学的利益分配机制，拿出部分收入进行生态保护，这样才可实现持续性的发展。为了民宿业更好地发展，多家民宿合作，也可以更好地营造良好的邻里环境。

（2）民宿所处区域的生态环境是游客进行选择的重要参考项，包括气候、空气、水体、地理环境、建筑等。常年温度宜人，光照、降水适度，不会出现长时段的极端天气，才能够保证稳定的客流。

（3）考虑环境景色，要有可拍照的地方。此外，独特的自然或人文景观，也能够为民宿带来丰富的客群流量。

图 7-5　环境吸引人的三亚栖岛海岛民宿

（二）营造旅游氛围

集聚区民宿发展不能超出环境承载力，注重绿色发展之路，减少耗能的使用，注意清洁能源的使用。区域旅游文化氛围是非常重要的经营要素，也是一个地方吸引众多共同志趣的人前来投资民宿并形成集群的要素。

整个集聚区氤氲着烟火气、文艺味，要打造宾客喜欢的生活场景，呈现当地生活，注入当地的文化元素和家庭元素，传递当地的风土人情和特色文化，从而营造集聚区旅游氛围。打造日间生活氛围，可通过挖掘当地文化，打造一些景观小品等；打造民宿夜间旅游氛围，可通过光影活化场景，科技助力夜经济（高科技的光影技术，3D/AR/VR/元宇宙等），提炼当地文化 DNA，通过灯光文化讲述民宿故事。可以多关注民宿设计大赛、论坛，不同的思维容易激发人的创造力，对闲置房屋进行提档升级改造，完善民宿周边基础配套设施（灯光、厕所等）及公共服务平台建设，促进民宿集聚区的打造。

（三）集聚区业态招引

一般民宿集聚区域需要包含高品质住宿、特色景观、有适合消遣和逗留的融合业态、定制型的旅游线路、当地化的特色风物、多样化的体验活动等业态。可以充分利用乡村生态资源丰富、人文底蕴深厚，新农村建设势头良好等优势，不断完善民宿行业基础配套设施、丰富产业链条，在民宿行业取得新突破。

瞄准民宿客群定位，精准规划集聚业态。在民宿产业规划、设计中要融入年轻元素，如提供咖啡吧、图书角、路演台等年轻人聚会平台，配置年轻人喜爱的设备设施，如小型星光球场、吉他、电玩等；同时组织音乐节、动画比赛、游戏竞赛、写生绘画等活动积攒民宿人气，助力乡村民宿快速发展。例如，杭州桐庐石舍村和茆坪村的民宿、多业态经营者和游侠客合作一起打造《夏日会》等体验活动。

业态招引涉及运营商的引入，进入到集聚区的业态需要综合考虑，投资商也需要考察。

（1）业态需要具有内生力。业态要能生存下去，一方面需要符合目标游客的需求，另一方面需要满足当地村民的需求。业态需要根植于当地，游客和居民均可以参与和消费，在没有政府等相关部门的扶持后，依然可以良性运转。例如，丽水市青田县，当地有很多咖啡馆、西式餐馆、中西式结合的餐馆，当地人有咖啡和西餐方面的需求，外来的游客也非常喜欢。

（2）业态需要具有抗逆力。业态引入时需要考虑在游客缺少的情况下，可以生存下去，从餐饮到娱乐项目都需要尽可能满足抗逆力。

（3）业态经营者要有情怀。业态的经营涉及利益分配，如何平衡利益和集聚区长久发展，是否愿意在盈利的同时，拿出一定比例的收益反哺当地，例如，抽取收益的一定比例，以生态补偿的模式参与环境的保护等。

三、民宿集聚区产品延伸

民宿不仅提供住宿产品，还向多领域延伸拓展。很多民宿推出特色服务，提供个性化旅行解决方案。例如，有的民宿提供私人向导服务，带民宿客人领略不一样的风景和文化；有的民宿与当地非遗传承人合作，带客人参与非遗项目的手工体验等；和研学活动相结合，打造适合民宿的研学产品。民宿服务链条延长，既丰富了民宿产品，增强了民宿吸引力，又能够破解民宿住宿产品天花板的难题，分散了民宿经营风险。

（一）民宿伴手礼

民宿伴手礼指宾客住店期间或离店时所购买的商品，涉及日用品、土特产物品、旅游纪念品等。民宿伴手礼是适合在民宿场景中进行消费、销售的旅游商品。民宿伴手礼研发方向较多，多为以下几类：

1. 包装设计类产品

包装设计时融入当地特色和民宿特色是很有意义的，方便客人送亲朋好友的需求，方便为民宿进行营销。

2. 农特产品

将民宿所在地的农特产品进行开发销售，打造具有民宿品牌的茶叶、咖啡、特色农副产品等。我国最早的一批民宿主人通过提供自家种植的蔬菜、饲养的鸡鸭、自制的腊肠来吸引城市的客人住宿。特色农业产品、独特的食物制作工艺、有机种植、土特产品等都是可以向客人推荐的农产品。

3. 其他产品

美食、传统手工艺品、文创产品等，向民宿衍生品方向发展。民宿可以带来文化和思想的融合，以及对人的改变。例如，会手艺的村民在设计师的指导下，学习中国传统手工艺，带着金属编织的作品参加亚洲顶级设计展。

民宿伴手礼的销售和其他旅游商品有一定的差异，注重情景营销。民宿管家要避免直接向民宿客人推销商品，而应当通过展陈、体验等方式引导宾客对当地文化的兴趣，对商品的喜爱，最终自发提出购买要求。

（二）民宿服务链条延伸

民宿产品延伸开发，需要突破住宿业态产业化的内容，可以向教育培训、研学旅行、餐饮服务、空间出租等相关方面转化。

1. 主题活动

根据不同的客群设计具有针对性的主题和活动。家庭农场的亲子活动，走进大自然，围绕知识传播和体验进行活动设计。例如，莫干山庾村的乡村文创集市。从原材料的制作到品尝，打造独特的农业体验。客人感兴趣的不仅是饱餐一顿，而是农产品中包含的当地文化。壮族的民宿主人招待客人吃一餐竹筒饭固然不错，但不妨从带着客人上山选竹子开始，让客人全程体验一次砍竹子、做竹筒、烧柴火、准备食材、做饭的全部流程。一些农场给自己打上亲子体验的包装，在宣传和服务上专门针对有小孩的家庭，收到了很好的效果。一些农场着重宣传时令蔬果、有机蔬果，或宣传其营养、药用价值，迎合人们日益增长的对食品健康的追求。例如，杭州临安的汐遇民宿开展了"汐遇自然撒野"的自然研学课程，不定期推出多样化的体验活动，吸引了一批稳定的客源。

2. 周边旅游路线的设定

包装旅游线路产品，环保建筑的使用就可以和研学结合，和幼儿园合作进行环保节能的教育。盘活荒地、垃圾分类、稻田音乐节、旧书集市、越野比赛等，通过旅游线路将景观点、活动打包设计。例如，杭州临安的汐遇民宿设计了多条旅游线路，并在自己的公众号上呈现给游客。

3. 空间出租

民宿可以和影视、婚庆、摄影、年会、团队拓展等机构进行合作，将民宿的空间场景进行出租。空间出租主要分为两种模式，第一种是在一定时间内将民宿出租，例如，淘宝、婚庆、影视、发布会等，以获得额外回报，但是该模式的合作需要民宿有特色的公共空间，对场景设计要求较高，例如，衢州泛诗画·望谷民宿；第二种是和供应商合作，类似亚朵酒店和网易严选合作打造的"亚朵·网易严选酒店"，民宿提供分销渠道，进而获取佣金、利润，例如，客房内的家具、家居用品、家电、艺术品等，但是这种模式需要调研民宿客源和供应商产品的匹配度，对民宿业主的营销能力有较高的要求。

【案例7-2】

千里走单骑

民宿在发展过程中，走上了以打造民宿集聚为核心产业和旅游特色的乡村旅游综合体的道路。千里走单骑已经从民宿发展成为文旅集团，走出了一条"从民宿、民宿群落到文旅小镇"的发展道路。

2016年，千里走单骑开始联合国内外20个民宿品牌，共同打造民宿群落。2018年，千里走单骑调研后选择了北京延庆的一个"空心村"，利用村内20世纪四五十年代到七八十年代的老建筑，打造了延庆百里画廊度假文旅小镇，一期打造了100栋建筑，大约有20家民宿，文旅小镇配套功能齐全，规划了36种旅游业态，有果园、水吧、禅修、日料，以及儿童滑雪场、越野赛道、骑行长廊等项目。在文旅小镇内，民宿需要把客人早餐和住宿管好，其他可以交给公共区，破解了民宿产品单一的问题。

（案例资料来源：根据千里走单骑实际发展情况编写）

点评：千里走单骑以民宿为纽带，引导区域开展多业态经营。业态的设置瞄准民宿消费人群精准定位，根据时下年轻群体的喜好，在民宿产业规划、设计中融入年轻元素，同时组织音乐节、动画比赛、游戏竞赛、写生绘画等活动积攒民宿人气。也可以从推动民宿集聚区与研学基地、农业采摘基地、

研学基地等开展合作,丰富相关业态。

思考:民宿集聚区业态类型如何设置?

第三节　民宿集聚区开发与建设

一、民宿集聚区日常运营

民宿集聚区运营是新生事物,是一项系统化工程,并非单一的工作,需要以改革的方式、运营的思维去推进。在规划时,应该思考周密,调查资源,了解民宿所在区域的资源和特色,必要时聘请运营专家参与规划的评审。

(一)建构民宿集群建设与规范

民宿集聚区的特色化、差异化经营特别重要,互相配合的同时又不产生恶性竞争的问题:余杭区拥有良好的资源条件,部分民宿属于简单的模仿复制,呈现扎堆式过度发展、点多面广档次低,高端民宿较为稀缺;服务项目趋同、定位缺乏特色;集聚区民宿服务水平两极分化,缺乏层次;缺乏目标市场细分和科学的营销方案,因缺乏客源而导致竞争压力加剧。

租期政策、土地政策是当地民宿发展痛点;缺少政府干预导致无序竞争,当地政府对证照齐全的民宿要收取一些管理费用,导致村民合法经营意愿下降,无证经营现象严重,集聚区口碑下降,最终危及旅游市场。因此,政府和行业协会要及时介入,以规范市场,避免因恶性竞争而引起的负面效应。

民宿日常发展中容易出现的问题,规模难以控制,人们看到眼前利益时容易扩大规模,意识不到精致升级的重要性。

民宿集聚区发展需要"控量提质",控制民宿总量、控制床位数量,进行规范化管理,打造 IP,进行产品升级,扩大各民宿主收益。

(二)突破人才效应

应对民宿人才的流失,有些民宿品牌有多家店,可以通过店内流转的方式,实现人才内部的流转转化。而单体民宿不具备这一优势,所以多数单体民宿形成民宿群落,实现内部的人才流转,也能明显地降低人才流失的问题。民宿群聚,将人才极大限度地实现在区域内的成长。民宿可以通过群落的方式,增加人才的留存,并且保证运营人才的质量。人聚,才能聚变。人是民宿持续发展的原点和动力,也是民宿盈利的关键要素。

1. 团队组建和员工储备

民宿虽小,但也要打造一个优秀高效的团队。团队包含的人员有:懂民宿设计、懂营销、懂人员管理等优秀人员。除此之外，还需要打扫卫生的阿姨、杂工、做饭的厨师、民宿管家、做采购预算与财务报表人员等，甚至还要涉及人员管理和招聘。有些团建主题的民宿，会对员工的才艺有一定的需求，需要多才多艺的员工，否则无法完成客人的活动组织。

民宿集聚区打造需要工匠精神，培养一支成熟专业的民宿运营团队队伍，完善考核和服务机制，出台集聚区考核细则。集聚区需要以乡村干部、乡村民宿人才为带头人，乡村传统技艺传承人、经营业主及服务人员为主要对象，共同打造一支服务于乡村民宿产业发展的实用人才队伍。同时发挥大学生基层干部作用，参与乡村民宿产业发展的引导管理。

2. 民宿店长管家的职业规划

对员工进行务实的技能培训，对从业人员开展乡村民宿经营管理知识、旅游服务和接待礼仪、食品卫生安全、消防安全等培训，提升民宿经营人员的素质，引导其具备创新思路、文化内涵、品牌意识、营销意识，善于错位经营、互补发展、有序竞争。

3. 设置灵活的项目合作模式

针对民宿弱项，可以设置灵活的项目合作模式，在节省成本支出的同时，又可以弥补民宿发展中的不足。例如，在杭州，几家民宿可以联合聘请上海的营销人员进行远程辅助营销。

（三）聘请专家

吸引专家参与民宿发展建设。通过一定的感召力或者利益分配机制吸引运营、创意、营销等人才，一起参与民宿集聚区的发展经营，重大事项决定或讨论决策等。引入新的社会阶层人士参与民宿集聚区运营模式，既是对中国传统乡村治理模式的补充，也是在新形势下为乡村振兴提出一种可行的解决方案；既可以通过专家给予参考意见，又可以借助专家构建外部的联系网络。

（四）加强社会合作

加强社会合作，成立协会组织，抱团取暖。为规范经营，邻近的若干经营状况良好的民宿可以联合组织类似"民宿联盟""民宿协会"的组织，一方面，通过成立行业协会，参与地区自治，一起聘请专家等进行民宿经营指导。"民宿联盟"可以以统一的界面和服务面向客户，落实订单，再分流到具体的民宿。这种模式，可以给客户提供专业化的服务，并逐步淘汰违规经营的部分民宿或促使其整改，使得协会内的民宿进一步规范化。

二、民宿集聚区客源管理

（一）"互联网+"效应

合作伙伴是指让商业模式有效运作所需要的供应商和合作伙伴的网络。信息时代，民宿在发展中离不开互联网，互联网应成为民宿重要的伙伴。"互联网+民宿"在线预订平台的出现，顺应了人们的使用习惯，也让更多人看到了民宿，增加了民宿的受众。在未来的发展中，民宿与互联网的结合将更加紧密。

（二）民宿的会员体系构建

单体民宿房间数量少，客群量基数有限，会员体系构建存在难点。这就使得单体民宿的会员制的实施难度不小。做一套体系并不难，难的是让体系发挥作用。因此，像几何民宿那样，也是用"共享"的方式建立一个大的基于平台的会员概念。

三、民宿集聚区营销

民宿作为住宿行业里的非标准化住宿业态，很难找到一套标准的营销模式。民宿集聚区可进行集体营销，大区域的客源会影响到每一家民宿，同时也可以降低个体民宿的营销费用。

（一）民宿集聚区品牌打造

品牌一般由四个要素构成：产品定位、品牌特征、产品元素、形象识别。品牌内涵的形成，需要前期充分的市场调研工作，包括区域供给和需求间的供求关系、当地价格水平、客户来源及分类、客户构成调查和客户喜好调查；产品定位可以为未来的市场推广框定客户群体；品牌特征和产品元素应成为民宿设计要求和民宿经营理念重要的考虑点。

随着竞争压力的增大，民宿发展越来越注重品牌价值和品牌影响力。首先，需要清楚民宿集聚区自身的定位，根据自身的客源市场、产品打造和运营能力，去塑造民宿集聚区的品牌。

1. 一个精准的品牌定位

民宿不能没有"主人"，没有对生活和人生价值观的诠释，再好的设计，也是空中楼阁。民宿集聚区的品牌具有"公共"属性，会定向吸引一定的客源。因此，民宿集聚区应该有品牌定位。

2. 一个利于传播的好名字

民宿的名字，不仅是一个简单的称呼。它还传递着民宿的品位和情怀，更是一种品牌战略。如何起一个好的名字呢？民宿起名要简洁、易读写、易理解。尽量不要用多音字、生僻字。简洁、明快、容易记的名字，有利于传播。

（1）合法可用

这是最基本的，也是最容易被忽视的。民宿创业之初取的名字，经过几年的运作后，市场做起来，知名度打开了，却发现名字早就被他人注册了，这样会得不偿失，因此应提前谋划。

（2）线性关联

起名不能是天马行空乱造，应该和所在地区、民宿风格、经营理念有一定的关联性，消费者看到名字就知道是什么类型的民宿。民宿集聚区要表达什么情怀、文化、理念等。

（3）可延伸性

在初期起名时，应该对未来进行战略规划，名字要在大战略的框架下进行创意，为未来的发展预留接口。

3. 一个有传播力的广告语

有了好的民宿地理位置，好的情怀故事，还得有一个与之呼应的差异化且唯一性的对外传播广告语。另外，广告语切忌大而全、多而杂，要小而美、精而细。例如，舟山嵊泗民宿品牌"这里"的——"这里、这岛、这光阴"，就涵盖了当地的民宿与生活状态，让人们身临其境，感受到"这里"的风情与悠闲。

【案例7-3】

隐西品牌：以品牌特性形成顾客群体

通过品牌策划完成的产品，及开业后亲力打造的主人亲情服务特色，隐西赢得了顾客的口碑，形成了以江苏、浙江，特别是上海、北京为主要来源地的高端消费者的品牌声誉并辐射到全国，集聚了以30~40岁、知性、追求大自然的时尚女士为特征的顾客群体，诠释了对自然、对品质充满热爱的度假方式——隐西标签：

——都市时尚女性打卡的地方

——只有隐西才能配得上美女，也只有美女才能配得上隐西

——因为一个酒店，爱上莫干山！

——隐西度假的意义在于它没有任何"意义"……

开业以来，隐西靠品牌战略实现了高房价、高出租率、高回头率、高推荐率的良性经营态势，竞争力明显，获得市场的肯定。

 民宿概论

（案例来源：隐西民宿品牌创始人毛景伟提供）

点评：隐西民宿通过品牌定义明确了自己的客源，集聚区民宿也一样，需要树立自己的品牌。例如，曾经桐庐青龙坞是"有房无人"的空心村，如今形成"青龙坞艺术谷区"。截至目前，青龙坞区块44幢农房已全部招商完毕，引进放语空、静庐澜栅、开满山野、流云、言几又胶囊书屋等11个项目入驻。成为桐庐人美好生活的一张名片，不仅在县内外形成了良好的口碑，在苏浙沪等地也拥有了固定的顾客群，树立了"青龙坞"民宿品牌。

（二）整合民宿集聚区品牌资源

民宿做得最好的往往是那些善于营销的品牌民宿。因为它们有比较强的品牌号召力，有很好的客户资源，有很好的媒体支持。通过民宿集群打造区域民宿品牌，能够充分地将单店的品牌带动效应转换成民宿集群的区域品牌效应，从而扶持和带动域内其他民宿的整体发展。成体量的民宿群落能带来可观的流量，提供相应的客流保障，例如，单体民宿很难拿出大量资源做推广，通过民宿集群区域品牌的系统化集中推广，能够为区域全体民宿带来持续的口碑效应，形成品牌价值，避免单店对旅游OTA平台营销的过度依赖，从而丧失打造自身品牌的能力。

民宿集聚区品牌的打造就是把集聚区作为一个品牌，以集聚区整体形象参与旅游行业的市场竞争。依托集聚区优势，充分进行自身资源分析、竞合分析、客源市场和游客需求洞察，找准定位和发展路径，以集聚区品牌战略为指引，形成民宿招商策略、文化特征规范、准入机制和授权策略。

一方面，协调规范集聚区内民宿的有序竞争和互补经营，以区域品牌支持域内民宿的发展，同时单体民宿也可借助集聚区品牌发展。

另一方面，利用集聚区发展的战略优势，避免或减轻外部竞争威胁，从而更有利于长远发展。

【案例7-4】

丽水山居

"丽水山居"是丽水市民宿区域公共品牌。2016年，丽水市提出培育休闲养生"丽水乡村生活"模式，打造"丽水山居"民宿区域公用品牌，并启动商标注册。2019年，集体商标注册成功，成为全国首个地级市注册成功的民宿区域公共品牌。

品牌特征："丽水山居"以山村民宿为抓手，打造以"五心十有"（舒心、

第七章 民宿集聚区

贴心、放心、开心、养心；有主人、有山水、有业态、有乡愁、有创意、有体验、有故事、有主题、有智慧、有口碑）为特色的民宿区域公用品牌，实现"绿水青山"向"金山银山"的转化。

品牌打造：一是统筹规划，标准引导。二是要素支撑，品牌赋能。三是产业融合，主客共享。有机融入复归自然的"生活场景"，培育丽水最原真、最鲜活、最有代表性和发展潜力的"丽水山居"，实现乡村生态价值、经济价值、人文价值的再造和转化。

（案例来源：《浙江民宿蓝皮书2018–2019》）

点评： 随着旅游需求的升级，知名度、安全、卫生、服务、特色等成为消费者选择民宿的关注点，市场需求的变化也倒逼民宿业加速改革。在国内民宿业快速发展的情况下，品牌化为民宿指明了一个发展方向。目前，国内一大批民宿品牌已在市场上获得了消费者的好评和青睐。例如，德清"洋家乐"是全国最早、最有影响力的区域品牌，2013年，德清县通过引导培育，抢抓机遇，由县文化旅游发展集团有限公司注册了"洋家乐"商标，设计了品牌logo，引导德清民宿产业品牌化、集聚化发展，打造乡村民宿"升级版"；"侨家乐"是文成县委、县政府着力培育的民宿区域特色品牌，已成为文成旅游的特色亮点。近年来，文成县以建设"国际化旅游目的地"为目标，吸引海外华侨回乡创业，一批批旅居海外多年的文成人纷纷回国，回到家乡利用祖传物业等闲置民居建设运营独具匠心的乡村民宿，以中西合璧为特色的"侨家乐"品牌民宿应运而生，并得到市场认可。这些区域民宿品牌都是依托集聚区优势，充分进行自身资源分析后推出的自己的区域品牌。如何协调规范集聚区内民宿的有序竞争和互补经营，以区域品牌支持域内民宿的发展是集聚区发展需要思考的重要方面。

思考： 如何整合民宿集聚区品牌资源？

（三）民宿集聚区营销策略

民宿集聚区营销需要思考如何充分整合现有资源，制定先进的融合互联网、移动互联网技术的营销模式。"互联网+民宿"的发展空间很大，要把建设民宿集聚区网络平台作为一件大事来抓，不仅为游客提供网络交易便利，而且提供住宿、餐饮、娱乐、购物、文化衍生产品一揽子解决方案，进一步拉长休闲民宿的产业链。

针对民宿产业特征推出"互联网+"体验式营销模式，策划民宿文案产品，利用微博、微信、微电影等新兴传媒加以推广。开通线上平台，民宿资源信息实时更新，发展网络营销模式。民宿集聚区营销要善用资源，小红书、

微博、微信、抖音等自媒体平台，民宿协会、政府政策等都是在民宿集聚区运营管理中可整合的外部资源，善用资源进行品牌传播与营销，通过合理调配降低成本，是提升效率、良性运营的基础。

民宿集聚区在进行品牌推广和营销活动时，避免集聚区内经营主体之间的各种冲突与消减，例如，在形象资源、形象定位、市场策略和活动之间的冲突与消减。民宿集聚区品牌的构建就是要形成良性和集约化的营销协同机制，其内容包括：

1. 策略协同

区域内不同产品和服务营销策略要与区域整体形象定位方向一致。在建筑风格、文化内涵、风俗民情上传达了民宿集聚区的大形象。

2. 目标协同

不同营销主体对区域形象营销的目标保持一致，或互补支持，至少在各领域的营销目标没有冲突。不同区域营销主体的目标和利益是否一致，对区域形象的建立和发展至关重要。

3. 市场协同

首先，细分策略、差异化策略不应与区域形象的基本定位相冲突，区域形象传递的核心价值与各细分市场品牌形象传递的核心价值保持相一致。其次，如果各细分市场的形象定位与区域形象有所差异，但在根本价值的定位上要保持一致，其他定位的价值应相互支持，在此基础上展开相应的市场活动，做到良性互动和相互增值的协同。

思考与练习

一、简答题

1. 民宿集聚区发展中如何避免恶性竞争？
2. 民宿如何通过私域流量提升收益？
3. 民宿集聚区人才储备的途径有哪些？

二、实训题

设计一份选定区域的民宿规划方案，其中包括民宿集聚区市场调研、民宿集聚区的环境和业态打造、民宿集聚区产品延伸等方面。

第八章
民宿文化

| 本章导读 |

民宿活动是一种全方位的体验活动,可以给宾客提供众多表现自身价值的机会。在这些活动中,人们可以去追求真善美,从大自然和社会环境中体现自我的价值,并超越自然和社会环境,使民宿从业者的精神得到升华,不仅能激励自己,而且会促进社会的进步。

学习目标

1. 了解民宿文化的概念和内涵。
2. 了解民宿主人文化的价值和内容。
3. 了解民宿设施文化的概念和类型。

思维导图

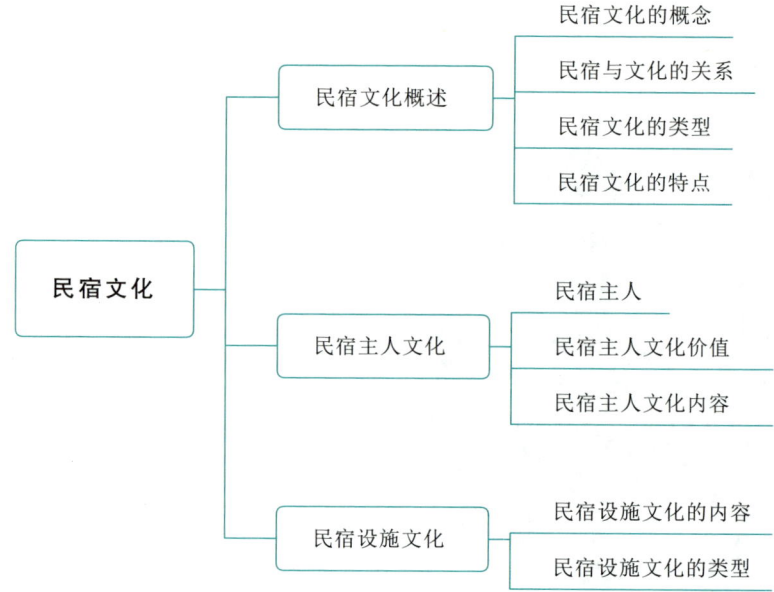

第一节 民宿文化概述

一、民宿文化的概念

民宿文化是指在民宿运营和管理过程中形成的一种独特的文化氛围和价值观念。它主要涵盖了以下三个方面：

第一，地域文化。民宿文化与所在地区的文化紧密相关，包括地方传统、历史、民俗、风土人情等，以及对地方特色的尊重和传承。民宿经营者可以通过融入当地的文化元素，为客人提供独特的体验和感受。

第二，人文关怀。民宿文化强调对客人的关怀和体贴。经营者注重与客人的互动交流，关注客人的需求和感受，可提供个性化的服务。这种人文关怀能够营造温暖、亲切的氛围，使客人感到宾至如归。民宿文化还强调对自然环境的保护和可持续发展。经营者尊重自然资源，致力于节约能源、减少废物和环境污染，鼓励客人关注环境保护，并提供相关的教育和启发，鼓励客人与当地人进行文化交流与沟通。经营者可能组织各种文化活动，如传统手工艺体验、地方美食品尝、当地文化展示等，使客人更深入地了解和体验当地的文化。

第三，社区参与。民宿文化鼓励经营者和客人参与当地社区的发展及相关活动。经营者会与当地居民或者组织合作，支持社区发展项目、参与公益活动，以回馈社会并促进社区共同发展。

总而言之，民宿文化是通过民宿主人揭示、彰显民宿本质的状态，以影响、引导、转化人们愿意向真、善、美转化。民宿是文化的载体，民宿文化的功能与建设目标以文彰宿，以宿树文，让住客向真、善、美转化，助力人的文明发展。

二、民宿与文化的关系

（一）文化是民宿的核心吸引力

民宿让地域文化资源"活"起来，提升民宿的文化附加值。民宿不仅关注硬件的完善，更是聚焦软件的升级改造，通过对人、对内容、对生活的关注，实现了地方文化主体、地方景观资源、地方文化的在场，从而构成民宿核心吸引力。文化可以提升民宿的内在价值，与文化相结合的民宿可以彰显独特的风格，将被赋予新的生命力，焕发新的风采，可以提升民宿产品的品位与档次，有利于民宿朝着高端方向发展。

（二）文化是民宿定位的依据

市场定位是要为企业在目标顾客的心理占据一个独特的、有价值的位置。这种位置能让企业从众多竞争者中脱颖而出，率先进入消费者的备选范围。民宿不应该只是居民将闲置房产简单地用于游客租住，民宿经营者应该从当地传统文化中选取其中某一方面作为标签，以此标签为标准对民宿进行由内而外的改造，也就是从文化的角度塑造民宿的形象，并在消费者心目中占据一个有利的位置。真正意义上的民宿价格可能并不便宜，因为其内在的文化韵味，消费者觉得物有所值，所以价格再贵也愿意追捧。民宿作为一种乡村产业新业态，为地方经济发展提供了资本、人才等资源保障，成为区域发展的内在引力；而文化作为重要的人文资源，赋予民宿产业差异化、主题化发展的价值内涵，成为民宿产品的主题化、差异化的外在推力。

（三）民宿有助于乡村文化的传承创新

民宿的发展有助于乡村文化的传承创新，也关系到地方居民文化觉醒、文化认同、文化自信；乡村民宿更像是基于地方异质化文化本底的产业创意性实践，助推，甚至引领着地域文化创意的发展，其整体包含外在建筑形式、技艺、材料的创意结合与艺术表达，内在文化内容与主题的故事化、场景化的创意构思。以民宿作为地域文化创意的主要阵地，创新地将文化与建筑、文化与艺术、文化与美食、文化与娱乐、文化与民俗等多种产业相结合，丰富民宿的文化内涵，营造地方文化氛围，激发游客的旅游热情，增添旅游地的吸引力，传承创新乡村文化。

（四）民宿有助于本土文化回归和创新

民宿是居民利用闲置房屋，参与接待服务的住宿设施，所依托的居民房屋、建筑景观、装饰用品、生活物件、生产材料等具有强烈地方性记忆的要素作为一种地方特色物质文化资源得以盘活，重新走进人们的生活。加之民宿所呈现的地理空间结构、聚落形态、要素布局，以及风俗、风物等一系列景观符号，构建起系统的地方文化标识体系。此外，民宿主人参与经营服务，主客之间同吃同住同交流，营造了有温度的主客文化，在这个过程中主人作为地方文化主体，在对外宣传、推介和展演地方文化过程中，不断展现和回归更接地气、更朴实、更真实的地方文化。这些在主体上构成了对游客文化体验和非常环境的吸引。由此可见，民宿从设计建造到服务运营都以回归地方性为导向，致力保留地域淳朴、原真的生态空间和生产生活方式，从而延续地

视频 8-1：金陵古风第一村——佘村

方文化脉络，进而激发人们的地方文化记忆和情怀。

三、民宿文化的类型

（一）民宿主人文化

民宿主人文化是指民宿从业者的文化，由于民宿从业者生活在不同国家和地区，长期受区域的自然和人文因素的影响，使民宿具有独具特色的地域民族性格，形成民宿主体文化人格。民宿从业者文化人格是民宿在旅游活动中，以个体人格为基础，融合地域民族文化品格后形成的一种崇高的性格特征。民宿主人文化人格具有鲜明的地域民族性和个性，并具有不同的文化价值观。

（二）民宿设施文化

民宿客体文化是民宿业赖以生存和发展的物质基础和条件，主要表现为民宿设施文化，民宿设施文化指民宿向游客提供服务的载体文化，包括建筑文化、庭院文化、装饰文化、器具文化等不同的内容。民宿设施类型很多。客体文化体现出不同的美学价值，这种美学价值体现出民宿设施的文化内涵，是吸引民宿者的最基本条件，是直接关系到宾客体验效果的重要因素。

四、民宿文化的特点

（一）普遍性

在现代社会中，住宿是社会生活中的普遍现象，是现代人生活的重要组成部分。由于民宿活动的开展，必然引发民宿文化的交融。因此，民宿文化具有普遍性。民宿文化的交融，有利于世界文化的交流，是促进世界文化进步的重要手段。

（二）渗透性

民宿文化来源社会生活的各个方面，民宿文化的交流也将渗透到社会生活的各个方面，也会产生一些积极或消极的作用。因此，在民宿文化的渗透过程中，应积极引导文化的发展方向，积极培植民宿文化的健康倾向，克服和限制消极的影响，使民宿主人文化得到健康的发展，促进社会文明的进步。

（三）交融性

民宿文化的交流过程，实际上是不同文化的交融过程，在文化的交融过程中，应积极发挥民宿文化的作用，民宿主人文化在民宿主客体文化交流中，起着桥梁和调节作用，可以减少文化的冲撞和对抗，使不同文化能和谐相融。不同民宿文化的交融过程中，应不断提高自身文化的品位，克服民宿文化的异化现象，不断地汲取外来文化的精华，使自身文化具有更强的生命力，促进地域文化的发展。

（四）传播性

随着世界经济的发展，特别是交通条件的改善，民宿业已成为地方经济发展的重要内容。因此，民宿文化将有助于加速文化传播。民宿文化的加速传播，有利于世界政治、经济、文化的交融，加速全球经济一体化进程，维护世界的和平进程。

【案例8-1】

美妙世界，泉浴之乐

现如今，在快节奏的生活中，似乎连一种惬意舒适的生活都成了一种奢望，越来越多人在寻求一种生活环境上的安慰，于是民宿承载了他们回归的夙愿，这种渴望与山水田园的乡村生活产生共鸣，不是简简单单地离开城市，而是要感受美丽的乡村，体现为对当地文化的深度体验，其建筑设计及服务理念都是在传达一种文化，美泉沐浴文化主题民宿更是发扬其汤山温泉优势，旨在为每个人寻找家的回归，重拾泉石之乐。

图8-1 南京汤山美泉沐浴文化民宿客房

汤山，地处南京东郊，是中国著名的温泉之乡和文化名镇，此地历经沧海桑田之变迁，成四时皆温、澈底澄清的秀美温泉。"美泉沐浴文化民宿"便隐逸于这山水清流之间，如水中清莲悠然绽放。推门而入，白色的墙面，蓝色的屋顶，圆拱的建筑，省略繁复的雕琢和装饰，外观建筑的线条简单且修边浑圆，外墙使用粗朴质感的材料，给人感觉格外返璞归真、独树一帜，淳朴而温暖的色彩搭配富有动感，虽然醒目，但是不过分张扬，给建筑增添了一份阳光与活力，展现出热情向上的精神气质。左边则是具备休闲情调的地中海风格餐厅酒吧，还有许多进口美食和啤酒以及一些精致有趣的周边产品，偶尔还会邀请一些民谣歌手驻唱。在小院里面还有各式的花盘植被以及精致的雕塑，仿若置身于地中海小院中，令人流连忘返。美泉占地600平方米，以"温泉沐浴文化"为主题，秉持"小民宿、大世界"的设计理念，饰以异国装饰、绿地植被、主题服务，精心打造地中海式沐浴文化主题客房，营造休闲娱乐和文化浸润于一体的旅游氛围。其中，地中海风格的客房分别是塞浦路斯爱神之岛、摩洛哥风情北非花园、希腊风情温泉关、西班牙风情加利西亚魔水、土耳其风情棉花岛、意大利风情蒙特卡蒂尼、埃及风情达赫拉、摩纳哥风情蒙特卡洛、法国风情薇姿。美泉客房的装修设计更传达了当地的建筑、装饰以及沐浴文化，每一间客房设计都有来自相应国家的风格特色以及独立的温泉泡池，如希腊风情温泉关客房会有很多海洋风格的装饰品，可以看到小石子、瓷砖、贝类、玻璃片、玻璃珠等创意装饰，还有花瓶、餐具、插花等家居装饰。其窗帘、桌巾、灯罩等均以低彩度色调和棉织品为主。素雅的小细花条纹格子图案是主要风格，地面则铺有石板；再如摩洛哥风情北非花园，其风格的基础是明亮、大胆、色彩丰富、简单、有民族性特色。设计师以黄色调营造浪漫时尚法式风情，讲求心灵的自然回归感，给人一种扑面而来的浓郁气息，给人以强烈的视觉冲击，但又不失法式贵气的浪漫。不论是床头台灯图案中娇艳的花朵，抑或是床前的老式电话，在任何一个角落，都能让睡客体会到悠然自得的生活和阳光般明媚的心情。美泉客房的功能设计为深度感受异国沐浴文化的客人提供了有趣的体验，沐浴过程中还可以品味美食、浸润香薰、聆听妙音、欣赏故事、体验趣味沐浴工具，可品、可嗅、可听、可观、可触。试想一下，当我们满身疲惫地来到这里，有这样的一间卧室可以躺一躺，放松一下，整个房间带来的温馨和体验，足以让我们轻松愉悦。

点评：美泉沐浴文化民宿的文化内容丰富且主题鲜明，并与南京汤山的温泉文化紧密契合。

思考：民宿文化对地方文化传播有何意义？

第二节 民宿主人文化

一、民宿主人

民宿主人是指民宿所有者或者经营者。民宿主人是民宿的灵魂，其生活方式、生活态度、审美品位、文化素养、能力水平不但彰显了个人的气质和魅力，更塑造了民宿的气质和风格。

（一）民宿主人的工作内容

1. 做好服务员

服务是民宿主人的核心工作，比如接待服务、客房服务、餐饮服务、导游服务、卫生保洁服务等。做好服务工作需要注意以下两点：一是要保持良好的仪表妆容和待客礼仪，来的既然是客，作为民宿主人自需以礼相待，以诚待人，用心接待，行主人的待客之道；二是要提高主人翁意识，以精心、精到、精致的主动服务，着力营造富有人情味的宾客远方的第二个家。服务因真心和主动才有家的温馨、温度、温情和温暖。

拓展知识 8-1：民宿主理人概念

2. 做好宣传员

民宿主人要做好宣传员，能讲好民宿和乡村故事，能做好品牌传播。首先，要当好主播，会做自媒体营销，可通过微信、抖音、小红书等自媒体营销渠道，推广自家民宿，打响自己的品牌；其次，要会讲故事，每一家民宿，每一个乡村都有自己的故事，民宿主人要善于生动地讲出自己的故事和当地人的善良朴实，用真实而饱满的情感向宾客传递民宿的魅力，把客人吸引来、留下来；再者，民宿主人还要当好群主，维护好朋友圈等私域流量，要做好民宿客群建设，加强联络，经常互动互通，精心维持好、呵护好客群关系。

3. 做好管理员

民宿虽小，五脏俱全，涉及方方面面。身为民宿主人，必须懂经营管理、财务管理、人力资源管理、后勤管理和物资管理。民宿主人要善经营，除了住宿接待服务，还要会成本收益核算、文旅融合、农旅融合，不断延伸旅游上下游产业链，积极开发相关的文创产品，组织丰富多彩的文娱和运动休闲活动。同时能够统筹协调，管理好自己的员工，调动好管家、保洁、厨师的积极性。

4. 做好协调员

"小民宿，大社会。"任何一家民宿都不可能脱离社会遗世独立，成为传说中的世外桃源。民宿主人要增加集体观念，主动与当地政府及相关部门保持联系联动，积极参与一些村庄社区的公共活动，妥善处理好与东家、村委会、当地老百姓的关系，特别是邻居关系，要做到睦邻善邻、友好友爱，以便自己的民宿有更好的经营环境。

5. 做好环保员

民宿大都建在绿水边、青山间、古树下、花海里，都是环境最为优美的地方，而这些地方往往也是环保基础设施不好覆盖、较为薄弱的地方。既然看中的就是绿水青山带来的发展好环境，就要存有护美青山绿水的理念，做到绿色生产、绿色运营、绿色消费，不给当地生态增加负担、带来压力。此外，细节决定成败，一家民宿，有时候门口的一堆杂物、床上的一根头发、地上的一摊污渍，都会严重影响客人的入住体验，从而影响民宿的口碑和经济效益，所以要勤于打理民宿，经常洒扫门庭，确保房前房后、院里院外环境卫生，让客人住得赏心舒心。

6. 做好安全员

安全是底线。民宿主人是民宿的责任主体，既要管业务运营，也要管民宿安全。民宿主人应对消防安全、治安安全、饮食安全、游客出行安全等安全事项的防范应对措施熟烂于心。除此之外，还要建立健全各类安全管理制度，做到有章可循、责任到人，要确保客人住得安心、吃得放心、玩得开心。

7. 做好示范员

"小民宿，大格局。"助力乡村振兴，推动文化复兴也是民宿主人体现家国情怀的社会责任。乡村要振兴，首先文化要自信，文化要自觉。民宿主人必须充当好文化守护者、弘扬者、传播者的角色，努力把民宿建成展示当地优秀文化的重要窗口。"小民宿，大产业。"民宿主人不仅是乡村振兴的亲历者和见证者，还必须是乐在其中、功成必定有我的参与者和推动者，要通过自身努力带动更多的老百姓致富奔小康。"小民宿，大能量。"民宿主人应主动利用自身多种渠道帮助当地村民销售农副产品，充分发挥带动效应，携手老百姓共同富裕，助推乡村兴旺。

【案例 8-2】

坚持用民族文化带动当地民宿发展 助力乡村振兴

侗族女孩杨光倩，用自己的实际行动，以侗族文化为依托，带动当地民宿产业发展，助力乡村振兴。

位于贵州省黔东南苗族侗族自治州黎平县肇兴侗寨的侗房，是杨光倩

2019年10月接手经营的一家民宿。侗房民宿隐于山野，归园田居，临着稻田溪流。民宿只有13个房间，以侗族的吊脚楼为主要建筑结构，设计师结合居住的舒适感与体验感，融入当地侗族的文化元素，对民宿进行了改造。

图8-2 侗房民宿主人杨光倩

图8-3 侗房民宿

杨光倩希望能够通过自己的想法，赋予民宿更多的可能，它是以开放、多元的态度开启的交流对话会客厅。客人来到这里，可以体验到侗族刺绣、侗族大歌、侗族乐器，也可以学习制作侗族的手工艺品。杨光倩说："侗房对于我来说，不只是一间房、一张床，更是我们一群侗族的青年人回归村寨的理想和信念，也是我们的情怀。"

2015年，杨光倩回归村寨，六年来深耕故乡，创立了从江生态文化社，集合在地和外部的力量探索民艺复兴之路。杨光倩等人在村寨建立非遗扶贫工坊和文化公共空间，分别发起火塘民艺教室、萤火之裳民族校服、侗族青年成长支持计划、本土化社区教育经验探索、非遗扶贫公益计划等公益项目。她表示，希望能够激发乡村新活力，推动乡村文旅发展，吸引更多青年人回归村寨，并在自己的故乡实现可持续生活。（资料来源：贵州省文化和旅游厅微信公众号）

点评：侗族女孩杨光倩深耕故乡，集合在地和外部的力量探索了民间技艺复兴之路，激发了乡村新活力。

思考：民宿主人如何结合本职工作助力乡村振兴？

（二）民宿主人的职业特点

1. 综合性

从民宿主人的工作内容来看，民宿主人的工作具有综合性。首先，表现为民宿主人服务工作的综合性，前台预订接待服务、客房服务、餐饮服务、卫生保洁服务、物资协调服务、安全服务、策划服务、导游服务等诸多项目，民宿主人或许都要参与其中，民宿虽不是酒店，但提供的服务不比酒店少。其次，受民宿工作内容的影响，民宿主人不但要会选址、谈判、设计、装修、烹饪、还要会策划、宣传、财务核算以及品牌打造等诸多能力。可以说，民宿主人的工作要集行、游、住、吃、购、娱等服务于一体，并要熟悉民宿全产业链工作。

2. 文化性

民宿主人是民宿的灵魂，规定着民宿的基本特性，是民宿核心竞争力的基石。民宿主人的文化性体现在其所展现的生活观、美学观、人际观和服务观。生活观，指的是民宿主人对生活的态度及观点，包括对人生价值、人生目的和人生意义的基本看法和态度；对生活方式的感悟、体会与理解；对文化，特别是民宿所在地文化的兴趣。美学观，即民宿主人的审美品位。民宿主人的审美意识直接决定着民宿设计、建设、经营与服务的审美高度，为民宿产品打上深刻的烙印，民宿主人的审美品位能够有效地将各种资源转化为可感知、可触摸、可体验的软硬件产品。人际观，指民宿主人开放包容的对人与人、人与社会、人与自然的认识与处理方式，它影响着民宿的温度，影响着宾客的情感认同。服务观，即民宿主人的服务理念，包括对客服务和对社区服务意识。在对客服务方面，主要指民宿的人文关怀意识。

3. 经济性

民宿主人经营民宿的目的之一是为了取得经济效益，经济性是民宿主人工作的基本属性，是旅游业的核心和实质。从经济角度来说 民宿提升农家乐产业，好的民宿设计可以成为助推农村经济结构转变的强大力量，可增加农民收入，带动整体产业链。民宿主人经济属于美丽经济，通过民宿主人发现美、创造美、传播美，来实现民宿及其地区经济附加价值的提升。

4. 带动性

民宿产业具有带动性，而创造带动性的关键人物就是民宿主人。苏光辉是杭州市临安区塘湾栖巷民宿的主人，也是昌化民宿协会会长、新乡贤代表，其运营的抖音号@民宿超爸，全网拥有超过10万的粉丝量。平日里，他最大的爱好就是在抖音里分享美食、美景与民宿日常，大家都亲切地称呼他为"苏大叔"。"网红"苏光辉携手虞溪村，共同打造集共享、体验、研学、互动于一体的农文旅融合样板农场，探索耕地盘活利用的新路径，不但带动了当地农产品的销售，更带动了当地老百姓和乡村创业者。

5. 情感性

民宿主人的工作属情感劳动。很多研究者认为情感劳动是一种行为方式，是为了特定目标，遵照一定的社会规范或规则，自然流露或者调节自己的情感,以达到表达适当情感(工作单位与服务对象所需要)的行为。民宿经营者情感劳动贯穿了服务的始终,从服务准备、服务实施、服务结果反馈每一阶段都存在民宿经营者不同程度的情感劳动,情感的表达形式也有所侧重和不同。

二、民宿主人文化价值

民宿不仅仅是住宿产品,更是人们表达情感的新方式和人际交往的新载体。以日常生活的审美化载体传播文化,使大众空间完成艺术与世俗的对接,这其中的灵魂就是民宿主。民宿主赋予物理空间以生活气质、艺术气质和亲情气质,客人对民宿的认可,更多的是对民宿主的认可,认可他的审美、能力和服务。因此,高品质民宿的塑造要更加重视对民宿主的价值取向的塑造。

(一)传递生活美学

艺术是美的最高形式,其来源于生活又高于生活。民宿经营区别于酒店之处在于民宿是家,宾客是家人,工作是生活。民宿幸福产业,更是美丽产业,经营民宿就是民宿主人发现美、创造美、传递美的过程。民宿主人通过建筑、庭院、装饰、饮食、服务等可为宾客营造一片生活美学空间和一种家庭温馨氛围。比如台湾特色民宿卓也小屋提供独特的蓝染审美体验,将蓝染广泛应用于民宿食、住、行、游、购、娱每个环节,其民宿餐厅布置、装饰,店员衣着服饰,染色体验,伴手礼,处处是蓝染印记,这样的氛围既满足宾客感官审美,传递生活之美,又强化蓝染产业意象,提升民宿整体形象,增强其永续经营的竞争力。又比如,浙江湖州十里银杏长廊的"泊心千寻"民宿,主人还在读初中的女儿以墙体为画板,画了很多水彩画,这些画背后传递的就是生活之美,一种家庭的温馨感。

图 8-4 卓也小屋蓝染布艺

图 8-5　卓也小屋蓝染布艺

（图片来源：卓也小屋）

（二）传承地方文化

文化包括了物质文化、精神文化、制度文化等，其中物质文化很容易在民宿中外化呈现，而行为文化、制度文化以及精神文化则更多是通过民宿主人和顾客互动得以体现。民宿主人是宾客体验地方文化的载体和媒介，是当地生产、生活、生态以及相应的各种关系在"融地于宿"中的传承和创新。从"宿"的"所处"延伸到"地"的"所在"，地方性成为宾客感知的"形""神"合一的特色景观，有助于其对当地生活进行更深入的体验。

民宿的主题应因地制宜，契合当地文化。民宿主人要在民宿设计中植入当地文化元素，让非遗、民俗等特色文化走进民宿。例如，宁波余姚"稻田里"民宿，民宿主人老黑亲自设计、亲自敲打，将二十四节气元素融入客房门牌和各个节点中，打造了一家风格独特的文化主题民宿。又比如，南京牛迹山民宿将南京民国时期的文化融入民宿的软装和活动体验设计中，在满足宾客体验感的同时巧妙地传播了当地的文化。

图 8-6　南京牛迹山民宿展示的民国老照片

（图片来源：编者拍摄）

（三）传导主人审美

民宿中的主客交往途径多样，贯穿于宿前、宿中、宿后的全过程中。有时民宿主人不仅提供宾客住宿、当地菜肴品尝等基本的民宿标准服务外，还会与客人一起聊天、唱歌、跳舞，有些民宿主人还会向宾客展示自己的民俗技艺；还有些民宿主人会根据自己在当地的生活经验及资源积累，提供宾客食、住、行、游、购、娱等旅游全程链上所需的信息，并协助宾客筛选、甄别，提前准备，解决旅游相关问题，助宾客做到游程优化，减少遗憾；甚至有些民宿主人还通过自己的生活方式和价值观于潜移默化中影响客人，把其积极向上的生活情绪传递给宾客。宾客在实现"像当地人一样生活"的旅游诉求中，身心得以放松。安吉有一家民宿叫"坐云"，民宿主人把自家爷爷收藏的香烟壳、酒瓶、奶奶的嫁妆、缝纫机等老物件摆在民宿客房中，并将自己在天安门当国旗手退役时留念的国旗和指挥刀也摆出来展示。可以说民宿主人的气质与审美，连同其生活经历、品位喜好、家族传承等就是通过融入其中的这些物件得以彰显，进而传导给前来的宾客。

【案例8-3】

女创客的探索之路

2022年中央一号文件提出，鼓励各地拓展农业多种功能、挖掘乡村多元价值，重点发展乡村休闲旅游等产业。支持农民直接经营或参与经营的乡村民宿、农家乐特色村（点）发展。

"看到一号文件的出台，我感到非常振奋。"新韵说。事实上，杏韵园的各项探索也是为了吸引更多向往大自然的朋友走进北京怀柔的大山，从容地体会北方四季流转的美好，感受乡村休闲度假的乐趣。"今年，我们计划打造群落文化空间，让更多艺术家到这里进行沉浸式创作，为村子增加更多艺术文化氛围。同时，我们也会尝试组织艺术联名活动，展出艺术家的作品。总之，就是要不断尝试，把民宿变成让人待得住、让人陶醉的乡村生活空间，这样才能真正推动乡村休闲旅游的发展。"

"我们的管家特别能干，他们就是本村人。"在邀请当地村民参与民宿经营方面，莫晓艳已经积攒了不少经验。"我们特地请来了对当地风土人情非常了解的村民担任民宿管家。他们会教客人制作当地美食，比如本地小吃粉包、广州非遗小吃水菱角，在带领客人徒步、溯溪时将自然生态教育贯穿其中。"用树叶做哨子、用树枝做风车、用野生芋头的叶子做盛溪水的器皿……村民管家加入民宿的运营，让客人感受到了更多乡村生活的乐趣，客人与乡村连接得更紧密了。

当然，提升乡村休闲旅游的发展，单靠一家民宿是远远不够的，盘活整个乡村产业链才是关键，这几位民宿女主人也在不断地探索和努力。

麟凤村位于成都蒲江县成佳茶乡景区内，沿途茶香四溢，悠长的步道直通翠绿惹人的茶山。麟凤村的民宿集群远近闻名，每到采茶季，这里热门的民宿总是一房难求。而在几年前，麟凤村还是一个名不见经传的小山村，村民收入单一。在村民看来，这一切的变化都源于枣子宿的出现和带动。"我做的事情很平凡，却可以影响到很多人。我们的民宿开业后，村里慢慢有了第二家、第三家民宿，如今，麟凤村已经有近20家民宿，而且绝大部分是本地村民在经营。"刘静说。

刘静介绍，2018年底，在政府的引导下，村里成立了村集体合作社，66个村民自愿入股参与，建了树屋餐厅、儿童乐园、艺文中心和露天剧场等公共设施，既融入乡村的自然环境，也建了现代的便利设施。合作社还为民宿主组织茶艺、糕点制作、礼仪等培训，提高民宿主的专业水平，逐渐形成民宿集群。客人多了，自然也带热了村里的其他消费。

朱海莲也与当地村民实现了"联动"。"海角之花民宿附近的海湾海产品种类丰富、肉质鲜美，客人会向渔民购买，带回民宿自己加工或是请我们帮忙加工，非常贴近当地的乡村生活。我们还会带客人到田间参观，请村民向客人介绍果蔬的生长情况，让客人体验亲近自然的乐趣。"朱海莲说。

图8-7 整洁精致的海角之花民宿

（图片来源：民宿提供）

今年，朱海莲计划聘请更多年轻女村民做民宿服务员，参与食材加工等工作环节，制作私房菜，满足更多村民的就业需求。"我们计划请村民制作海

产品、手工艺品。现在很多村民都在家中养鸭、养鹅,以便客人在当地品尝到原生态的食物,他们也不用专门拿到市场去卖,节约了时间成本,形成了良好的生态系统。"

"发展民宿只是起点,我们最终的目的是以民宿带动乡村振兴。"成墨兰说。如今,在贺家大院一号院的带动下,北辛店村已成为吕梁市美丽乡村示范村、第二批全国乡村治理示范村。去年,成墨兰带动村民在村集体的闲置土地上种了红高粱,并举办了红高粱节。"到夏天、秋天,整个环村公路满目花花草草,非常漂亮。村民在环村路上卖糯玉米、红高粱、鹅蛋、土鸡蛋,十分热闹。东西都是村民自己家种、自己家养的,入住民宿的客人随意走走逛逛都会买些。"在成墨兰的带动下,村民们还自己酿醋、酿酒,设立豆腐坊,带动农副产品的销售,实施高效农业计划,发展订单农业。

为了盘活乡村产业链,莫晓艳想了很多办法。比如,美化进村道路,带动村里餐饮业发展,让更多手艺人的非遗工坊活跃起来,帮助同样想做民宿的村民进行项目代管,用村里的统一品牌进行整体运营……莫晓艳正努力推动这些计划的落地。"我希望能彻底改变人们对乡村环境'脏乱差'的印象,以文化作为盘活乡村旅游的核心点。"

民宿女主人、女掌柜、女创客不仅是一种身份,更是她们心头的一份热爱和责任。她们不仅支撑起自己的事业,也感染和带动了更多的人爱上美丽的乡村。(资料来源:中国旅游报 2022-03-03 17:50 见习记者 唐伯侬 首席记者 王玮)

点评:民宿女创客以创业发展、释放情怀为价值,以维持生计、养家糊口为底线,在创造经济效益、增加收入与实现人生价值,助力了产业发展和乡村振兴。

思考:民宿主人在本案例中扮演了哪些角色,发挥了哪些价值?

三、民宿主人文化内容

(一)文化素养

民宿主人在建造民宿时,从无到有,从一草一木到一茶一饭,涵盖了主人对建筑的审美,对生活的审美,对文化的解读,有自身经历的思考。民宿主对民宿的管理十分重要,这也是民宿区别于标准化住宿行业的根本。民宿没有套路式的仪式感,有的是真实体验,有的是家的温馨,这是民宿的真谛,也是人们追求民宿的缘起。例如,祁阳小金洞山隐舍民宿,石头矮墙,茅草顶的木质牌楼,本木色的民宿掩映在山水之间,乡土文化活泛其中,墙壁上苍劲有力的

"山隐舍"透露出民宿主的文化。民宿主有激情,他们想将最好的知识、思想从社会的一端传播到社会的另一端;他们尽量去除知识的粗糙、难解、抽象的成分,要把它人性化,使它在小众之外仍有传播,让更多的人知晓和接纳。每个致力于此的民宿主的民宿就是美和文化的象征。民宿主和从事民宿的人各有文化背景,却构成了文化集合体。文化的传播是潜在的,各种文化可以在这里进行交流、碰撞、重叠,从而洞察出社会发展的新趋势、新经验。

(二)生活观

民宿提供的是一种生活方式的体验和一种生活态度,这是吸引客人的闪光点。民宿主的情怀是民宿灵魂的栖息地。在快节奏的都市生活中,人们更愿意用生命去体验美好,创造美好。民宿主有情怀、有坚守、有热情,一家民宿就是一个民宿主的气质,他们的生活经历、品位喜好等都在传达着积极向上的生活情绪,在探究生活的意义。民宿之所以能吸引客人,在于民宿的生活。

视频8-2:选择乡村民宿生活

真正懂生活的人来到民宿能感受不一样的生活气氛,体验不同的生活方式,提升自己的生活品质。来自不同行业的民宿主,有设计师、画家、渔民等,他们用自己的生活阅历解读生活的意义,平衡好"接地气"和"情怀",情怀是感性的,看起来无用,却能治愈人的受伤的心,是民宿得以存活的内驱力。

(三)审美品位

民宿主是现实主义美学的坚持者,即坚持美就是生活。这种美是真实的,是人能够体验的。民宿主将真实的生活艺术化、精美化地呈现出来,有自然美和艺术美。从住客的目光所及之物到与主人的秉烛夜聊,从鸟语花香到粗茶淡饭,这里不仅有美的外形,更有美的内涵。民宿主对美的理解和品位,融入民宿的点滴中,大到民宿的外形设计,内部装潢,小到物品的摆放,花草的

拓展知识8-2:民宿主的类型

栽种。对美的追求没有极致,却不断地追求。对民宿之美的把控,不同于音乐、美术和文学,民宿主对民宿美的理解,既有精英的独到,又有大众文化的视角,能将两者完美结合的体现方式就是民宿,这里有艺术的高贵,也有世俗的单纯。民宿主以艺术的审美来解读大众文化空间,美化真实的生活,拉近艺术与生活的距离。美与生活的界限在这里是模糊的,不同的民宿主会有不同的民宿,即"千宿不同面"。

(四)人际关系

快乐不仅在于物质的富裕,也在于人们被社群和家庭的接纳,主观的要求与客观条件的匹配程度,即周围的人际关系对人感知快乐有着重要影响。因此,民宿要想与当地文化切实融合,民宿主不仅要深谙当地文化风俗,经常与

周围社区农民互动,还要承担相应的社会责任,更要注重情感沟通。费孝通先生在《乡土中国》中提到:"农村的亲密社群的团结性就依赖于各分子间都相互地拖欠着未了的人情。在我们社会里看得最清楚……亲密社群中既无法不互欠人情,也最怕'算账'。一旦算账或清算等于是绝交,因为如果互相不欠人情,也就无法来往了。"因此,在农村就要用农民之间交往的规则做民宿。

(五)服务理念

民宿主的服务意识不是服务客人,是在接待远方归来的亲戚朋友,这是与酒店业服务理念上的根本不同。接地气的接待、周到的服务、主人的热情参与,会让入住的客人倍感亲切。因为,民宿客人不仅仅是为了住宿而住宿,他们在寻找心灵的共鸣、价值的认同以及被接纳的安全感,而这一切从踏进民宿的那一刻就开始了。客人的到访是希望自己可以像朋友一样走进主人的生活,像在朋友家一样随意。踏进民宿,迎面送上自制的桂花糕,刚沏好的自产乌龙茶,家的气息扑面而来。坐在客厅上聊上几句,让客人熟悉环境,然后再进入房间,而不是简单办理入住即可。离开时,不是忙着检查客房结账,而是站在门口与客人不舍离别。因此,在民宿里服务是亲切细腻的,情感的呼应大于程序和动作的表达。民宿主通过服务将家的温暖传递给客人,打动客人心的不是表面的服务,而是服务背后对生活的执念。此外,民宿主的信息化素养对民宿的发展具有十分重要的意义,尤其在共享经济快速发展的当下,缺乏信息化的支撑,民宿的发展动力将受到限制。

【案例 8-4】

美丽乡村——我的"家"

——三位民宿经营者的创业故事

青砖墙、灰瓦顶、石板地、雕窗木梁,清晨鸟语花香,窗外巷陌纵横,邻家鸡鸣狗吠,屋内腊味飘香……在城市里住久了,回归古村落,一所特色民宿能够提供更全面的乡村旅游体验感。如今,婺城区乡村旅游日益兴盛,今天的三个主人公就是婺城区箬阳乡琴坛村、安地镇喻斯村、塔石乡小埠口村的民宿经营者,得益于这方青山绿水的恩赐,他们的民宿团队日益壮大,经济不断发展。

张明华:因为一份责任——客家文化发光

在琴坛村,共有近 20 家民宿,床位 180 余张,均由村民民房改造而成。在村口沿着蜿蜒的阶梯而上,便能看见这一幢幢具有年代感的建筑。在村庄最高处的一家民宿,装满了老一辈人的记忆:瓷杯、老式台灯、旧时木床、水乡土布……更让人别有一番感触的是,这里还有茶室、KTV 等休闲娱乐设施,这便是村民张明华家中。张明华是土生土长的琴坛村民,不仅第一个将家中民房改造成民宿,更是在当选村主任后的三年中带领村民发展民宿和农家乐。

过去,琴坛村集体经济十分薄弱。2013 年换届选举,张明华被选为琴坛村主任,这时他的脑海里只有一件事,就是带领村民发展乡村经济。"现在都时兴乡村游,像琴坛这么好的山和水,最适合办乡村游了。"张明华这样想,那么,怎么让琴坛在众多的乡村游中脱颖而出呢,他开始有了初步的设想——寻根问祖,以文化为基础打造乡村旅游。

"因为村民们都会说客家话,所以先从客家文化着手。"张明华兴奋地想着,并拿着村里的家谱半年内三次前往福建,找到了祖籍地并挖掘客家文化。2014 年 7 月 18 日,张明华家中的第一代民宿正式开张,每家民宿的名字也都是用祖籍地的名字,比如上杭厅、古田厅(除此之外还有哪些客家元素?)。民宿开张后,琴坛开始慢慢被金华人所熟知,于是,张明华趁热打铁,在村里租用农户的房子开起了第二代民宿,并鼓励村民一起开民宿和农家乐。

"刚开始,村民并不相信,但是那一年国庆的假期改变了他们的想法。"张明华回忆,国庆期间因为琴坛村的客家文化,吸引了许多游客前来,村民们在村里光是卖麻糍、茶叶、千层糕、猕猴桃等土特产,差不多一户人家就卖了 1000 多块钱,民宿最多一天接待过 200 余个游客。

走进琴坛村,河道堰坝、吊桥、灯光凉亭、游步道都可以供游客休闲娱乐;在农家乐不仅能吃到地道的乡村野菜,还能买到正宗的土特产;在民宿游客可以选择在院子里休憩还可以烧土灶、唱歌、弹琴、看书,度过一段惬意的时光。如今,浪漫琴坛正慢慢散发出它的独特魅力……

傅莉瑛:因为一个情怀"梦想驿站"起航

沿着鹅卵石铺设的游步道一路前行,边上是一条清澈见底的小溪,路边满是葱郁的树木,步行约 3.5 公里,映入眼帘的是一个无人村。这里,就是塔石乡小埠口村。早在十年前,人们因为种种原因离开了村庄,只剩下古朴的村舍和满村的古树,清净又不显幽寂。

正是这个"小桥流水人家"的村庄成了一群年轻人梦想开始的地方:三十几个来自各行各业的年轻人通过众筹的形式将梦想碎片拼凑成形,开办了一家名为"梦想驿站"的民宿。

提出众筹开办民宿的是出生在塔石乡黄康村的姑娘傅莉瑛。从小她就懂

憬着能够拥有一个属于自己的"小世界",广交朋友,齐聚亲朋,享受一方细水长流的田园生活。一次偶然的机会,几个朋友聚在一起闲聊时,大家一拍即合,当即决定开办一家民宿。

通过实地调查,傅莉瑛最终将地点定在了塔石乡的入口——小埠口村。"这里是进入塔石的第一个村,距离市区最近,具有一定的地理优势,但这并不是最主要的原因。"傅莉瑛说,更重要的是村子的人文内涵。比如,小埠口村有一棵千年的"夫妻树",村民们逢年过节祭拜山神土地前都会先去祭拜这棵"夫妻树",这就可以成为一个吸引年轻人的亮点。提及以众筹模式开办民宿的想法,傅莉瑛表示,她也是在运行自己创建的微信公众号"我是塔石人"的时候发现,原来有这么多人和她有相似的梦想。傅莉瑛相信,众筹的模式会带给更多年轻人创业的机遇,也能够助推乡村旅游的发展。

喻新照:因为一份眷恋,让"新照民宿"落根

行走在婺城区安地镇的这个有着几百年历史的小山村里,你可以有很多事做。例如,去逛老宅子,见证老手艺;又如,听听喻氏后人细说从前事;再如,尝一尝农家乐里地道的山间美味……

2014年,回到老家的喻新照发现,喻斯村正发生着翻天覆地的变化。青葱的古木、清澈的溪流、平坦的道路、复古的廊桥、崭新的农房、宽敞的休闲广场……一番独特的新农村面貌吸引着游客纷纷前来游玩。看着越来越多的人来到自己的家乡,喻新照在为自己家乡感到高兴的同时,也嗅到了一丝商机。

"随着来自金华、武义等地的游客纷纷到我们村自驾游、休闲自助游、骑行游,我们喻斯村的未来发展定位休闲农业生态旅游村,恰巧村里也正在大力鼓励我们回家发展,这恰好跟我的想法不谋而合。"喻新照说道。

说干就干,在与家人商量以后喻新照开始着手准备民宿的各方面工作。喻新照的女儿和女婿都是从事酒店行业的,一家子人一起为民宿的开办出谋划策。在经过了2年多的准备工作,今年3月"新照民宿"开业了。

"现在每个周末都有不少游客来这边询问住宿的环境和价格。我相信,随着现在乡村旅游的不断发展,以后来我们喻斯村游玩的人会越来越多。"谈起民宿的发展前景,喻新照自信满满。

(资料来源:婺城新闻网 2017-07-14)

点评:民宿主人是民宿的灵魂,三位民宿经营者对村落文化的理解,对家的理解,是她们经营民宿主人文化的核心内容。

思考:民宿主人文化对乡风文明建设有哪些作用?

第三节　民宿设施文化

一、民宿设施文化的内容

民宿设施文化包括民宿建筑文化、庭院文化、装饰文化。

二、民宿设施文化的类型

（一）民宿建筑文化

民宿作为经营的场所，其建筑文化是极其重要的。一个富有历史人文的建筑，不仅能够充分体现民宿的档次，而且对消费者来说，是一种文化，一种身份的象征，一种审美的方式。

1. 民宿建筑文化的价值

（1）突出民宿特色，增强吸引力

民宿建筑本身历史文化可以提升民宿的知名度，通过借助该建筑悠久的历史文化吸引更多的宾客前往。具有高观赏价值的建筑本身就是旅游吸引物，从而带动区域旅游经济的发展。

（2）传播当地文化，塑造民宿标志物

老建筑是人类发展史上重要的物质遗产，是一个地区曾经发展兴盛的最有力的证据，是一个地区的标志性建筑。其蕴含的历史文化是一个区域的精神文明的象征，很多历史建筑在修旧如旧的理念下被改造成民宿，是一种保护，亦是一种活化。

（3）丰富民宿文化表达，满足宾客审美

民宿建筑能够直观地表现当地的文化特点、民俗和地域特征，在视觉上可以给人感观上的享受，思想上给人启发。建筑的美术品与工艺品种类繁多，且艺术价值丰富，既具有观赏性，又可以表达民宿主人的精神象征，从而赋予民宿更多的艺术文化审美价值。

2. 民宿常见建筑文化的类型

（1）中式主题民宿建筑文化

民宿屋顶、梁柱、斗拱是我国木构架单体建筑风格和文化内涵。我国的许多民宿都是用传统的飞檐翘角大屋顶来体现民族风格。如苏州绛云楼民宿，琉璃瓦飞檐屋顶，具有园林建筑的典雅，突出了民宿的中式传统文化。台湾台北圆山大饭店，不仅所有的主楼、裙房、亭台楼阁都采用飞檐翘角、琉璃金瓦，而且整个民宿的构架斗拱重立，七彩画栋与朱红圆柱交相辉映，展示了中国传统文化。

图 8-8　苏州绛云楼民宿

（2）乡村主题民宿建筑文化

民宿建筑外观设计应采取乡土建筑之形式、色彩，或采取其材质、结构，目的是体现独具魅力的乡土特色。例如，位于南京夫子庙的秦淮人家，是青瓦粉墙江南水乡民居的建筑式样，主楼、裙房顶部均为青瓦坡顶、富有层次；坡顶下局部饰以朱红圆柱，建筑墙体饰以白色贴画，清新淡雅，突出了民宿设计的文化主题。

（3）欧式主题民宿建筑文化

欧式古典风格民宿建筑采用文艺复兴、巴洛克风格及拜占庭风格等主题，表现浓浓的欧洲主题文化。例如，上海和平饭店南楼，外墙为红白砖镶砌，精致的三角形与圆形相同的窗帘，体现了欧洲文艺复兴建筑风格。

（4）民族特色主题建筑文化

民宿根据不同民族的建筑风格来展示民宿文化，民宿建筑外观设计应采用具有代表性、独特性、进步性和渊源性的建筑符号，展示其主题民宿的民族文化，体现民族文化精髓。例如，云南景涛洪傣族特色的竹楼民宿，依傣族民居竹楼格调而建，架空平台，挑出于水上，错落的歇山顶和平台斜檐均覆以当地材料，呈现出少数民族的民族文化。又如，蒙古族草原风情的主题民宿，可以以蒙古包的建筑形式，展示蒙古族文化。

（5）现代主题民宿建筑文化

现代民宿，以简洁的手法，利用钢筋混凝土、钢材的可塑性及玻璃幕墙的轻巧转折等特别的外观造型，展示与众不同的现代民宿文化。在视觉上给客人很强的冲击力，使顾客产生迫切希望一探究竟的愿望。例如，三亚海韵度假民宿就是代表之一，试想宁静的夜晚，栖身简约时尚的客房，倒上一杯红酒，坐在露台上，感受海风低吟拂面，是一种享受。

图 8-9　苏州太湖西山岛棕榈湾民宿

（二）民宿庭院文化

庭院二字在《辞源》中是这样解释的：庭者，堂阶前也；院者，周垣也，宫室有垣墙者曰院。所以"庭院"二字合在一起，就构成了我国庭院空间的基本概念，即由建筑与墙围合而成的室外空间，就是庭院空间。在整个建筑空间中，庭院空间是室内空间的协调和补充，是室内空间的延伸和扩展。由此可见，室内空间是整个民宿建筑空间内涵，庭院空间则是整个建筑空间外延。两者共同构成了建筑空间的一个有机的组成部分。

1. 民宿庭院文化的价值

（1）美化景观，塑造独特吸引力

庭院作为人工的自然空间，它使自然和建筑相结合，在庭院中设置景观，如庭院绿化、假山、水池等，使得人在建筑中感受自然美和艺术美。一般来说，庭院空间都只经过精心的视觉组织安排，通过各种设计手段形成中心，通常以山石，水体，建筑（构筑物）为庭院的主要内容。

（2）美化生态，调节民宿生态

假山和水体，加上各种植物和建筑，它们都是构成庭院的主要元素。庭院除了美化景观的作用外，还有调节生态的作用。庭院中的植被以及水体都有调节生态的功能，此外，庭院的平面布局形式也会对生态的调节起到极其关键的作用。

（3）提升环境质量，提升宾客舒适感

庭院除了对民宿环境有明显调节作用外，还能提高民宿中的空气质量。随着现代科技的发展，民宿中的机械供热、通风和空调系统的频繁使用，并且在技术上日趋完善，但人们生活在这种人为的"舒适"环境中感到越来越不"舒适"。由于民宿建筑良好的热环境性能和空气净化性能，形成一个适合人们居住的自然环境，因此，庭院在建筑中的生态功能尤为重要。

2. 民宿常见庭院文化类型

从民宿庭院文化的区域风格来看，民宿庭院文化可分为中式、日式和欧式。

（1）中式庭院文化

民宿的中式庭院文化主要有三种：北方的四合院庭院、江南的写意山水、岭南园林；其中江南园林成就最高，数量也最多。中式庭院有着浓郁的古典水墨山水画意境。构图时以曲线为主，讲究曲径通幽，忌讳一览无余，讲究风水的"聚气"；庭院是由建筑、山水、花木共同组成的艺术品，建筑以木质的亭台、台、廊、榭为主，月洞门、花格窗式的黛瓦粉墙起到或阻隔或引导或分割视线和游径的作用。庭院植物有着明确的寓意和严格的摆放位置。如屋后栽竹，厅前植桂，花坛种牡丹、芍药，阶前种梧桐，转角种芭蕉，坡地植白皮松，水池栽荷花，点景时用竹子、石笋，小品用石桌椅、孤赏石等点缀。

图 8-10　中式庭院民宿

（2）日式庭院文化

日式庭院源自中国秦汉文化，至今中国古典庭院的痕迹仍依稀可辨。中国庭院从模仿自然山水向文人山水过程中，日式庭院逐渐摆脱诗情画意和浪漫情趣，走向了枯、寂、佗的境界。庭院用质朴的素材、抽象的手法表达玄妙深邃的儒、释、道法理。用园林语言来解释"长者诸子，出三界之火宅，坐清凉之露地"的境界。早期，日本庭院深受中国传统庭院艺术的影响，比较注重塑造一个诗情画意的意境，但经长期发展后，受到禅道以及自身美学意识浸染，逐渐自创一派，更为注重精神层次上的追求。日本民宿庭院一般分为枯山水、池泉园、筑山庭、茶庭、露地、迴游式、观赏式、舟游式以及它们的组合等。日本禅宗重视心性，依靠内省的方式修行，"自解自悟""不着文字"，主张直视事物的本质，排斥一切矫揉造作的修饰。

（3）欧式庭院文化

欧式庭院的风格有五个分支：意式庭院、法式庭院、荷式规则园、英式自然园、英式主题园。从前到后各国庭院的发展一脉相承。

意大利半岛多山地，建筑多依势而建，庭院前面开辟出"梯田"式的台地，中间引出中轴线，中轴线的两边种植高耸的杉、松类大树，平台、花坛、雕塑等小品对称布置。意式庭院主景多是在中轴线的宽路上设置雕塑或花坛，少有水景。即使有，也是盆式的小喷泉。

意式庭院传入法国后，因法国以平原为主且多河流湖泊，故庭院设计成平地上中轴线对称均匀的规则式布局，不同的是，法式庭院常将圆形或长方形的大型池塘设计在中轴线上，沿池塘两边设平直的窄路。后来荷兰人将树木修剪成几何形状和各种动物的形状。

图8-11　南京汤山美泉沐浴文化民宿地中海主题庭院

与此相反，英国人则更喜欢自然的树丛和草地，尤其讲究借景与园外的自然环境相融合，注重花卉的形、色、味、花期和丛植方式，出现了以花卉配置为主要内容的"花园"，乃至以一种花卉为主题的专类园，例如，"玫瑰园""百合园""鸢尾园"等，以致一提起欧陆式庭院，就会联想到大片的草坪，孤植的大树，成片的花径美景。

（三）民宿装饰文化

装饰文化是依附于民宿文化、区域所产生的一种艺术表现形式。它不仅具有民宿室内装饰的总体特征，还形成了不同区域、不同环境中的艺术风格。民宿装饰从装饰题材、部位、手法、技艺上表现出不同的特征、不同的文化和审美情趣，形成了复杂多样的艺术文化，文化核心是民宿主人内在的精神生活形式，包括价值观念、审美情趣、思维习惯等。民宿装饰由具有柔软特性所构成的物品，以室内各种布艺纺织物为主，包括窗帘、地毯、床上用品、沙发覆罩，以及抱枕、坐垫等。这也包括室内空间中其他一切易于移动或者更换的物品，如各类家具、陈设装饰用品，甚至植物绿化等。

1. 民宿装饰文化的价值

（1）美化空间，提升民宿舒适度

民宿装饰可以创造出功能合理，且舒适优美，能够满足人们物质和精神生活需要的室内软环境。硬装打造出空间装饰的轮廓，软装在空间装饰中充当化妆师的角色，它可以使空间变得温馨和谐，是空间装饰的点睛之笔，大致包含家具、灯饰、各类布艺、装饰工艺品、装饰画、花艺等。

（2）烘托气氛，传达民宿文化精神

软装饰对室内环境来说，犹如一座公园里的各种花卉树木，以及山石水榭等。它赋予了室内空间生机以及精神价值，其现代功能化的空间设计不仅可以烘托温馨气氛，创造独特意境，还可以突出室内环境风格，调节室内硬装色彩，可以说能赋予室内空间第二次生命，是室内设计过程中值得浓墨重彩的部分。

2. 民宿常见的装饰文化类型

（1）民宿布艺装饰文化

主要是指通过布贴艺术，刺绣，布拼，编织，玩偶，镶缀等手工制作方法制成的工艺品。从某种意义上来说，它也是指传统"软雕塑"，造型多样、风格多变、色调艳丽淳朴的"布艺软雕塑"。

图 8-12　南京汤山美泉沐浴文化民宿土耳其棉花堡客房的布艺装饰文化

（2）民宿瓷器装饰文化

陶器和瓷器是人为制作的物品，反映的是人的主观意识。陶瓷艺术装饰表达了人的自然观念，人的想象、情绪和理想。陶瓷艺术装饰精致地表现了我国自古以来人与自然和谐统一的人文思想，历代陶器和瓷器装饰纹饰既有自然界的山山水水、花鸟鱼兽，又有人类自身，而且在这一纹饰中，总是执着地追求人与自然和谐统一。瓷器所表现出的人文精神，反映了民宿主人对美好生活和美好事物的艺术化的追求。

（3）民宿木艺装饰文化

许多民宿的居室文化多以木为主体，以木建筑为居，以木家具为伴。木材有着丰富的表现形式，可以使用锯、刨、削、切、钉等多种修饰手法，在装饰美感和氛围的营造方面更能灵活运用。因材施艺，因物象形，木艺成为民宿主人抒发情感、表现民宿特色的有效载体。

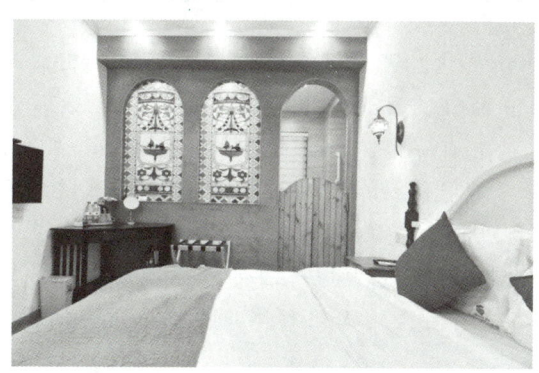

图 8-13　南京汤山美泉沐浴文化民宿叙利亚大马士革客房的木艺装饰文化

（4）民宿植物装饰文化

民宿植物文化是民宿主人在利用植物反映出的价值观念、哲学意识、审美情趣、文化心态等。民宿植物文化景观中，室内植物分布在客厅、茶室、卧室等游客活动较为频繁的场所，一般可分为盆景类、插花类、混合盆栽类。室内景观植物一般个体较小，造型精致，质感细腻，形态优美，具有良好的美学功能。室内植物具有调节室内温度和湿度，改善室内环境，提高空气质量的作用。除此之外，室内植物还具有吸收二氧化碳和净化有害物质的功能。民宿中的室内植物多数是以绿色为主，给游客营造出安宁、柔和、舒适的休憩空间氛围，缓解精神疲劳，实现精神上的愉悦与享受。

图8-14　上海沐一的院子

【案例8-5】

"活体青瓷博物馆"实地打卡！一座青瓷串起的画乡style民宿

画乡为骨，青瓷是魂。画乡问瓷不仅仅是一家民宿，还是一个"活体青瓷博物馆"。八百里瓯江秀丽而绵长，最美的地方当数瓯江与松荫溪交汇处的古堰画乡。在这里，有一家"青瓷主题"的民宿——画乡问瓷。

民宿主人是一个想把阳光揉到泥里，把诗情画意揉到泥里，把泥揉成梦想的"80后"妹子，她叫雷慧仙。她放弃了当教师的舒适安逸工作，只身一人到龙泉拜了中国陶瓷艺术大师卢伟孙为师。勤奋好学的她，逐渐从陶艺"小白"成长为一名小有名气的工艺大师。喜欢青瓷的她怎么会想开民宿？而且还是在画乡呢？

"让人惊叹的纯粹的原生态美"是雷慧仙对古堰画乡的第一印象。当她又听当地人说，画乡是古代瓯江上的一个繁华码头，运输龙泉青瓷到外国的船只经常停靠这里。雷慧仙说："也许就是在那时，内心便萌发了一个单纯又美好的想法。在画乡设计一个独一无二的'作品'，与喜欢青瓷的朋友喝茶、聊天、发呆，是多美的事啊！"

她把"民宿"当作"青瓷"，亲手设计、监工，就像创作青瓷作品一样专注、固执。经过了一个"春夏秋冬"，画乡问瓷终于"出炉"了，背后隐含的是专注、技艺、对完美的追求。

画乡问瓷把龙泉青瓷与画乡底蕴巧妙地融合在一起，推开民宿大门，别有洞天。种种细节可以看出，民宿的主人是个极为热爱青瓷的人。大厅里有一艘运瓷的帆船，整个布局模拟宋元时期瓯江两岸窑口林立，江上运瓷船只往来如织的场景。《处州府志》记载："瓯江两岸瓷窑林立，烟火相望，江上运瓷船如织。"画乡问瓷将这个场景微缩重现。

进门的右边有三个来自龙窑创意的青瓷展厅，像三个窑洞，有观赏区和购物区，在这里可以欣赏到各式各样的瓷器。进门的左边是青瓷制作体验区，在这里你可以将不起眼的泥土变成一件件小瓷器，刻上有意义的文字图案，制作一个属于你独一无二的作品，送给父母，亲人，朋友，恋人。

画乡问瓷的二楼和三楼是青瓷主的题房，碎瓷片点缀的石墙、瓷盘装饰的灯具、随处可见的青瓷茶器……在这民宿里，一个不经意，感受到的便是浓郁的青瓷气息。二楼客房设计灵感来自海上丝绸之路，"马尔代夫、泰国、德国、日本、印度、地中海、法国"7个不同风情的房间，展现了丝绸之路上风景迥异的7种不同的文化。三楼客房根据瓷器的发展朝代来设计，"原始、三国两晋、元、明清、近代、宋、民国"通过7个不同主题的房间，讲述了龙泉青瓷的发展史。每间卧室设计都非常雅致，别有一番味道。有的撞色的搭配并不突兀，反而让空间少了一丝沉闷，多了一丝悦动。有的色彩统一，床上的白纱增加了卧室的浪漫情怀，花草、青花瓷、中式老床，将东方美发挥到极致。还有非常有趣的亲子房，一楼还可以做青瓷拉坯体验，适合文艺青年和家庭出游的一家人。在画乡问瓷茶余饭后，步行两分钟就到古街和瓯江边，品文化，看江景，真会乐不思蜀。

（资料来源：搜狐网）

点评：设施是民宿功能的载体，也是民宿文化的载体。设施文化不仅仅是设施本身，还包括造就设施的过程与技艺。

思考：如何强化客人对民宿设施文化的理解？

思考与练习

一、简答题

1. 什么是民宿文化?
2. 民宿主人有哪些文化作用?
3. 民宿主人文化素养应包括哪些方面?
4. 民宿主体文化和民宿客体文化的区别有哪些?

二、实训题

1. 调研当地民宿的主人文化素养,总结被调查民宿主人文化素养的现状与特点。
2. 调研当地代表民宿文化特点,提出提升被调研民宿文化的路径?

第九章
民宿组织与管理政策

本章导读

民宿组织是保障民宿产业健康发展的重要力量。一般来说，民宿组织包括民宿行业协会、民宿联盟等其他组织。组织的作用就是可以做到单个成员想干而又干不了的事情，由组织牵头进行，民宿行业发展会更有力量，更有效率，更有凝聚力。

学习目标

1. 掌握民宿组织的概念、类型和作用。
2. 了解我国民宿组织的发展状况。
3. 了解我国民宿政策相关内容。
4. 掌握我国民宿政策的特点。

思维导图

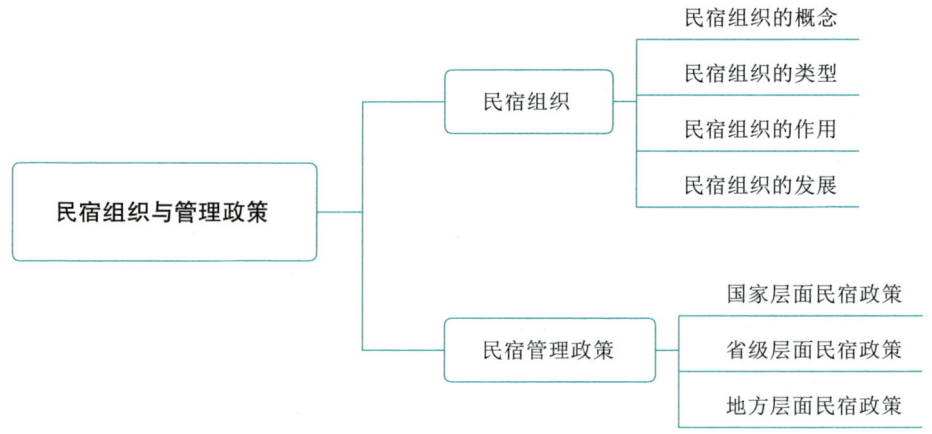

第一节　民宿组织

民宿组织的有无和活跃度，在很大程度上能反映出一个地区民宿产业的区域发展水平。通过对民宿组织的建设研究，可以更好地了解民宿产业的发展现状。

一、民宿组织的概念

从广义上说，组织是指由诸多要素按照一定方式相互联系起来的系统。从狭义上说，组织就是指人们为实现一定目标互相协作结合而成的集体或团体，如党团组织、工会组织、企业、军事组织等。

行业组织是指由作为行政相对人的公民、法人或其他组织在自愿基础上，基于共同的利益要求所组成的一种民间性、非营利性的社会团体。

综上所述，民宿组织就是指公民、民宿法人或其他组织为实现民宿产业发展的目标，互相协作结合而成的非营利性社会团体，如民宿协会、民宿联盟等团体。

民宿组织的职能可以从广义和狭义两个角度理解。

民宿组织广义的职能主要有：

（1）代表，代表民宿企业的共同利益。

（2）沟通，作为政府与企业之间的桥梁，向政府传达企业的共同要求，同时协助政府制定和实施行业发展规划、产业政策、行政法规和有关法律。

（3）协调，制定并执行行规行约和各类标准，协调本行业企业之间的经营行为。

（4）监督，对本行业产品和服务质量、竞争手段、经营作风进行严格监督，维护行业信誉，鼓励公平竞争，打击违法、违规行为。

（5）公正，受政府委托，进行资格审查、签发证照，如市场准入资格认证，发放产地证、质量检验证、生产许可证和进出口许可证等。

（6）统计，对民宿行业的基本情况进行统计、分析并发布结果。

（7）研究，开展对民宿行业国内外发展情况的基础调查，研究民宿行业面临的问题，提出建议、出版刊物，供企业和政府参考。

民宿组织狭义的职能主要表现为服务职能，比如提供信息服务、教育与培训服务、咨询服务，举办展览、组织会议等。

二、民宿组织的类型

按照不同的标准,民宿组织可以有多种分类方法。常见的分类方法是按照组织等级和组织生成路径划分。按照组织等级可以划分为全国性民宿组织和地方性民宿组织;按照组织生成路径,可以分为官办民宿组织与民间民宿组织。当前,我国常见的民宿协会、民宿联盟等民宿组织,主要以民间组织类型为主,其中民宿协会有全国性民宿协会和地方性民宿协会,民宿联盟则多为地方性民宿组织。

(一)民宿协会

民宿协会是指从事民宿服务行业及相关企事业单位及在本行业有重要影响的单位自愿组成的非营利性社会组织。民宿行业协会以促进民宿行业、旅游产业和文化产业的繁荣和健康发展为宗旨,加强与政府及其他行业的联系沟通,反映本行业实际情况,维护经营者和消费者的合法权益,竭诚为促进民宿行业健康有序发展提供服务,如全国或地方民宿协会等。

(二)民宿联盟

民宿联盟是指两个或两个以上独立的民宿企业或团体为了达成共同目标通过正式协定(条约或合同)建立的民宿合作组织,如民宿企业联盟、民宿主联盟等。

三、民宿组织的作用

(一)发挥自律性,统一行业标准

民宿组织多为自治性民间社会组织,可以通过行业规则实行自律管理,而所谓的行业规则其实是一种典型的内部规则。民宿组织的成立,可以帮助民宿行业树立标准,通过吸纳当地的分散民宿形成专业化组织,并以强制性手段制定民宿行业自律标准、职业道德准则等各项自律性制度,以此规范民宿市场经营行为。

(二)搭建平台,整合资源

民宿组织最突出的作用在于搭建平台,加强宣传和推广,把各地分散的民宿集聚起来,促进民宿行业资源整合,比如共赢发展。以当地民宿产业开发及市场营销为重心,积极开展交流合作,打造具有当地特色的民宿产业产品和品牌,最终使当地的民宿行业进入良性健康的发展轨道。

(三)评审更专业,可助力民宿品牌打造

民宿组织多是在当地政府的支持下成立的,因此具有一定的权威性,再

加上通过与相关专业机构进行合作，可以帮助制定更专业的民宿发展办法，从而助力当地民宿行业发展。通过加强对民宿从业人员的培训，努力提升民宿服务品质，打造民宿品牌，与专业机构合作实现对当地民宿的合法经营、安全保障、整体外观、基本设施、卫生管理、餐饮管理、民俗文化、经营评价等方面的评审建议，同时这种评审建议还可以纳入民宿退出机制，为行业规范发展提供更专业的意见，提高当地民宿的规范化与创新化，增强区域民宿市场的竞争力。

（四）可形成行业集聚效应

民宿组织采取各种措施奖励新颖、独特并符合当地自然、人文资源的特色民宿，并指导民宿经营者扩大经营项目，从单一住宿向提供特色饮食、周边旅游服务、开设民宿纪念品店和增加休闲设施等推进，并形成策略联盟，创立民宿营销网站，集合相关民宿，形成行业集聚效应。

四、民宿组织的发展

（一）民宿行业协会

浙江省丽水市庆元县成立的农家乐（民宿）协会是国内成立时间最早的民宿协会，成立于2006年12月。其次是福建省厦门市思明区成立的鼓浪屿家庭旅馆商家协会，成立于2008年7月。紧接着是浙江省丽水市莲都区成立的民宿（农家乐）协会，成立于2009年6月。国家层面，成立最早的民宿协会为中国饭店协会客栈民宿委员会，于2016年4月20日在北京成立。其次是中国旅游协会民宿客栈与精品酒店分会，该协会是中国旅游协会的分支机构，成立于2016年10月10日。

根据唐人文旅智库《2021全国民宿产业发展研究报告》统计，2021年底，全国已经有独立的民宿社团225家，国家级别的民宿社团组织3家，分别为中国饭店协会客栈民宿委员会、中国旅游协会民宿客栈与精品酒店分会、中国民族建筑研究会民宿专业委员会。省级协会逐步覆盖全国，其中20多个省区成立了民宿协会，仅2021年全国新增注册民宿社团就达41家。全国民宿行业协会发展形势喜人，促进了民宿产业的蓬勃发展。

表 9-1 中国大陆省级民宿协会一览表

（截至 2022 年 7 月 21 日）

地区	省份	成立时间	名称
华东地区	山东	2020.10	山东省旅游行业协会乡村旅游和民宿分会
	江苏	2022.4	江苏旅游协会民宿分会
	安徽	2020.10	安徽旅游协会民宿分会
	浙江	2017.9	浙江省民宿产业协会
	福建	2022.4	福建旅游协会民宿分会
	上海	2020.10	上海乡村民宿协会
华南地区	广东	2018.8	广东省民宿行业协会
	广西	2019.12	广西旅游协会民宿客栈与精品酒店分会
	海南	2018.7	海南省旅游民宿协会
华中地区	湖北	2019	湖北省民宿协会
	湖南	2021.12	湖南省旅游民宿协会
	河南	2019.9	河南省旅游协会民宿与精品酒店分会
	江西	2019.11	江西省旅游协会民宿分会
华北地区	北京	2022.6	北京美丽乡村联合会民宿协会
	山西	2021.10	山西省民宿文化协会
	新疆	2021.5	新疆旅游协会民宿专业委员会
	陕西	2019.3	陕西省民宿服务行业协会
西南地区	四川	2018.8	四川省旅游协会民宿分会成立
	云南	2019.12	云南省旅游业协会旅游民宿分会
	贵州	2021.1	贵州省旅游协会乡村旅游与民宿发展分会
	重庆	2018.11	重庆市民宿产业协会
	吉林	2021	吉林省民宿客栈协会分会
	黑龙江	2021	黑龙江旅游协会民宿旅游分会

（资料来源：作者调查整理）

（二）民宿联盟

民宿联盟作为一种松散的民宿行业联合组织，往往具有因地制宜、形式灵活多样、地方化的特征。目前，民宿联盟在全国遍地开花，主要集中于民宿集聚区及其所依托的区域。例如，宁波象山县委成立象山青宿联盟，进一步搭建民宿交流合作、共同进步的平台，推动民宿之间资源互补、客源互推，实现民宿集群联盟化发展，助推全域旅游产业转型升级。目前，联盟已吸纳精品青年民宿 105 家，其中省白金级民宿 1 家、金宿级民宿 4 家、银宿级民宿 8 家，联盟成员 126 名，平均年龄 34 岁，带动旅游收入 1.1 亿元。衢州市衢江区探索"区域党建联盟"建设，将全区 22 个乡镇（街道、办事处）划分为 5 个"党建联盟"片区、形成 11 个特色党建联盟，通过以大带小、以强扶弱、优势互补、抱团发展，实现共赢。宁波市宁海县前童民宿产业党建联盟成立于 2017 年，涵盖镇区 5 个村党支部、民宿产业联合支部、旅游发展公司党支部、成校党支部等 8 个党组织，并与多家市级高校、县直部门、旅行社建立业务指导或合作关系。2021 年 9 月 24 日，中国民宿产业生态联盟在四川彭州正式成立，该联盟着力于民宿生态圈的营造，共同探索政府引导乡村文旅产业生态构建的新模式，以及设计、建造、产品、运营、整合营销等一站式民宿共生模式。

【案例 9-1】

民宿"联盟"抱团发展 激活苏家"美丽经济"

民宿是乡村旅游的重要载体，作为南京市江宁区秣陵街道的"网红民宿村"——乡伴苏家，在助力旅游消费复苏之际，也悄然改变了以往的经营模式。民宿经营户组建成民宿联盟，变分散经营为集中营销，由各自为战变成抱团发展，探索新消费模式，共同"牵手"，激活乡村"美丽经济"。自乡伴苏家恢复开放以来，游客络绎不绝，苏家的民宿更是一房难求。"我们每一家的民宿预订都爆满，今年十一长假的房间也已被预订完了。"乡伴苏家的"一宅一院"民宿经营户丁雅萍告诉笔者。

"近期，我们民宿联盟以直播的形式推出了半价优惠套餐，游客购买后，可以在我们联盟的 5 家民宿中任选一家来体验，销量远远超过了预期。"丁雅萍是"一宅一院"民宿的负责人，同时也是苏家民宿联盟的发起人。

丁雅萍 2017 年来到苏家理想村创办民宿，也是最早一批在苏家开办民宿的经营户。

"我们每家都有不同的特色，但每家客房都不超过 10 间，接待量有限，

遇到民宿经营淡季，如果我们家订单爆满，无法承接的客源会分享给其他民宿，大家一起共享客源。"丁雅萍告诉笔者。疫情给乡村旅游带来了一定影响，她便召集其他民宿经营户共同商议，希望大家能够形成联盟，通过"结盟抱团"打造苏家民宿村的旅游新消费模式。"以前都是单打独斗，现在有了联盟，大家抱团发展，感觉更有底气了。"加入联盟的良竺艺术农场民宿主祝英昆向笔者介绍苏家民宿产业的发展变化时激情满满。乡伴苏家共有10家民宿、13家特色店铺，其中有5家民宿已经加入了联盟，通过资源互通、服务联做等举措，实现客源高效有序分配。"现在即使在淡季，跟以往相比，我们每一家的营业额都能够增长近80%。"祝英昆说，民宿"牵手"后，各家营业额直线上升。

在苏家，每一家民宿都会优先给周边村民提供用工岗位，帮助解决村民就业难题。目前，已经带动周边20多名村民实现就业。自苏家开业运营以来，村民陈腊云就一直在"一宅一院"民宿打工，自苏家民宿联盟形成以来，现在她在5家民宿都有了流动岗位。"以前我们负责民宿的保洁卫生，就拿一份固定的工资，现在是哪家忙，我们就去哪家帮忙，多做一家，就多拿一份钱。"抱团发展也让苏家民宿经济的发展红利惠及了周边的百姓，提高了他们的收入。"我们还将共同发展庭院经济，组织在这里打工的村民开展园艺、茶艺以及民宿管家的相关专业技能培训，拓宽他们的就业渠道。"丁雅萍说，"我们还定期开展直播带货，不仅推广我们的民宿，还在云端推介苏家特色店铺的文创产品，每场直播都有近4万人关注，反响很好。"在创新推广模式、抱团发展的同时，苏家民宿联盟还打造多样化的主题和服务，推出差异化的文旅产品，打造苏家高品质、精品化民宿集群，扩大民宿联盟红利辐射范围，走出一条规模化、品牌化的苏家民宿经营新路径。

（资料来源：融媒体中心 陈敏）

点评：民宿联盟为吸引客流、乡村产业联动注入了新的活力，联盟抱团是民宿产业可持续发展的重要路径。

第二节 民宿管理政策

一、国家层面民宿政策

中国旅游民宿产业从2015年开始呈现快速发展的态势，其对乡村旅游发

第九章　民宿组织与管理政策

展和乡村振兴的促进作用愈发明显，与此同时，民宿产业在发展过程中也出现了诸多问题。为了促进全国民宿产业的健康发展，截至 2022 年 7 月，国家层面出台 17 项政策涉及民宿产业，包含民宿扶持政策与民宿标准两大类型。从政策出台年份来看，2015 年出台 2 项，2016 年出台 1 项，2017 年出台 3 项，2018 年出台 4 项，2019 年出台 2 项，2020 年出台 1 项，2021 年出台 2 项，2022 年出台 2 项（见表 9-2）。

表 9-2　国家层面民宿政策一览表（截至 2022 年 7 月 20 日）

序号	出台单位	发布时间	文件名称	政策类型
1	国务院办公厅	2015 年 11 月	《国务院办公厅关于加快发展生活性服务业促进消费结构升级的指导意见》（国办发〔2015〕85 号）	扶持政策
2	中共中央、国务院	2015 年 12 月	《中共中央、国务院关于落实发展新理念加快农业现代化实现全面小康目标的若干意见》（中发〔2016〕1 号）	扶持政策
3	国家发展改革委、中宣部、科技部、财政部、环境保护部、住房城乡建设部、商务部、质检总局、旅游局、国管局	2016 年 2 月	《关于促进绿色消费的指导意见》（发改环资〔2016〕353 号）	扶持政策
4	住房城乡建设部、公安部、国家旅游局	2017 年 2 月	《农家乐（民宿）建筑防火导则（试行）》	民宿标准
5	国家质量监督检验检疫总局、国家标准化管理委员会	2017 年 6 月	《2017 年国民经济行业分类》（GB/T4754—2017）	扶持政策
6	国家旅游局	2017 年 8 月	《旅游民宿基本要求与评价》（LB/T065—2017）	民宿标准
7	国务院办公厅	2018 年 3 月	《国务院办公厅关于促进全域旅游发展的指导意见》（国办发〔2018〕15 号）	扶持政策
8	中国饭店协会、美团点评网等	2018 年 3 月	《中国民宿客栈经营服务规范》（T/CHA001—2018）	民宿标准
9	国务院办公厅	2018 年 10 月	《完善促进消费体制机制实施方案（2018—2020 年）》（国办发〔2018〕93 号）	扶持政策

— 205 —

续表

序号	出台单位	发布时间	文件名称	政策类型
10	文化和旅游部	2018年11月	《文化和旅游部关于提升假日及高峰期旅游供给品质的指导意见》（文旅资源发〔2018〕100号）	扶持政策
11	文化和旅游部办公厅	2019年7月	《旅游民宿基本要求与评价（LB/T065—2019）》	民宿标准
12	国务院办公厅	2019年8月	《国务院办公厅关于进一步激发文化和旅游消费潜力的意见》（国办发〔2019〕41号）	扶持政策
13	国家市场监督管理总局、国家标准化管理委员会	2020年9月29日	《乡村民宿服务质量规范》（GB/T 3900—2020）	民宿标准
14	国务院	2021年3月	《中华人民共和国国民经济和社会发展第十四个五年规划和2035年远景目标纲要》	扶持政策
15	教育部	2021年3月	《职业教育专业目录（2021）》（教职成〔2019〕2号）新增"民宿管理与运营"专业	政策
16	人力资源社会保障部	2022年6月	《关于对拟发布机器人工程技术人员等职业信息进行公示的公告》新增民宿管家职业	政策
17	文化和旅游部、公安部、自然资源部、生态环境部、国家卫生健康委、应急管理部、市场监管总局、银保监会、国家文物局、国家乡村振兴局10部门	2022年7月	《关于促进乡村民宿高质量发展的指导意见》	扶持政策
18	国家市场监督管理总局、全国旅游标准化技术委员会	2022年7月	《旅游民宿基本要求与等级划分》（GB/T 41648—2022）	国家标准

（一）民宿扶持政策

2015年11月19日，国务院办公厅发布《国务院办公厅关于加快发展生活性服务业促进消费结构升级的指导意见》（国办发〔2015〕85号），将"客栈民宿"纳入"生活性服务业"范畴，并指出要积极发展客栈民宿等多种住宿餐饮服务的细分业态，以适应多层次多样化的消费需求。

第九章　民宿组织与管理政策

2015年12月31日，中共中央、国务院发布《中共中央、国务院关于落实发展新理念加快农业现代化实现全面小康目标的若干意见》（中发〔2016〕1号），指出要开发特色民宿等乡村休闲度假产品，以促进休闲农业和乡村旅游的发展。

2016年2月17日，国家发展改革委、中宣部、科技部、财政部、环境保护部、住房城乡建设部、商务部、质检总局、旅游局、国管局等十部门联合出台了《关于促进绿色消费的指导意见》（发改环资〔2016〕353号），指出积极引导居民践行绿色生活方式，支持共享经济，鼓励通过民宿出租等方式将个人闲置资源进行有效利用。

2017年6月30日，国家质量监督检验检疫总局、中国国家标准化管理委员会联合发布《2017年国民经济行业分类》（GB/T4754—2017），首次将"民宿服务"纳入我国国民经济行业分类当中，代码为6130，属于"住宿业"（代码61）大类"住宿和餐饮业"（代码为H）门类。

2018年3月22日，国务院办公厅发布《国务院办公厅关于促进全域旅游发展的指导意见》（国办发〔2018〕15号）指出，鼓励通过民宿改造提升等多种方式推进旅游扶贫和旅游富民，城乡居民可用自有住宅依法进行民宿经营。

2018年10月11日，国务院办公厅印发《完善促进消费体制机制实施方案（2018—2020年）》（国办发〔2018〕93号），指出在旅游领域进一步放宽服务消费领域市场准入，鼓励民宿客栈等短租服务的发展。

2018年11月25日，文化和旅游部发布《文化和旅游部关于提升假日及高峰期旅游供给品质的指导意见》（文旅资源发〔2018〕100号）指出，加强乡村民宿等产品建设，强化弹性供给；开发乡村民宿游等旅游新业态，重点打造以民宿为核心的乡村旅游产品，完善旅游供给体系。

2019年8月23日，国务院办公厅发布《国务院办公厅关于进一步激发文化和旅游消费潜力的意见》（国办发〔2019〕41号）指出，要规范旅游民宿市场，推动星级旅游民宿品牌化发展，以丰富文化和旅游产品的供给。

2021年3月12日，《中华人民共和国国民经济和社会发展第十四个五年规划和2035年远景目标纲要》发布，提出壮大民宿经济等特色产业，以丰富乡村经济业态，提高农业质量效益和竞争力。民宿产业首次被纳入国家五年发展规划，对于民宿产业具有标志性的意义。

2021年3月22日，教育部发布了《职业教育专业目录（2021）》（教职成〔2019〕2号），该专业目录中新增"民宿管理与运营"专业，对民宿专业人才发展具有里程碑意义。

2022年7月14日人力资源社会保障部发布了《中华人民共和国职业分类

大典（2022年版）》，"民宿管家"等18个新职业位列其中，为民宿职业人才培养提供了明确的职业方向。

2022年7月8日，文化和旅游部等10部门印发《关于促进乡村民宿高质量发展的指导意见》，提出到2025年，初步形成布局合理、规模适度、内涵丰富、特色鲜明、服务优质的乡村民宿发展格局，需求牵引供给、供给创造需求的平衡态势更为明显，更好满足多层次、个性化、品质化的大众旅游消费需求，乡村民宿产品和服务质量、发展效益、带动作用全面提升，成为旅游业高质量发展和助力全面推进乡村振兴的标志性产品。

拓展知识9-1：《关于促进乡村民宿高质量发展的指导意见》

（二）民宿标准

1. 国家标准

2017年2月27日，住房城乡建设部、公安部、国家旅游局三部门联合发布《农家乐（民宿）建筑防火导则（试行）》，从消防基础设施要求、消防安全技术措施、日常消防安全管理、施工现场消防安全管理、消防安全职责等方面对农家乐（民宿）进行了具体的消防安全要求。

2020年9月29日，国家市场监督管理总局、国家标准化管理委员会两部门发布《乡村民宿服务质量规范》（GB/T39000—2020），对乡村民宿的建筑、客房、餐厅等设施设备方面，建筑安全、食品安全、治安消防安全等安全管理方面，卫生消毒、环境保护等环境卫生方面，从业人员、服务内容等服务要求方面均做了详细的规定。

2022年7月11日，《旅游民宿基本要求与等级划分》（GB/T 41648—2022）国家标准正式发布，自2023年2月1日起实施。该标准包括适用范围、规范性引用文件、术语和定义、等级和标志、总体要求、公共环境和配套、建筑和设施、卫生和服务、经营和管理、等级划分条件、等级划分办法等11个章节，适用于正式营业的旅游民宿，包括但不限于民宿、宅院、客栈、驿站、庄园、山庄等。标准为旅游民宿管理部门和经营者提供了规范的、可参照的依据，对规范行业发展具有重要意义。

拓展知识9-2：国家标准《旅游民宿基本要求与等级划分》解读

2. 行业标准

2017年8月21日，文化和旅游部首次发布国家民宿行业标准《旅游民宿基本要求与评价》（LB/T065—2017）。2019年7月3日，新的《旅游民宿基本要求与评价》（LB/T065—2019）发布，替代2017年的民宿标准，文件对"旅游民宿""民宿主人"等术语进行了官方定义，将民宿划分为"三星、四星、五星"三个等级，并从经营、安全卫生、环保等方面对民宿提出了具体要求。2021年2月25日，文化和旅游部发布了旅游行业标准《旅游民宿基本要求与评价》（LB/T065—2019）第1号修改单，将民宿等级更改为丙级、乙级、甲级，增加"提供餐饮服务时应制定并严格执行制止餐饮浪费行为的相应措施"条款。

3. 团体标准

民宿团体标准是指由民宿相关团体按照团体确立的标准制定程序自主制定发布，由社会自愿采用的标准。2018年3月28日，由中国饭店协会、美团点评网、魔方生活服务集团等单位起草的团体标准《中国民宿客栈经营服务规范》（T/CHA001—2018）发布。该标准规定了民宿客栈的术语和定义、经营基本条件要求、标准民宿客栈和精品民宿客栈经营服务技术条件，适用于在中华人民共和国境内各种形式的正式营业的民宿客栈经营服务企业。

二、省级层面民宿政策

据统计，截至2021年3月底，国内省级层面的民宿政策约有25个。其中，省级管理办法2个，规划和标准13个，奖励与扶持政策10个。从政策出台年份来看，2012年出台1项，2016年出台3项，2017年出台1项，2018年出台5项，2019年出台7项，2020年出台6项，2021年出台2项。

（一）华东地区

华东地区的7个省/直辖市中，山东省、江苏省、上海市、浙江省、江西省、福建省6个省/直辖市已出台省级层面民宿政策，仅安徽省尚未出台。

山东省：2020年3月5日，山东省文旅厅等十四个部门联合印发《关于促进旅游民宿高质量发展的指导意见》（鲁文旅发〔2020〕3号），指出山东旅游民宿的重点任务是合理规划布局、明确民宿的相关标准、加强多类型旅游民宿产品的分类指导、打造"好客人家"旅游民宿品牌及各地特色旅游民宿品牌、加强规范管理、拉长产业链条，此外，该文件从组织领导、政策、金融、人才、宣传等方面给予政策保障。

江苏省：2021年1月22日，江苏省文化和旅游厅等十个部门共同发布《关于推动旅游民宿高质量发展的指导意见》，指出沿江河湖海等引导民宿连点串线成片发展，积极培育不同主题民宿集聚区，打造"好山水好民宿"；发挥行业标准和服务规范的引领作用，倡导人性化和个性化服务；深化文旅融合；培育"民宿+"新业态；推动形成"姑苏城外"等区域品牌发展。

上海市：2018年9月3日，上海市旅游局、上海市农业委员会发布《关于促进本市乡村民宿发展的指导意见》，包括指导思想、基本原则、乡村民宿设

立条件、保障措施四个方面，在确定重点发展区域、明确经营用房范围、优化证照管理主体、强化用地保障机制、加强事中事后监管等方面取得政策突破。

浙江省：浙江省在民宿管理、民宿规范化和标准化发展政策方面走在全国前列，现已出台2个省级层面的民宿政策。2016年8月10日，浙江省公安厅发布《浙江省民宿（农家乐）治安消防管理暂行规定》（浙公通字〔2016〕60号），明确规定了民宿（农家乐）消防安全基本要求。2016年12月5日，浙江省人民政府办公厅发布《浙江省人民政府办公厅关于确定民宿范围和条件的指导意见》（浙政办发〔2016〕150号），对民宿的建筑设施、消防安全、经营管理进行了规定。浙江省对于全国民宿政策的制定起到了示范作用。

江西省：2020年8月6日，江西省人民政府办公厅发布《关于促进民宿健康发展的意见》。文件指出，通过明确民宿合理开发的范围、明确重点民宿村镇、促进民宿与其他相关产业的融合发展民宿新业态、创新多种民宿经营模式、凸显江西民宿地域文化特色、塑造民宿品牌等方式构建江西民宿发展体系，在民宿建设、运营、配套等方面逐步实现规范建设管理，通过简化民宿证照办理、民宿用地保障、民宿资金扶持和奖补、拓宽融资渠道等方式完善民宿产业扶持政策。

福建省：2019年1月11日，福建省安全技术防范行业协会发布团体标准《民宿安全管理服务规范》（闽安协〔2019〕001号），规定了福建省区域内民宿的安全管理、综合服务管理、安全管理服务评估及经营监督管理等内容，适用于福建省内民宿客房数不超过14个标间（或单间）、建筑最高不超过4层、建筑总面积不超过800平方米的已建、新建、改建、扩建的民宿。

（二）华南地区

华南地区包含广东省、广西壮族自治区、海南省等3个省/自治区，均已出台省级层面的民宿政策。

广东省：2019年6月21日，广东省人民政府出台《广东省民宿管理暂行办法》（粤府令地260号），对广东省内民宿的开办要求和程序进行明确规定，并根据实际情况对利用围龙屋、四角楼等特色建筑开办的民宿适当放宽要求；对民宿经营过程中涉及的各项服务制定了详细规范；明确各级人民政府及民宿产业相关主管部门的工作职责；对于违反规定的民宿，明确具体的法律责任。

广西壮族自治区：2020年5月9日，广西文旅厅发布的《广西旅游民宿发展规划（2020—2025年）》，成为全国首个省级民宿发展规划。规划将民宿产业定位为广西建设旅游强区的重要支撑、城乡经济发展的新亮点和增长点，并计划打造广西八大旅游民宿标杆示范地，构建"一个龙头，六大片区"广西旅游民宿发展布局，开发滨海度假、边关风情等具有广西特色的八大旅游民宿产品品牌。

海南省：海南省现已出台2项省级层面民宿政策。2018年2月11日，海南省人民政府发布《关于促进乡村民宿发展的指导意见》（琼府〔2018〕8号），指出海南民宿发展需统一规划、连点串线成片规模发展，重点打造乡村休闲度假型、农家乐型、候鸟型、学生实习基地型四类特色民宿；将海南黎苗文化、海洋文化等文化融入民宿，凸显海南民宿特色文化；盘活旧厂房、旧校舍等各类农村闲置用房，加强民宿用房保障；安排资金扶持民宿发展；简化民宿证照审批等。2019年4月29日，海南省住建厅、旅游和文化广电体育厅等六部门联合发布《海南省乡村民宿管理办法》，对海南省民宿的开办要求、开办流程、经营规范、监督管理进行了详细的规定。

（三）华北地区

华北地区5个省/自治区/直辖市中，北京市和山西省已出台省级层面民宿政策，天津市、河北省和内蒙古自治区尚未出台。

北京市：北京市已出台3个省级层面的民宿政策，数量居全国各省（区市）第一。2019年12月18日，北京市文化和旅游局、北京市农业农村局、北京市消防救援总队等八部门联合发布《关于促进乡村民宿发展的指导意见》，从民宿经营主体、民宿用房、生态环境保护、公共安全、民宿从业人员、规范经营等多方面设立开办条件；实施联合审核、一站式审批的审批流程，简化优化手续；制定加强政策支持、加强资金支持、加强金融扶持、加强服务引导、加强人才培养、加强宣传推广等保障措施。2020年9月17日，北京市市场监督管理局发布《乡村民宿服务要求及评定》，规定了北京乡村民宿的基本要求、特色文化与社会责任、综合管理、规范经营与等级评定等内容。2020年9月17日，北京市市场监督管理局发布《乡村民宿建筑消防安全规范》，针对乡村民宿的各类消防难题，提出相应的解决措施和要求，对全国民宿消防安全规范标准的制定具有极大的参考意义。

山西省：山西省已出台2项省级层面民宿政策。2016年5月30日，《山西省乡村旅游客栈标准（试行）》出台，规定了山西省乡村旅游客栈设立必须具备的建筑条件、客栈规模、设施设备（硬件设施和软件设施）、服务质量、管理水平、安全、卫生环境等要求。2019年6月5日，山西省市场监督管理局发布《乡村旅游客栈服务规范》，对山西省乡村旅游客栈的服务等要求进行详细规定。

（四）华中地区

华中地区包括湖北省、湖南省和河南省，其中，湖南省、河南省已出台省级层面民宿政策。

湖南省：2020年12月17日，湖南省住房和城乡建设厅印发《关于规范

和推进乡村民宿建设的指导意见》（湘建设〔2020〕195号），提出规范民宿建设的范围、营造民宿的风貌特色、保护民宿的生态环境、完善民宿的基础设施配套、提高民宿的建筑设计水平、确保民宿的结构和设施安全、强化民宿的消防能力、落实民宿的建设监管等指导意见。

河南省：2019年12月10日，河南省文旅厅发布《关于促进乡村民宿发展的指导意见》，提出要做好乡村民宿整体布局、优化乡村民宿发展环境、加强乡村民宿资源调查和乡土文化保护传承、推进乡村民宿发展"走县进村"活动、注重乡村民宿招商工作、创新乡村民宿发展模式、加强乡村民宿标准化管理、抓好乡村民宿发展工作培训。

（五）西南地区

西南地区5个省/自治区/直辖市中，四川省、云南省、重庆市已出台省级层面民宿政策，贵州省、西藏自治区尚未出台。

四川省：2018年4月23日，《四川省旅游扶贫示范区、示范村和乡村民宿达标评定管理办法》出台，明确了申报"四川省乡村民宿旅游服务质量达标"的经营户应具备的必要条件，以及组织机构与职责、评定程序、监督管理等内容。

云南省：2012年9月20日，《云南省特色民居客栈等级划分与评定》发布，明确了云南省特色民居客栈的等级划分及标志、基本条件、运营管理要求、等级划分条件、等级评定、等级复核、监督管理等内容。

重庆市：2017年10月10日，重庆市质量技术监督局发布《乡村民宿旅游服务质量等级划分》，从质量等级划分、基础要求（服务要求、服务保障）、分级要求等方面提出具体划分标准和要求。

（六）东北地区

东北地区包含辽宁省、吉林省和黑龙江省，其中黑龙江省已出台省级层面民宿政策。

黑龙江省：2020年4月15日，黑龙江省文化和旅游厅出台《旅游民宿设施要求与服务规范》，规定了旅游民宿的术语和定义、基本要求、环境和设施要求、服务要求、监督与改进等内容，适用于黑龙江省行政区划内利用既有的住宅、空闲的厂房等闲置资源，或者对其进行适度的改、扩建后，用来正式营业的民宿，包括但不限于客栈、别苑、宅院、驿站、山庄、庄园等。

（七）西北地区

西北地区包含陕西省、甘肃省、新疆维吾尔自治区、青海省和宁夏回族自治区，其中，陕西省、新疆维吾尔自治区已出台省级层面民宿政策。

陕西省：陕西省现已出台2项省级层面民宿政策。2018年1月17日，陕西省商务厅发布《陕西省特色民宿示范标准》，对陕西省内特色民宿的规模、设施、消防、门店的设计和装饰、标志、环境、配套设施、无障碍设施、设施设备，以及应遵守的规定、组织管理、经营活动管理、申报等进行了详细的标准规定。2018年8月16日，陕西省旅游发展委员会发布《关于规范秦岭地区农家乐（民宿）发展的指导意见》，提出要强化环境保护、规范经营活动、完善发展规划、提升服务品质、坚持依法监管、加强行业自律，促进秦岭地区农家乐（民宿）与生态环境和谐发展。

新疆维吾尔自治区。2019年8月，自治区文化和旅游厅、财政厅联合发布《新疆维吾尔自治区旅游民宿奖励扶持办法》，从民宿床位、民宿等级等方面制定具体的奖励措施，同时强化政策配套，促进新疆民宿产业发展。

（八）港澳台地区

香港地区：香港地区对于民宿没有专门的管理政策，香港特别行政区政府强调民宿、酒店和宾馆均须基于《旅馆业条例》受到相同规管，以保障旅客安全。

台湾地区：台湾地区民宿产业和民宿管理发展较早，且发展较好。台湾地区在2001年制定有关民宿管理的办法，让逐渐流行的民宿家庭为旅客提供有偿住宿，类似于欧美B&B（BedandBreakfast）的民宿商业模式有了法律依据，自此可合法经营。2017年11月，台湾地区有关部门公告修正民宿管理办法，对民宿规定大幅松绑。重点包括：客房总楼地板面积规定，从旧规的5间、150平方公尺（约13.9平方米）以下，提高至8间、240平方公尺（约22.3平方米）以下。但特色民宿标准相对放宽要求。

表9-3 国内省级民宿政策一览表（截至2021年3月底）

序号	省/自治区/直辖市	时间	文件名称	政策类型
1	海南省	2021年3月	海南省乡村民宿管理办法	管理办法
2	广东省	2019年6月	广东省民宿管理暂行办法	
3	云南省	2012年9月	云南省特色民居客栈等级划分与评定	规划和标准
4	山西省	2016年5月	山西省乡村旅游客栈标准（试行）	
5	浙江省	2016年8月	浙江省民宿（农家乐）治安消防管理暂行规定	
6	浙江省	2016年12月	浙江省人民政府办公厅关于确定民宿范围和条件的指导意见	

续表

序号	省/自治区/直辖市	时间	文件名称	政策类型
7	重庆市	2017年10月	乡村民宿旅游服务质量等级划分	规划和标准
8	陕西省	2018年1月	陕西省特色民宿示范标准	
9	四川省	2018年4月	四川省旅游扶贫示范区、示范村和乡村民宿达标评定管理办法	
10	福建省	2019年1月	民宿安全管理服务规范	
11	山西省	2019年6月	乡村旅游客栈服务规范	
12	黑龙江省	2020年4月	黑龙江省旅游民宿设施要求与服务规范	
13	广西壮族自治区	2020年5月	广西旅游民宿发展规划（2020~2025年）	
14	北京市	2020年9月	乡村民宿服务要求及评定	
15	北京市	2020年9月	乡村民宿建筑消防安全规范	
16	海南省	2018年2月	海南省人民政府关于促进乡村民宿发展的指导意见	奖励与扶持
17	陕西省	2018年8月	关于规范秦岭地区农家乐（民宿）发展的指导意见	
18	上海市	2018年9月	市旅游局、市农委《关于促进本市乡村民宿发展的指导意见》	
19	新疆维吾尔自治区	2019年8月	新疆维吾尔自治区旅游民宿奖励扶持办法	
20	河南省	2019年12月	关于促进乡村民宿发展的指导意见	
21	北京市	2019年12月	关于促进乡村民宿发展的指导意见	
22	山东省	2020年3月	关于促进旅游民宿高质量发展的指导意见	
23	江西省	2020年8月	关于促进民宿健康发展的意见	
24	湖南省	2020年12月	关于规范和推进乡村民宿建设的指导意见	
25	江苏省	2021年1月	关于推动旅游民宿高质量发展的指导意见	

三、地方层面民宿政策

近年来地方民宿政策的出台呈"星火燎原"趋势,各省、市、县、区、镇等纷纷出台民宿政策,包含地方政府报告、政府民宿产业发展意见、地方民宿管理办法、民宿地方标准和规范、民宿发展扶持办法、民宿发展规划等类型,数量约有几百余项,极大地促进了各地民宿产业的发展。

(一)地方政府报告

地方政府报告是地方政府的一种公文形式,在地方人民代表大会上向代表们发布的、以上一年的主要工作回顾以及当年的目标任务和重点工作为主要内容的政府工作报告。在地方政府工作报告中总结当地民宿产业的发展成果,并明确第二年民宿产业的发展目标或任务,可见当地政府极为重视民宿发展。

以浙江省丽水市为例。2020年4月22日,在丽水市第四届人民代表大会第五次会议上,丽水市发布《2020年丽水市人民政府工作报告》。报告在2019年主要工作回顾中提出,丽水市产业培育呈现新态势,"山"系产业品牌逐步打响,成功注册"丽水山居"集体民宿商标,制定了"丽水山居"民宿标准,实现民宿(农家乐)营业收入37.6亿元。在2020年的工作计划中,丽水市将"高质量构建现代化生态经济体系,培育绿色发展新引擎"作为丽水市的重点工作之一,指出要用好"丽水山居"集体

图 9-1 丽水山居品牌 Logo

民宿商标,完善保险、医疗、急救等方面的配套标准,创建民宿示范项目40个以上,积极抢滩民宿业中高端市场。

(二)政府民宿产业发展意见

地方政府出台的民宿产业发展意见,是指政府为了促进当地民宿产业的发展,明确民宿发展的目标、梳理政府与行业的发展任务、制定一系列产业发展保障措施,面向各级政府、民宿相关部门和单位发布的官方文件。一般包括指导思想、基本原则、发展目标、主要任务、保障措施等内容。

以成都市为例。2019年3月24日,成都市《关于促进民宿业健康发展的指导意见》发布,包含总体要求(指导思想、基本原则、发展目标)、主要任务、保障措施三大部分。文件强调坚持"鼓励创新、审慎包容""因地制宜、特色导向""开放合作、成果共享"三个原则;明确成都市民宿业发展的主要任务是制定民宿业发展规范标准、加强民宿分类指导、落实民宿规范管理责任、着力塑造民宿品牌、强化民宿行业自律、进行民宿统计评价、加强民宿

宣传推广；制定加强组织领导、强化协同配合、完善支持政策、优化发展环境等四项保障措施。

（三）地方民宿管理办法

地方民宿管理办法，是指地方政府为了加强地方民宿业的规范管理，促进民宿业健康有序发展，根据《中华人民共和国旅游法》《中华人民共和国标准化法》及相关法律、法规和政策规定，结合地方实际而制定的当地民宿行业的管理办法。一般包含依据、目的、适用范围、民宿定义、规模界定、管理原则、政府和部门职责、发展规划、行业促进、开办条件和流程、经营规范、监督管理、法律责任、政府扶持、实施日期等内容。

以厦门市为例。2017年5月4日，厦门市人民政府办公厅发布《厦门市民宿管理暂行办法》（厦府办〔2017〕71号），包含民宿的范围、民宿的条件、民宿的申办、其他等四部分内容。文件明确了厦门市民宿的经营规模；对民宿的建筑设施、消防安全、经营管理进行了详细的规定；明确民宿的申办原则、申报程序和材料，并建立联合核验工作机制；此外，对民宿安全的监督检查和动态管理机制、法律责任、鼓励建立行业协会等其他方面进行了规定。

（四）民宿地方标准和规范

民宿地方标准和规范，是指地方政府为了推动民宿产业标准、规范化发展，促进当地民宿品质化提升而出台的民宿标准和规范，包括民宿基本要求、民宿服务规范、民宿分级与评定、民宿消防安全规范等不同类型。

以西安市为例。近几年，西安民宿"野蛮生长"的现象比较普遍，为了规范西安民宿发展，2018年12月29日，西安市质量技术监督局发布《民宿基本要求与分级》和《民宿示范村服务与管理规范》两项民宿地方标准。《民宿基本要求与分级》包括范围、规范性引用文件、术语和定义（民宿、文化特色、民宿主人）、基本要求（经营要求、场地要求、基础设施要求、接待服务要求、安全管理要求）、民宿分级等五大部分，按照民宿八个方面的软硬件水平划分为三个等级，由低到高依次为经济民宿、舒适民宿、精品民宿，并对各等级的民宿标准进行了详细的规定。《民宿示范村服务与管理规范》是专门针对民宿村落制定的服务和管理标准，包含范围、规范性引用文件、术语和定义（乡村民宿、民宿示范村）、基本要求、环境与设施、服务要求（交通、住宿、餐饮、购物、休闲、娱乐/演出、医疗）、管理要求（组织管理、安全管理、消防管理、投诉管理）等七大部分。

（五）民宿发展扶持办法

地方民宿发展扶持办法，是指地方政府为了促进当地旅游民宿产业快速发展，打造当地民宿品牌，而制定的扶持民宿业发展的政策文件。

以福州市为例。2020年4月27日,福州市文化和旅游局、福州市财政局发布《福州市旅游民宿扶持奖励办法》。包括旅游民宿定义与奖补对象、扶持奖补措施、其他事项三个部分。第一部分说明了《福州市旅游民宿扶持奖励办法》制定的背景,明确了旅游民宿定义与奖补对象;第二部分规定了奖补措施,分别对星级培养、市场开拓、宣传营销、集聚发展民宿规划编制等予以3万~30万元奖补;第三部分规定了办法自公布之日起生效,有效期三年。

(六)民宿发展规划

民宿发展规划,是指地方政府为了明确当地民宿产业的发展目标、定位、品牌特色、发展布局、特色民宿项目等而编制的地方民宿产业发展规划。一般包含民宿发展背景、民宿发展现状、发展战略与定位、发展目标、总体布、发展任务、规划项目、保障措施等内容。

图 9-2 深圳大鹏新区较场尾

(图片来源:行者老湖拍摄)

以深圳市大鹏新区为例。大鹏新区是深圳的"生态基石"和旅游胜地,民宿产业发展较早。2015年,为了科学规划和引导大鹏新区的民宿产业发展,大鹏新区编制了《大鹏新区民宿发展规划》,规划共分为工作背景、大鹏民宿发展现状及工作目标、发展规划三大部分。第一部分工作背景,对大鹏新区发展背景、大鹏民宿发展历程、民宿近期工作等进行了梳理和分析;第二部分为大鹏新区发展现状及工作目标,对大鹏民宿的现状进行了详细调研、总结出大鹏民宿发展特征,确立了大鹏民宿发展目标;第三部分为发展规划,对民宿建设规模控制、民宿建设选址指引、民宿建设社区指引、民宿配套服

务设施、民宿环境品质提升等进行了科学规划引导。

（注：本节内容选自《民宿蓝皮书：中国民宿发展报告（2020~2021）》社会科学文献出版社，2021年05月）

思考与练习

一、简答题

1. 民宿行业组织的作用是什么？
2. 民宿学院的作用是什么？
3. 我国民宿政策有哪些？

二、实训题

1. 实地调研当地民宿协会，总结民宿协会在民宿行业管理中发挥了什么作用？
2. 收集当地民宿产业发展政策，总结这些政策发布的目的和特点。

参考文献

[1] 1.洪涛,苏炜.民宿运营与管理[M].北京:旅游教育出版社,2019.

[2] 吴文智.民宿概论[M].上海:上海交通大学出版社,2018.

[3] 陈健.不一样的国家,不一样的民宿[J].中国文化报,2015(10)

[4] 魏小安.民宿三问:是什么?为什么?怎么办?[J].杭州(周刊),2016(09)

[5] 陈智霖等.民宿发展的特点、趋势和思考[J].广西城镇建设,2018(07)

[6] 上海美宿网络科技有限公司.恋上民宿 恋上慢生活[M].南京:江苏凤凰文艺出版社,2018

[7] 过聚荣.旅游民宿经营实务[M].北京:社会科学文献出版社,2018.

[8] 张琰,侯新东,民宿服务管理[M].上海:上海交通大学出版社,2019.

[9] 刘荣,民宿养成指南[M].南京:江苏凤凰科学技术出版社,2018.

[10] 韩军,翟运涛,客房服务与管理[M].上海:上海交通大学出版社,2017.

[11] 唐晓晨,浅析民宿经营成本的分析与控制[J]管理观察,2016(26)

[12] 李欢欢,李伟康,共享经济背景下民宿特色化发展研究[J],合作经济与科技,2021.3.

[13] 黄向,陆李莎,洪毅娜.从民宿到"名宿"——网红民宿红在哪?[J].中国生态旅游,2022,12(01):49-64.

［14］张英杰．数字背景下的乡村民宿产业特色探讨［J］．商业经济，2022（03）：48-50．

［15］曾文诗，张勇．多维度文化体验下民宿文化产品融合发展的营销策略研究［J］．商展经济，2021（19）：28-30．

［16］于莉．″互联网+″背景下乡村民宿旅游营销策略探讨［J］．中国市场，2021（28）：137-138..

［17］劳嘉雯．新媒体时代南宁市优质民宿营销策略研究［J］．营销界，2021（33）：36-38．

［18］刘洋．乡村旅游背景下民宿发展对策研究［D］．西北农林科技大学，2021．

［19］张海峰．基于非标住宿市场J酒店营销策略研究［D］．桂林电子科技大学，2021．

［20］冀彦如．基于游客线上评价满意度分析的乡村民宿发展对策研究［D］．武汉轻工大学，2021．

［21］龙飞，戴学锋等．基于L-R-D视角下长三角地区民宿旅游集聚区的发展模式［J］自然资源学报，2021（5）．

［22］龙飞，刘家明，虞虎，等．民宿集聚区选址评价指标体系及应用［J］．资源与生态学报：英文版，2019，010（003）：324-334．

［23］詹柴，徐志豪，李佳丹．民宿经济发展新趋势与品牌塑造研究——基于宁波民宿集聚区的调研［J］．台湾农业探索，2019，156（01）：25-29．

［24］张蕊．农村旅游民宿集聚区形成机理·发展困境及路径选择［J］．安徽农业科学，2018（46）；597（20）：112-113+153．

［25］陈晓杰，王文岭．民宿集聚区社会治理工作探析——以莫干山民宿集聚区为例［J］．浙江警察学院学报，2017（3）：29-32．

［26］郝诗雨，赵媛，李可．厦门市民宿的空间分布特征与影响因素研究［J］．华中师范大学学报（自然科学版），2018，52（06）：158-166．

［27］姜洪强．基于POI数据的中国民宿空间分布特征及影响因素［C］2019年中国地理学会经济地理专业委员会学术年会摘要集．2019．

［28］钱雨．南京市乡村民宿空间布局特征及优化对策［D］．南京师范大学，2018．

［29］张海洲，陆林，张大鹏，等．环莫干山民宿的时空分布特征与成因［J］．地理研究，2019，v.38（11）：136-156．

［30］臧德奎．园林植物造景［M］．北京：中国林业出版社，2013．

[31]胡长龙.园林规划设计［M］.北京：中国农业出版社，2010.

[32]王喆.郫县新农村集中居住区植物景观应用研究［D］.成都：西南交通大学，2012.

[33]过聚荣.民宿蓝皮书：中国旅游民宿发展报告（2019）［M］.北京：社会科学文献出版社出版的图书，2020.

[34]李养田.各地民宿经营模式［J］.中华民居，2016（04）.